Vorwort 7

Grammatik 1: Das Wort

1 Das Wort und seine Bausteine 10
2 Die Wortbildung 11
3 Die einzelnen Wortarten 12
Auf einen Blick: Die Wortarten 28

Grammatik 2: Der Satz

1 Die Satzglieder 30
2 Der Satz 40
3 Die indirekte Rede 44
Auf einen Blick: Die Satzglieder 46
Auf einen Blick: Grundbegriffe der Grammatik 47

Rechtschreibung

1 Grundlagen der Rechtschreibung 50
2 Die Schärfung 51
3 Das Zusammentreffen dreier gleicher Laute 52
4 Die Dehnung 53
5 Schwierige Vokale und Diphthonge 55
6 Schwierige Konsonanten 56
7 Die s-Schreibung 57
8 Die Groß- und Kleinschreibung 58
9 Die Getrennt- und Zusammenschreibung 61
10 Die Bindestrichschreibung 63
11 Straßennamen 65
12 Tageszeiten 65
13 Vor- und Nachsilben 66
14 Die Worttrennung 67
Auf einen Blick: Lern- und Korrekturstrategien für die Rechtschreibung 64

Zeichensetzung

1 Die Satzschlusszeichen 70
2 Die direkte Rede 70
3 Die Kommasetzung 72
4 Besondere Satzzeichen 75
Auf einen Blick: Typische Zeichensetzungsfehler 76

Kommunikation und Sprache(n)

1 Kommunikation und Sprache: Grundbegriffe 78
2 Sprachgeschichte 84
Auf einen Blick: Kommunikation und Sprache(n) 95

Rhetorik

1 Geschichte der Rhetorik 98
2 Rhetorische Stilmittel 100
3 Rhetorische Strategien 103
4 Hinweise zur Analyse rhetorischer Texte 105
Auf einen Blick: Rhetorik 106

Gesprochene Sachtexte

1 Die Rede 108
2 Das Referat 110
3 Die Präsentation 111
4 Das Hearing 111
5 Das Interview 112
6 Die Diskussion 114
Auf einen Blick: Gesprochene Sachtexte 116

Schriftliche Sachtexte

1 Journalistische Sachtexte 118
2 Hinweise zur Analyse von Sachtexten 125
Auf einen Blick: Schriftliche Sachtexte 126

Medien und Werbung

1 Das Buch 128
2 Das Zeitungswesen 129
3 Film, Fernsehen, Rundfunk 132
4 Neue Medien 133
5 Vor- und Nachteile der modernen Medien 134
6 Die Werbung 136
Auf einen Blick: Medien und Werbung 144

Aufsatzarten

1 Grundlegende Arbeitstechniken 146
2 Die Erlebniserzählung 163
3 Die Fantasieerzählung 165
4 Die Beschreibung 166
5 Der Brief 170
6 Das Protokoll 172
7 Der Bericht 174
8 Die Schilderung 176
9 Bewerbung und Lebenslauf 178
10 Die Nacherzählung 184
11 Die Inhaltsangabe 186
12 Die Analyse eines Sachtextes 190
13 Die Erörterung 196
14 Die literarische Charakteristik 205
15 Analyse und Interpretation eines literarischen Textes 207
Auf einen Blick: Aufsatzarten 211

Literaturgattungen

1 Überblick: literarische Texte 214
2 Die Figuren in literarischen Texten 216
3 Die Handlung in literarischen Texten 218
4 Der Raum in literarischen Texten 219
5 Die Epik 220
6 Die Dramatik 228
7 Die Lyrik 234
Auf einen Blick: Literaturgattungen 238

Literaturgeschichte

1 Literaturgeschichte: die Epochen und der Kanon 240
2 Die Literatur des Mittelalters 241
3 Renaissance, Humanismus und Reformation 243
4 Der Barock 245
5 Die Aufklärung 247
6 Der Sturm und Drang 250
7 Die Weimarer Klassik 252
8 Die Romantik 254
9 Das Biedermeier 257
10 Vormärz und Junges Deutschland 258
11 Der Realismus 260
12 Der Naturalismus 262
13 Die Literatur der Jahrhundertwende 264
14 Der Expressionismus 266
15 Die Literatur zur Zeit der Weimarer Republik 268
16 Die Literatur zur Zeit des Nationalsozialismus 270
17 Die Literatur der Nachkriegszeit (1945–1949) 272
18 Die Literatur der BRD, Österreichs und der Schweiz (1949–1990) 274
19 Die Literatur der DDR (1949–1990) 278
20 Die Literatur seit der Wende 1990 280
Auf einen Blick: Literaturgeschichte 279

Anhang

Register 283

Vorwort

Wie bilde ich im Deutschen das Passiv? Wann muss ich einen Apostroph setzen? Was sollte ich bei einer Nacherzählung beachten, was bei einer Erörterung? Wie unterscheidet sich ein Kommentar von einer Glosse, eine Novelle von einer Kurzgeschichte? Was kennzeichnet die deutschsprachige Literatur des Expressionismus und was die neueste Literatur seit etwa 1990?

mentor Grundwissen Deutsch gibt auf diese Fragen Antworten. Es ist ein praktisches Nachschlagewerk für alle wichtigen Themen des Deutschunterrichts. Es hilft bei Hausaufgaben und Referaten und ist nützlich zur Vorbereitung auf Tests, Klassenarbeiten und Klausuren.

Das Buch ist sehr übersichtlich gestaltet; wichtige Merksätze oder Beispiele stehen im „Scheinwerferlicht". Am Ende jedes Kapitels findest du eine Zusammenfassung, sodass du schnell das Wichtigste zu einem Thema überblicken und lernen kannst. Diese „Auf einen Blick"-Seiten kannst du auch heraustrennen und als Merkzettel benutzen.

Viel Erfolg beim Lernen wünschen dir

Autoren und Verlag

Grammatik 1: Das Wort

Ein Wort lässt sich entweder in Einzelbuchstaben zerlegen oder in Silben oder aber in Wortbausteine (Wortstamm, Vor- und Nachsilbe, Endung).
Wörter kann man nach Wortarten ordnen: Es gibt Verben, Artikel, Substantive, Adjektive, Pronomen, Numeralien, Adverbien, Präpositionen, Konjunktionen, Interjektionen und Partikeln. Schauen wir uns das Wort näher an.

1 Das Wort und seine Bausteine

Wörter bestehen aus **Bausteinen: Silben**, wenn man die Aussprache betrachtet, und so genannten **Morphemen** (z. B. Wortstamm, Vor- oder Nachsilbe), wenn man die Wortbildung untersucht.

Silbenkern: Vokal oder Diphthong

1.1 Die Sprechsilbe

Die Sprechsilbe ist eine rhythmische Grundeinheit. Den Kern einer Sprechsilbe bildet ein Vokal (Selbstlaut) oder Diphthong (Zwielaut: *au, äu, eu, ai, ei*): *Rahm, Laus, Kind.* Genaueres über die Silbenbildung und -trennung steht unter „Worttrennung" im Kapitel zur Rechtschreibung.

Morphem

1.2 Das Morphem

Morpheme sind die kleinsten Einheiten, die eine Bedeutung haben. Sie unterscheiden zu können, erleichtert die Rechtschreibung:

- den **Wortstamm** (Stammmorphem), der für die Bedeutung eines Wortes ausschlaggebend ist: ***Feind**, **Feind**e, **feind**lich, an**feind**en, **Feind**schaft, ver**feind**et*
- **Vorsilbe (Präfix)** und **Nachsilbe (Suffix)** als sog. Wortbildungsmorpheme: ***be**geistern, **be**leben, **ge**horchen, **ge**stehen, **ver**kaufen; eck**ig**, kind**lich**, gehor**sam**, Reich**tum**, Dumm**heit**, Umleit**ung***
- die **Endung** als sog. grammatisches Morphem: *riech**st**, lieb**st**; sag**t**, sag**te**, sag**ten**, sag**end**; des Kind**es**, die Frau**en**; schön**er**, schön**sten***
- **Fugenelemente**, z. B. das Fugen-*s*, in zusammengesetzten Wörtern: *Kind**s**kopf, Land**s**mann.*

Der Wortstamm kann sich im Deutschen verändern:

Wortstamm kann sich ändern

- durch **Ablautung** (Veränderung des Stammvokals): *sehen – siehst – sah – gesehen*
- durch **Umlautung** (aus *a* wird *ä*, aus *u ü*, aus *o ö*): *Haus – Häuser*
- gelegentlich auch durch **Veränderungen der Konsonanten** (Mitlaute): *gehen – ging – gegangen.*

2 Die Wortbildung

Weil sich die Welt ändert, müssen auch immer neue Wörter gebildet werden. Dazu gibt es viele Möglichkeiten:

Neue Dinge – neue Wörter!

2.1 Wortzusammensetzungen (Komposita)

Zusammensetzung aus Grund- und Bestimmungswort

Der zweite Teil einer Zusammensetzung heißt Grundwort, der erste Bestimmungswort. Durch die Zusammensetzung wird das Grundwort näher bestimmt; das Grundwort legt auch Wortart und Geschlecht der Zusammensetzung fest. Die Reihenfolge von Grund- und Bestimmungswort kann nicht verändert werden, ohne dass sich dadurch auch der Sinn ändert:

- *der Computertisch* = der Tisch, auf dem ein Computer steht (*Computer* = Bestimmungswort, *Tisch* = Grundwort)
- *der Tischcomputer* = ein Computer, der auf einen Tisch passt (*Tisch* = Bestimmungswort, *Computer* = Grundwort).

Viele lange Wortzusammensetzungen, vor allem im Deutschen

Durch Zusammensetzungen werden einzelne Wörter und oft ganze Nebensätze eingespart: *sündteuer* = so teuer, dass es eine Sünde ist; *bergsteigen* = auf einen Berg steigen. Die Beispiele zeigen nebenbei, dass Komposita in fast allen Wortarten möglich sind.

Es gibt schließlich auch Zusammensetzungen, in denen beide Bestandteile gleichberechtigt sind: *nasskalt*.

2.2 Ableitungen

Hier werden dem Wortstamm Silben vorangestellt oder an ihn angehängt; auch Wörter, bei denen sich der Stammvokal ändert (siehe Beispiele auf der vorigen Seite), sind Ableitungen. Präfixe (Vorsilben) haben oft eine Bedeutung:

- *zer-*: *zerreißen, zerbrechen, zergehen* (Trennung, Spaltung)
- *un-*: *Unwahrheit, unglaublich* („nicht", „kein")
- *miss-*: *missliebig, misstrauen, Missmut* (Bezeichnung von etwas Negativem).

3 Die einzelnen Wortarten

3.1 Das Verb (Verbum)

Verschiedene Kriterien zur Gruppierung

Verben können in verschiedener Hinsicht gruppiert werden, entweder nach inhaltlichen oder nach grammatikalischen Kriterien.

Unterscheidung nach ihrer Bedeutung:

Unterscheidungsmerkmale

- **Tätigkeit/Handlung**: *Ich kaufe ein. Er spielt.*
- **Vorgang/Verlauf**: *Das Spiel beginnt.*
- **Zustand**: *Er träumt. Wir bleiben.*

Unterscheidung nach ihrer Selbstständigkeit:

- **Vollverben** bilden selbstständig ein Prädikat:
  Ich fliege. Wir kaufen ein Haus.
- **Hilfsverben** (*haben, sein, werden*) sind Hilfsmittel bei zusammengesetzten Zeitformen:
  ich bin/war geflogen, werde fliegen; ich habe/hatte gekauft; es wird/wurde gekauft.
  Manchmal werden Hilfsverben zu Vollverben:
  Ich bin. Ich habe Geld. Ich werde reich.
- **Modalverben** (*dürfen, wollen, können, müssen, sollen*) erklären, wie eine Person tätig ist:
  Ich darf gehen – will gehen – kann gehen usw.
  Modalverben stehen in der Hochsprache nicht alleine, in der Umgangssprache schon:
  Ich darf nach Hause gehen (Hochsprache).
  Ich darf nach Hause (Umgangssprache).
  Manchmal haben allein stehende Modalverben in der Umgangssprache eine besondere Bedeutung (Beispiel: *Ich muss mal.*).

Unterscheidung nach Verbindung mit Wortarten/Satzteilen:

- **transitive Verben** (Verknüpfung mit einem Akkusativobjekt): *Ich kaufe ein Haus.*
- **intransitive Verben** (keine Ergänzung):
  Es regnet. Ich arbeite. Wir lernen.
- **reflexive Verben** (Verknüpfung mit einem Reflexivpronomen; siehe unter „Pronomen" im Abschnitt „Die einzelnen Wortarten"): *Er freut sich.*

Verben kann man **konjugieren.** D. h., sie nehmen verschiedene Formen an. Grundsätzlich unterscheidet man:

- **infinite Verbformen** (Infinitiv, Partizip) ohne Personal- oder Tempusendungen: *gehen, gehend, gegangen*
- **finite Verbformen** mit Endungen: *gehe, gingst.*

Infinite Verbformen

Infinitiv

Der **Infinitiv** ist die **Grundform eines Verbums** und endet meist auf *-en* (*gehen*), selten auf *-eln* (*rascheln*) oder *-ern* (*hungern*); Sonderformen sind *tun* und *sein.*

- Es gibt den Infinitiv in der Gegenwart (**Infinitiv Präsens:** *zu gehen, zu arbeiten*) und
- in der 2. Vergangenheit (**Infinitiv Perfekt:** *gegangen zu sein, gearbeitet zu haben*).

Partizip

Partizipien werden auch **Mittelwörter** genannt, denn sie stehen auf der Grenze zwischen Verb und Adjektiv:

Er hat mir das Auto geschenkt. (Verb)

Das geschenkte Auto gefällt mir. (Adjektiv)

Man unterscheidet:

- **Partizip I (Partizip Präsens)** mit aktiver Bedeutung (jemand tut etwas): *der jagende Mann*
- **Partizip II (Partizip Perfekt)** mit passiver Bedeutung (jemand erleidet etwas): *der gejagte Mann.*

Finite Verbformen

„Finit" bedeutet wörtlich „bestimmt", d. h.: Verben können nach verschiedenen grammatikalischen Größen bestimmt werden:

- die **Person**: 1., 2., 3. Person
- der **Numerus** (Zahl): Singular, Plural
- das **Tempus** (Zeitstufe): Präsens, Imperfekt/Präteritum, Perfekt, Plusquamperfekt, Futur I, Futur II
- der **Modus** (Aussageweise): Indikativ, Konjunktiv, Imperativ
- das **Genus** (Handlungsart): Aktiv, Passiv

Person und Numerus (Zahl)

Person	Numerus	
	Singular (Einzahl)	Plural (Mehrzahl)
1. Person (Sprecher)	*ich rufe*	*wir rufen*
2. Person (Angesprochener)	*du rufst*	*ihr ruft*
3. Person (Besprochener)	*er/sie/es ruft*	*sie rufen*

Bei der dritten Person unterscheidet man nur im Singular nach dem Geschlecht (Genus) einer Person.

Das Tempus (Zeitstufe)

Im Deutschen gibt es sechs Tempora:

Fachbegriff	dt. Bedeutung	Beispiel
Präsens	Gegenwart	*ich laufe/höre*
Präteritum bzw. Imperfekt	1. Vergangenheit	*ich lief/hörte*
Perfekt	2. Vergangenheit	*ich bin gelaufen / habe gehört*
Plusquamperfekt	3. Vergangenheit	*ich war gelaufen / hatte gehört*
Futur I	1. Zukunft	*ich werde laufen/hören*
Futur II	2. Zukunft	*ich werde gelaufen sein / werde gehört haben*

Für die 1. Vergangenheit sind beide Ausdrücke möglich: „Präteritum" oder „Imperfekt".

Zur Formenbildung muss man sich Folgendes merken:

- **Perfekt**: Präsens von *haben* oder *sein* + Partizip II
- **Plusquamperfekt**: Präteritum von *haben* oder *sein* + Partizip II
- **Futur I**: Präsensform von *werden* + Infinitiv
- **Futur II**: Präsensform von *werden* + Partizip II + Infinitiv der Hilfsverben *haben* oder *sein*.

Welches Hilfsverb – ob *haben* oder *sein* – bei welchem Verb eingesetzt wird, muss man dabei einzeln lernen.

Außerdem unterscheidet man zwischen:

- **schwachen (regelmäßigen) Verben**: mit demselben Stammvokal in allen Formen, Endung *-(e)te* im Präteritum und *-(e)t* im Partizip II:
  malen, malte, gemalt; arbeiten, arbeitete, gearbeitet.

Schwache Verben

- und **starken (unregelmäßigen) Verben**: Wechsel des Stammvokals („Ablautung"), Endung *-en* im Partizip II:
  laufen, lief, gelaufen.

Starke Verben

Bei manchen Verben existieren schwache **und** starke Formen; Letztere sterben aus:
er fragte / er frug, er backte / er buk.

Für jedes Tempus gibt es gewisse **Regeln** hinsichtlich der **Verwendung:**

Präsens

- gegenwärtiges Geschehen: *Ich **kaufe** ein.*
- Vergegenwärtigung von Vergangenem (historisches Präsens): *Ich kam an. Da **sehe** ich etwas Furchtbares.*
- dauerhafter Zustand oder immer Gültiges (Regel u. Ä.): *Für eine Pizza **braucht** man ... Männer **sind** so.*
- Zukünftiges (anstelle des Futurs, das nur selten verwendet wird): *Nächstes Jahr **fahren** wir ans Meer.*

Imperfekt/Präteritum

- Ausdruck eines vergangenen und abgeschlossenen Geschehens (Erzähltempus): *Wir **reisten** nach Hamburg.* (Die Reise ist bereits abgeschlossen.)

Perfekt

- umgangssprachlich: als Erzähltempus anstelle des Präteritums: *Gestern bin ich früher nach Hause gegangen.*
- hochsprachlich: in der Vergangenheit vollendeter, aber noch auf die Gegenwart einwirkender Vorgang: *2003 **bin** ich **umgezogen**.* (Jetzt lebe ich immer noch hier.) *Weil es gestern **geregnet hat**, ist die Erde jetzt noch nass.*

Plusquamperfekt

- Vorgänge, die in der Vergangenheit abgeschlossen sind; meist in Verbindung mit anderem Vergangenheitstempus, um die Vorzeitigkeit auszudrücken: *Da merkte ich, dass ich mein Geld **vergessen hatte**.*

Futur I
- zukünftige Ereignisse (im Deutschen aber immer weniger gebräuchlich; Ersatz: Präsens) und Ankündigungen: *Wir **werden** morgen nach Paris **fahren**.* (Üblicher: *Wir fahren morgen nach Paris.*)

- Angabe möglicher Konsequenzen (Drohungen, Versprechungen): *Das **wirst** du **büßen**!*
- Vermutungen: *Du **wirst** dich **erkälten**.*

Futur II (stirbt aus)
- Vorgänge, die in der Zukunft bereits abgeschlossen sind, oder Vermutungen über spätere Ereignisse: *Wenn ich ankomme, **wirst** du schon **weggegangen sein**.* (Üblicher: *... bist du schon weggegangen.*)

Der Modus (die Aussageweise)

Ob real oder irreal, gibt der Modus an.

Man kann durch die Formenbildung zwischen Wirklichkeit, Möglichkeit und Wunsch unterscheiden:

- Der **Indikativ** (die Wirklichkeitsform) bezeichnet
  - tatsächliche Geschehnisse
  - allgemein gültige Aussagen: *Geiz ist geil.*
  - ausgedachtes Geschehen: *Dracula überfiel mich.*
  - realistische Möglichkeiten: *Ein Auto macht frei.*
- Beim **Konjunktiv** (der Möglichkeitsform) unterscheidet man zwei Formgruppen:

  Der **Konjunktiv I** wird verwendet
  - für die indirekte Rede: *Peter sagte, er sei krank.*
  - in Anleitungen: *Man nehme zwei Eier.*

  Der **Konjunktiv II** dient zum Ausdruck von
  - nicht wirklichem Geschehen: *Wäre ich bloß fertig!*
  - höflichen Wünschen: *Ich hätte gern ein Bier.*
  - höflichen oder zweifelnden Fragen: *Hättest du nicht Lust zu kommen?*
- Der **Imperativ** ist die sehr direkte **Befehlsform**: *Schweige!*

Hinweise zur Formenbildung:

- **Konjunktiv I** = Konjunktiv Präsens (*er nehme*), Perfekt (*er habe genommen*) und Futur I (*er werde nehmen*).
- **Konjunktiv II** = Konjunktiv Präteritum (*er nähme*) und Plusquamperfekt (*er hätte genommen*).
  Bei starken Verben sind nicht mehr alle umgelauteten Formen gängig; falls sie zu altertümlich klingen, ersetzt man sie durch Umschreibungen mit *würde*: *er würbe* → *er würde werben; er stürbe* → *er würde sterben.*

Nicht alle grammatikalisch korrekten Formen des Konjunktiv II sind noch in Gebrauch.

- **Imperativ**: wird als Imperativ Singular (*Schweige!*) oder als Imperativ Plural (*Schweigt!*) gebildet.
  Das Personalpronomen *du* bzw. *ihr* wird weggelassen. Bei einem Imperativ in Verbindung mit einer Höflichkeitsanrede behält man das Personalpronomen allerdings bei: *Schweigen Sie!*

Das Genus (die Handlungsrichtung, Handlungsart)

Man unterscheidet:

- **Aktiv** („Tatform"): Das Geschehen geht vom Handlungsträger eines Satzes (= Subjekt) aus:
  Ich (Subjekt) *kaufe ein Auto.*
- **Passiv** („Leideform"): Mit dem Handlungsträger (Subjekt) geschieht etwas:
  Das Auto (Subjekt) *wird von mir gekauft.*

Nicht alle Verben können ein sinnvolles Passiv bilden: *Ich habe ein Auto.* Nicht aber: *Ein Auto wird von mir gehabt.*
Mit dem Passiv betont man mehr den Vorgang als denjenigen, der eine Handlung ausführt, ja man kann diesen sogar ganz weglassen: *Oliver wurde angegriffen. Es wird verkündet, dass …*
Neben dem **Vorgangspassiv** gibt es das **Zustandspassiv**, jedoch fast nur im Präsens und Präteritum.

- Aktiv: *Er schlägt mich. Er schlug mich.*
- Handlungspassiv: *Ich werde/wurde geschlagen.*
- Zustandspassiv: *Ich bin/war geschlagen.*

Genaue Bestimmung der Verbform

Jede **Verbform** kann nach den dargestellten grammatikalischen Größen ganz genau **bestimmt** werden; insbesondere bei der Übersetzung aus einer Fremdsprache oder in sie ist das sehr wichtig:

	Ich werde arbeiten.	*Sie hätten gearbeitet.*
Person	1. Person	3. Person
Numerus	Singular	Plural
Tempus	Futur I	Plusquamperfekt
Modus	Indikativ	Konjunktiv (II)
Genus	Aktiv	Aktiv

Bei Infinitivformen entfallen die Angaben zu Person, Numerus und Tempus, also z. B.:
gearbeitet zu haben = Infinitiv Perfekt Aktiv.

3.2 Der Artikel

Ein **Artikel** begleitet ein Substantiv und stimmt mit ihm grammatikalisch (in Bezug auf Genus, Numerus, Kasus) überein. Man unterscheidet:

- **bestimmten** Artikel (von dem es Singular- und Pluralformen gibt): *der, die, das, des, dem, den* sowie
- **unbestimmten** Artikel (der im Deutschen nur im Singular vorkommt): *ein, eine, eines, einem, einen.*

Besonderheiten bei der Verwendung von Artikeln

- Bei Eigennamen entfällt der Artikel: *Ich glaubte **Jakob**.* (Nicht: *dem Jakob*)
- Unbestimmte Artikel verwendet man, um Neues, vorher nicht Erwähntes einzuführen, oder bei verallgemeinerten Aussagen: *Ich kenne viele Leute, z. B. **einen** Polizisten. Die Buche ist **ein** Laubbaum.*
- Bestimmte Artikel verweisen auf schon Erwähntes oder auf einen bestimmten Gegenstand: *Ich kenne **den** Polizisten Huber.* Man benutzt sie auch bei konkreten Ortsangaben (*die oberbayerischen Seen, die USA*), Zeiträumen und Ereignissen (*das Altertum*) oder Kunstwerken (*der „Faust", die „Mona Lisa"*).

3.3 Das Substantiv (Nomen)

Substantive kann man **inhaltlich** unterscheiden als **Konkreta** (Lebewesen, Pflanzen, Gegenstände) und **Abstrakta** (nicht gegenständliche Dinge, z. B. *Liebe, Seele,* und Erdachtes, z. B. *Gespenst*). **Grammatikalisch** lassen sie sich nach **Genus** (Geschlecht), **Numerus** (Anzahl) und **Kasus** (Fall) bestimmen.

Das Genus

Man unterscheidet **Maskulinum** (männlich), **Femininum** (weiblich), **Neutrum** (sächlich).

Das Genus erkennt man am Artikel.

Das Genus erkennt man am Artikel. Im Zweifelsfall bildet man die Nominativ-Singular-Form: *die Hunde* → *der Hund* (Maskulinum). Bei zusammengesetzten Substantiven entscheidet das Grundwort über das Genus: *die Hundehütte* (*die Hütte* = Grundwort; Genus: Femininum).

Es gibt letztlich kein System, das das grammatikalische Geschlecht aller deutschen Wörter erklärt: Manchmal stimmen natürliches und grammatikalisches Geschlecht überein (*der Mann, die Frau*); Dinge sind jedoch nur teilweise grammatikalisch neutral (*das Auto*; aber *die Brücke*).
Einige Festlegungen sind geschichtlich erklärbar: z. B. Berufe, die früher nur von einem Geschlecht ausgeführt wurden (*der Kanzler; die Hebamme*), oder symbolische Zuordnungen angeblich männlicher bzw. weiblicher Merkmale (*der Krieg*; aber *die Liebe*).

Der Numerus

Man unterscheidet im Deutschen **Singular** (Einzahl) und **Plural** (Mehrzahl).

Singular- und Pluralwörter

Gewisse Substantive treten nur im Singular auf (lat. „Singularia tantum"), weil sie einmalig sind (z. B. Eigennamen) oder es sich um Ober- und Sammelbegriffe (*das Gemüse, die Milch*), Abstrakta (*der Mut*) oder Maßangaben (*100 Kilogramm Eisen,* nicht: *100 Kilogramme*) handelt. Umgekehrt stehen manche Substantive immer im Plural (lat. „Pluralia tantum"): *die Leute, die Geschwister.*

Der Kasus

Man unterscheidet **vier Fälle: Nominativ** (1. Fall), **Genitiv** (2. Fall), **Dativ** (3. Fall), **Akkusativ** (4. Fall). Die zu verwendende Kasusform hängt von der Aufgabe des Substantivs im Satz ab (Subjekt: Nominativ; Objekt: Genitiv, Dativ oder Akkusativ) und von der **Rektion** des Wortes (Verb, Präposition), von dem das Substantiv abhängig ist:
Ich vergebe ihm. (*Vergeben* verlangt den Dativ.)
Ich kämpfe für das Recht. (*Für* verlangt den Akkusativ.)

Die Deklination

Die Deklination ist die Beugung eines Substantivs:

	Maskulinum	Femininum	Neutrum
Nom. Sg.	*der Mann*	*die Frau*	*das Kind*
Gen. Sg.	*des Mannes*	*der Frau*	*des Kindes*
Dat. Sg.	*dem Mann*	*der Frau*	*dem Kind*
Akk. Sg.	*den Mann*	*die Frau*	*das Kind*
Nom. Pl.	*die Männer*	*die Frauen*	*die Kinder*
Gen. Pl.	*der Männer*	*der Frauen*	*der Kinder*
Dat. Pl.	*den Männern*	*den Frauen*	*den Kindern*
Akk. Pl.	*die Männer*	*die Frauen*	*die Kinder*

Problemfälle und Fehlerquellen

- auf *s, ß, z* oder *x* endende geografische Bezeichnungen ohne Genitiv-*s*: *die Seen der Schweiz*
- Namen auf *-s, -ss, -ß, -tz, -z, -x* oder *-ce* ohne Genitiv-*s*, stattdessen Apostroph: *Hans' Ideen, Alice' Hut*
- artikellose Eigennamen: Genitiv-*s* nur im letzten Namensbestandteil: *Josefs Auto – Josef Hubers Auto*
- artikelloser Titel + Eigenname: Genitiv-s nur beim Eigennamen bzw. beim letzten Namensbestandteil: *der Sieg König Josef Arthurs*
- Artikel + Titel + Eigenname: Genitiv-*s* beim Titel, nicht beim Namen: *der Sieg des Königs Josef Arthur*
- artikellose Anrede Herr + Eigenname: Beide (bei mehreren Eigennamen nur der letzte Bestandteil) haben eine entsprechende Genitivform: *Herrn Hubers Geschäfte, die Geschäfte Herrn Alexander Hubers*

3.4 Das Adjektiv

Adjektive bezeichnen **Eigenschaften** und **Merkmale** und sind wie Substantive **deklinierbar**.
Außerdem kann man sie **steigern** (Steigerung = **Komparation**). Die Steigerungsstufen eines Adjektivs sind:

- **Positiv** (Grundstufe): *das* ***schöne*** *Auto*
- **Komparativ** (Steigerungsstufe): *das* ***schönere*** *Auto*
- **Superlativ** (höchste Stufe): *das* ***schönste*** *Auto.*

Besonderheiten:

- Bei Adjektiven auf *-el* bzw. *-er* entfällt im Komparativ das *-e*:
  übel – übler; sauer – saurer.
- Einige Adjektive sind nicht steigerbar; sie bezeichnen einen nicht mehr steigerbaren Extremzustand:
  kein, ledig, zentral, unentschlossen, superschlau …
  (Also nicht: *in keinster Weise.*)

Nicht alle Adjektive sind steigerbar

Vorsicht bei Adjektiven im **Dativ Singular**:

- Wird der Dativ bereits durch den Artikel *dem* oder das Pronomen *diesem* markiert, endet ein folgendes Adjektiv nicht mehr auf *-m*:
  *mit de**m** kluge**n** Mann* (nicht: *mit dem klugem Mann*).
- Fehlt der Artikel, endet das Adjektiv auf *-m*:
  *Ich schenke dir kluge**m** Mann Glauben.*
- Enthält dieser Ausdruck zwei Adjektive, enden beide auf *-m*:
  *Ich schenke dir kluge**m**, weise**m** Mann Glauben.*
- Sind die beiden Adjektive nicht durch Komma getrennt (weil das unmittelbar vor dem Substantiv stehende Adjektiv mit diesem zusammen **einen** Begriff bildet), sind beide Deklinationen möglich:
  *mit süße**m** türkische**m** Honig* (oder auch: *mit süße**m** türkische**n** Honig.*)

3.5 Das Pronomen

Ein **Pronomen** ist ein **Fürwort**, d. h., es steht **für ein Nomen/Substantiv** (lat. „pro" = für), und hilft, hässliche Wiederholungen und umständliche Formulierungen zu vermeiden. Zum Beispiel:
Ich liebe es. (*Es* kann hier für *das Auto* stehen.)
Das ist sein Auto. (Statt: *Das ist das Auto meines Freundes Bernhard.*)
Pronomina sind **meist deklinierbar**. (Ausnahmen: *man, etwas, wo.*)

Man unterscheidet verschiedene Arten von Pronomina:

Personalpronomen (persönliches Fürwort)	*ich, du, er, sie, es ...; mir, mich ...;* Anrede-pronomen *Sie, Ihnen ...*
Possessivpronomen (besitzanzeigendes Fürwort)	*mein, dein, sein, ihr, unser, euer, ihr*
Demonstrativpronomen (hinweisendes Fürwort)	*dieser, jener, solcher, derselbe;* manchmal auch *der/die/das*, z. B.: ***Das** ist mein Auto.*
Relativpronomen (bezügliches Fürwort)	*der, welcher, wer/was:* leitet einen Relativsatz (s. Kapitel „Grammatik 2 Der Satz") ein: *Der Mann, **der/welcher** ... Ich verstehe, **was** du meinst.*
Interrogativpronomen (Fragefürwort)	*wer, wo, wie ...; welcher ... (Welches Auto ...?);* auch bei indirekten Fragesätzen: *Ich weiß nicht, wo du bist.*
Reflexivpronomen (rückbezügliches Fürwort)	*Ich freue mich.* (Bezieht sich zurück auf den Handelnden)
Indefinitpronomen (unbestimmtes Fürwort)	*jemand, man, niemand; mancher, alle; kein; etwas, viel, nichts ...*

Die **Abgrenzung** von Pronomina untereinander bzw. zu anderen Wortarten ist durchaus tückisch:

- *der/die/das*
  - als Artikel: ***der*** *Mann,* ***die*** *Frau …*
  - als Relativpronomen: *Ich liebe Autos,* ***die*** *schnell fahren.*
  - als Demonstrativpronomen: ***Das*** *ist mein Auto.*
- *welcher/welche/welches*
  - als Relativpronomen: *Ich liebe Autos,* ***welche*** *schnell fahren.*
  - als Interrogativpronomen: *Welche Autos fahren schnell? Ich möchte wissen,* ***welche*** *Autos schnell fahren.*
- *was*
  - als Relativpronomen: *Das ist es,* ***was*** *ich jetzt tun muss. Ich verstehe genau,* ***was*** *du mir sagen willst.*
  - als Fragepronomen (Interrogativpronomen): ***Was*** *willst du sagen? Ich überlege,* ***was*** *du sagen willst.*

Ebenfalls schwierig, für die Groß- und Kleinschreibung jedoch bedeutsam, ist es, **unbestimmte Mengenangaben** entweder den Indefinitpronomen oder aber den Adjektiven zuzuordnen:

- **Indefinitpronomina**: *einige* (*Ich weiß einiges*), *manche* (*Ich weiß manches*), *alle* (*Ich weiß alles*).
- **(Zahl-)Adjektive**: *einzelne* (*Ich als Einzelner*), *einzig* (*Das ist das Einzige*), *unzählig* (*Die Sonnenfinsternis haben Unzählige gesehen*), *ganz* (*Ich vergesse das Ganze*), *übrig* (*Alles Übrige besprechen wir morgen*).

  Die **Zahladjektive** *viel, wenig, (der) eine, (der) andere* werden auch bei substantivischem Gebrauch (*Ich weiß vieles*) kleingeschrieben, außer man möchte den substantivischen Charakter besonders hervorheben. Letzteres betrifft aber v. a. philosophische Texte; Beispiel: *Ich war auf der Suche nach dem Anderen* (= dem anderen Menschen schlechthin).

3.6 Das Numerale

Numeralien (Zahlwörter) geben die Anzahl oder Menge an, und zwar – im Unterschied zu Indefinitpronomina oder Zahladjektiven – mathematisch genau, nämlich in Form von Zahlen.
Man unterscheidet:

- **Kardinalzahlen** (Grundzahlen): ***eins, zwei*** *...; die Ansicht* ***dreier*** *Teilnehmer; die Ansicht der* ***drei*** *Teilnehmer*
- **Ordinalzahlen** (Ordnungszahlen), die eine bestimmte Stelle innerhalb einer Rangreihe angeben: *der* ***zweite*** *Grund, der* ***fünfte*** *Geburtstag, die* ***erste*** *Liebe* .

Zu den Numeralien zählen auch besondere Zahlenangaben wie z. B. **Bruchzahlen** (*ein Viertel, ein Sechstel*), **Vervielfältigungszahlen** (*Der Ordner ist* ***dreifach*** *untergliedert*) oder **Wiederholungszahlen** (*Ich ermahnte dich* ***zweimal***).

3.7 Das Adverb

Adverbien (Umstandswörter) sind nicht flektierbar (veränderbar) und bestimmen vor allem **Handlungen**, also **Verben** näher, aber auch Substantive, z. B.:
Ich ***sitze hier.*** (Bestimmung des Verbs)
Das Haus hier *gefällt mir.* (Bestimmung des Substantivs)

Man unterscheidet je nach Art der Umstandsangabe folgende Adverbien:

Lokaladverb (Ort)	*hier, dort, da, oben, hinten, überall, links, drinnen ...*
Temporaladverb (Zeit)	*damals, gestern, jahrelang, vorher, neulich, oft, nie ...*
Modaladverb (Art und Weise)	*gern, so, vielleicht, anders, nebenbei, haufenweise ...*
Kausaladverb (Grund)	*deshalb, darum, folglich, sonst ...*

Welche Beziehung besteht, kann man erfragen:

- Lokaladverb: Wo? Woher? Wohin?
- Temporaladverb: Wann? Wie lange? Wie oft?
- Modaladverb: Wie?
- Kausaladverb: Warum? Weshalb?

Mit der richtigen Frage erhält man die Art der Umstandsangabe.

Manche Grammatiken kennen weitere Adverbarten:

- **Adverbien der Einräumung und Gültigkeit** (Konzessivadverbien): Trotz welchen Umständen? (*trotzdem, nicht, vielleicht, keineswegs ...*)
- **Adverbien der Bedingung** (Konditionaladverbien): Unter welcher Bedingung? (*sonst, gegebenenfalls, bestenfalls ...*)

Bedeutsamer als diese Spezialfälle ist die Unterscheidung von **Adverb und Adverbiale** bzw. zwischen **Adjektiv und Adverb** (die auch in vielen Fremdsprachen und beim Übersetzen von Bedeutung ist):

- **„Adverb"** bezeichnet eine **Wortart** (= bestimmte Kategorie von Wörtern), **„Adverbiale"** bezeichnet einen **Satzteil** (mit einer bestimmten Funktion innerhalb des Satzes). Beispiele:
  Im Satz *Ich wohne **dort*** ist *dort* seiner Wortart nach ein Lokaladverb; gleichzeitig vertritt es einen ganzen Satzteil, nämlich ein Lokaladverbiale.
  In *Ich wohne **in München*** liegen bei *in München* zwei Wörter vor (*in* = Wortart: Präposition; *München* = Wortart: Substantiv/Eigenname), die zusammen einen Satzteil vertreten: Lokaladverbiale.

- **Adverbien** sind **nicht flektierbar, Adjektive schon.** Wenn ein Adjektiv in der Satzteilfunktion eines Adverbiales gebraucht wird, ist es als Wortart trotzdem ein Adjektiv: *Ich singe schön.* (*Schön*: Satzteil Adverbiale, Wortart Adjektiv) – *Ich singe dort.* (*Dort*: Satzteil Adverbiale, Wortart [Lokal-]Adverb).
  Es gibt allerdings auch Grammatikbücher (und Lehrkräfte), die das anders sehen: Wenn ein Adjektiv als Adverbiale gebraucht wird, ist es für sie von der Wortart her auch ein Adverb. Im Zweifelsfall also beim Lehrer nachfragen!

3.8 Die Präposition

Eine **Präposition** (Verhältniswort) steht vor einem Substantiv oder Pronomen und gibt räumliche, zeitliche oder gedankliche Verbindungen an. Man kann dieselben Untergruppen wie bei den Adverbien bilden:

- **lokale Präpositionen:** *in, vor, neben …* (*Ich wohne **in** München.*)
- **temporale Präpositionen:** *seit, bis, in, während …* (***In** diesem Jahr zog ich um. **Bis** morgen bist du da.*)
- **modale Präpositionen:** *aus, mit, ohne, zu …* (*Diese Figur ist **aus** Ton. Ich löse das Problem **mit** Scharfsinn.*)
- **kausale Präposition:** *aufgrund, dank, durch, um, wegen …* (*Ich freute mich **aufgrund** dieser Neuigkeiten / **wegen** dieser Neuigkeiten.*)

Präpositionen verlangen immer einen bestimmten Kasus des Bezugswortes:

- **Genitiv:** *wegen des Hundes, trotz dieser Mühen*
- **Dativ:** *mit dem Hund , zu dem Hund*
- **Akkusativ:** *für den Hund, ohne den Hund*

Dativ oder Akkusativ?

Bei manchen Präpositionen kann sowohl der Dativ als auch der Akkusativ – jedoch mit unterschiedlicher Bedeutung – folgen:

- Auf die Frage „Wo?" steht der Dativ: *Ich stehe **im Regen**. Die Vase steht **auf dem Tisch**. Ich lese das **an der Tafel**.*
- Auf die Frage „Wohin?" steht der Akkusativ: *Ich laufe **in das Haus / ins Haus**. Ich schlage **auf den Tisch**. Ich schreibe **an die Tafel**.*

Präpositionen und Artikel können verschmelzen (*ins = in das; zum = zu dem; am = an dem*). Manche dieser Verschmelzungen sind allerdings nur umgangssprachlich (*aufm = auf dem*).

3.9 Die Konjunktion

Konjunktionen (Bindewörter) verknüpfen Wörter, Satzglieder und Sätze bzw. Teilsätze miteinander, z. B.:
*Ich **und** du verreisen.*
*Ich weiß, **dass** ich nichts weiß.*
*Ich mag dich. **Denn** du hältst immer zu mir.*
Man unterscheidet:

- **nebenordnende Konjunktionen**, die gleichwertige Satzteile/Sätze miteinander verbinden: *und, sowie, oder, aber, sondern, denn* etc.
- **unterordnende Konjunktionen** (auch **Subjunktionen** genannt), die einen Nebensatz einleiten: *nachdem, weil, obwohl, während, indem* etc.

3.10 Die Interjektion

Interjektionen sind **Empfindungswörter**. Man verwendet sie vor allem beim Sprechen, weniger in der Schriftsprache; in Comics jedoch sind sie zentraler Bestandteil der Sprache. Sie drücken eine besondere Gefühlsäußerung aus, unterstreichen anschaulich eine Situation oder ahmen Laute nach: *igitt, pfui, oh, miau, rums* etc.

3.11 Die Partikel

Partikeln (Tönungswörter) betonen eine Aussage, sind aber nicht lautmalerisch.
Beispiele: *Er ist **aber** komisch.* (*Aber* drückt hier nicht wie die Konjunktion *aber* einen Gegensatz aus, sondern hat nur eine hervorhebende Funktion.)
*Das ist **doch** das Letzte. Du bist **schon** super.* (Aber: *Du bist schon da.* Hier ist *schon* Temporaladverb.)

Umstrittene Partikeln

In Grammatikbüchern werden Partikeln manchmal anderen Wortarten zugeordnet; dieser Teil der Wortartbestimmung ist sehr umstritten.

Auf einen Blick: Die Wortarten

Flektierbare (veränderliche) Wortarten

1. **Das Verb** (Zeitwort):
   - Vollverben, Hilfsverben, Modalverben
   - infinite Formen: Infinitiv (Grundform), Partizip (Mittelwort): I (Präsens) und II (Perfekt)
     finite Formen: bestimmbar nach Person (1., 2., 3.), Numerus (Anzahl: Singular, Plural), Tempus (Zeitstufe: Präsens, Imperfekt/Präteritum, Perfekt, Plusquamperfekt, Futur I und Futur II), Modus (Aussageweise: Indikativ, Konjunktiv, Imperativ), Genus (Handlungsart: Aktiv, Passiv)
2. **Das Substantiv** oder **Nomen** (Namenwort), bestimmbar nach Genus (Geschlecht: Maskulinum, Femininum, Neutrum), Kasus (Fall: Nominativ, Genitiv, Dativ, Akkusativ) und Numerus (Anzahl: Singular, Plural)
3. **Der Artikel** (Begleiter): unbestimmt oder bestimmt
4. **Das Adjektiv** (Eigenschaftswort)
5. **Das Pronomen** (Fürwort): Personalpronomen (persönliches F.), Possessivpronomen (besitzanzeigendes F.), Demonstrativpronomen (hinweisendes F.), Relativpronomen (bezügliches F.), Interrogativpronomen (Fragef.), Reflexivpronomen (rückbezügliches F.), Indefinitpronomen (unbestimmtes F.)
6. **Das Numerale** (Zahlwort): Kardinalzahlen (Grundzahlen), Ordinalzahlen (Ordnungszahlen)

Die Beugung (Flexion) bei Verben heißt **Konjugation**, die aller anderen flektierbaren Wortarten **Deklination**.

Nicht flektierbare (unveränderliche) Wortarten:

7. **Das Adverb** (Umstandswort): Lokaladverb (U. des Ortes), Temporaladverb (U. der Zeit), Modaladverb (U. der Art und Weise), Kausaladverb (U. des Grundes)
8. **Die Präposition** (das Verhältniswort)
9. **Die Konjunktion** (das Bindewort): nebenordnende Konjunktion und unterordnende Konjunktion (= Subjunktion)
10. **Die Interjektion** (das Empfindungswort)
11. **Die Partikel** (das Tönungswort)

Grammatik 2: Der Satz

In diesem Kapitel geht es um Satzglieder: Prädikat, Subjekt, Objekt, Adverbiale, Prädikatsnomen, Gleichsetzungsakkusativ.
Außerdem beschäftigen wir uns mit den verschiedenen Satzarten, mit satzwertigen Infinitiven und Partizipien, mit der Satzteilfunktion von Nebensätzen sowie mit der indirekten Rede.

1 Die Satzglieder

Was ist ein Satzglied?

Satzglieder werden nach der **Funktion** (Aufgabe) bestimmt, die sie im Satz haben. Ein Satzglied kann aus einem Wort, einer Wortgruppe oder auch aus einem Nebensatz bestehen.

Satzglieder:

- das Subjekt (der Satzgegenstand)
- das Prädikat (die Satzaussage)
- das Objekt (die Satzergänzung)
- das Adverbiale (die Umstandsbestimmung)

Satzgliedteile:

- Sonderfälle: Prädikatsnomen und Gleichsetzungsakkusativ
- das Attribut (die Beifügung)

Um die Satzgliedfunktion eines Wortes bzw. einer Wortgruppe zu bestimmen, bedient man sich des Abfragens: Man fragt nach einem bestimmten Satzglied (das in der Frage ausgespart bleibt), z. B.: *Ich helfe meiner Tochter.* → Frage: *Wem helfe ich?* → Antwort: *Meiner Tochter.* Durch das Fragewort *wem* wird das Dativobjekt erfragt, also ist dies die Funktion des Satzgliedes *meiner Tochter.*

TIPP: Formuliere die Frage so, dass du in ihr alle Wörter des Ausgangssatzes unterbringst – bis auf die, die zu dem Satzglied gehören, nach dem gefragt wird. So verringerst du die Gefahr einer falschen Bestimmung.

Verschiebeprobe

Manchmal ist man unsicher, welche Wörter überhaupt zu einem Satzglied gehören. Dann empfiehlt sich die Verschiebeprobe, d. h., man stellt den Satz so um, dass sich sein Inhalt nicht ändert. Die Wortgruppe, die sich dabei nur als ganze verschieben lässt, bildet ein Satzglied, z. B.: *Ich helfe meiner Tochter.* → Verschiebung: *Meiner Tochter helfe ich.* (Aber nicht: *Meiner helfe ich Tochter.*) Die Wortgruppe *meiner Tochter* bildet also ein Satzglied.

1.1 Das Prädikat

Das **Prädikat** (die Satzaussage) bezeichnet die **Handlung** und besteht aus einem Verb oder einer Verbgruppe. Nach dem Prädikat wird mit *Was tut / erleidet ...?* gefragt.
Beispiele:

- aktive Handlung: *Ich habe den Wagen gewaschen.* – Frage: *Was tue ich mit dem Wagen?* (Prädikat: *habe ... gewaschen*)
- passive Handlung („Leiden"): *Der Wagen wird gewaschen.* – Fragemöglichkeiten: *Was erleidet der Wagen? Was geschieht mit dem Wagen?* (Prädikat: *wird gewaschen*).

Ein Prädikat kann **einteilig** oder **mehrteilig** sein:

- einteilig: *Ich **aß**. Er **schlief**.*
- mehrteilig: *Ich **habe gegessen**. Sie **will arbeiten**. Du **brauchst** nicht **zu arbeiten**.*

Prädikatskern: finites Verb

Der **Kern** des Prädikats ist der **finite**, d. h. veränderliche Teil der Verbgruppe. Er passt sich hinsichtlich Person und Numerus an das Subjekt an. Die anderen Teile mehrteiliger Prädikate sind **infinit**, d. h. unveränderlich.
Beispiele: *Ich habe den Wagen gewaschen.* Die Verbgruppe besteht aus *habe ... gewaschen.* Der Prädikatskern ist *habe*, denn er verändert sich je nach Subjekt (*Wir **haben** ... gewaschen. Du **hast** ... gewaschen.*), während der andere Prädikatsteil (*gewaschen*) gleich bleibt. Weitere Beispiele (Prädikatskern unterstrichen): *Sie <u>will</u> **arbeiten**. Er <u>braucht</u> nicht **zu arbeiten**.*

Sonderfall Verben mit Vorsilbe

Bei **Verben mit Vorsilbe** wird diese, wenn sie betont ist, von der finiten Form im Präsens und Präteritum getrennt; bei unbetonter Vorsilbe erfolgt keine Trennung:

- betonte Vorsilbe: *wéggehen → Er geht weg.*
- unbetonte Vorsilbe: *behándeln → Er behandelte.*

Prädikat: ein Muss im deutschen Satz!

Das Prädikat gehört zur Mindestausstattung eines deutschen Satzes (Ausnahme: elliptische Formen, z. B. Ausrufe wie *Du Einfaltspinsel!*, bei dem das Prädikat *bist* wegfällt). Ein Satzgefüge kann auch mehrere Prädikate aufweisen.

1.2 Das Subjekt

Das **Subjekt** (der Satzgegenstand) ist der **Handlungsträger** bzw. (im Passiv) derjenige, der etwas „erleidet". Nach ihm fragt man mit *Wer (oder was) ...?*.

Beispiele:

- aktive Handlung: *Ich habe den Wagen gewaschen.* Frage: *Wer hat den Wagen gewaschen?* – Antwort: *ich* (= Subjekt)
- passive Handlung: *Der Wagen wurde gewaschen.* Frage: *Wer (oder was) wurde gewaschen?* – Antwort: *der Wagen* (= Subjekt).

Vorsicht beim Bestimmen des Subjekts!

Zwei Dinge muss man beachten:

- Das Fragewort *was* wird auch zur Bestimmung des Akkusativobjekts verwendet. Deshalb sollte man immer *Wer oder was...?* fragen, nicht nur *Was ...?*.
- In Passivsätzen wird zwar der Handlungsträger auch oft angegeben, aber er ist nicht identisch mit dem Subjekt: Im Satz *Der Wagen wurde von mir gewaschen* ist *der Wagen* Subjekt; der Handelnde dagegen wird durch *von mir* bezeichnet (das hier die Funktion eines Präpositionalobjektes hat).

Ein Subjekt kann aus einem Substantiv, einer Substantivierung, einem Pronomen, einem Infinitiv bzw. einer Infinitivgruppe oder auch einem Satz bestehen, z. B.:

- Substantiv: ***Das Auto** fährt gut.*
- Substantivierung: ***Das Fahren** macht Spaß.*
- Pronomen: ***Es** fährt gut. **Irgendwer** stört mich.*
- Infinitiv: ***Mit diesem Auto zu fahren**, macht Spaß.*
- Satz: ***Dass du gekommen bist**, freut mich.*

In einigen Fällen wird auch kein Subjekt im Satz ausgedrückt. In **Befehlssätzen** ist es zusammen mit dem Prädikat im Verb enthalten: *Laufe weg! Lauft weg!* Auch in **Aussage-** oder **Fragesätzen** kann es fehlen: *Ihm wurde übel. Wurde ihr schlecht?* Dagegen können in einem Satz durchaus mehrere Subjekte vorkommen: ***Hans, Susanne** und **deren Eltern** fuhren in Urlaub.*

1.3 Das Objekt

Objekte sind **Satzergänzungen** im Dativ, Akkusativ, Genitiv oder in Form eines Präpositionalausdrucks:

- das **Dativobjekt** (die Satzergänzung im 3. Fall):
  Frage: *Wem ...?*
  Beispiel: *Ich schenke ihm ein Auto.* Frage: *Wem schenke ich ein Auto?* Antwort: *ihm* (= Dativobjekt)
- das **Akkusativobjekt** (die Satzergänzung im 4. Fall):
  Frage: *Wen oder was ...?*
  Beispiel: *Ich schenke ihm ein Auto.* Frage: *Wen oder was schenke ich ihm?* Antwort: *ein Auto* (= Akkusativobjekt)
- das **Genitivobjekt** (die Satzergänzung im 2. Fall):
  Das Genitivobjekt kommt nur selten und nur bei bestimmten Verben vor (s. nächste Seite).
  Frage: *Wessen ...?*
  Beispiel: *Ich entsinne mich des Vorfalls.* Frage: *Wessen entsinne ich mich?* Antwort: *des Vorfalls* (= Genitivobjekt)
- das **Präpositionalobjekt** (die Satzergänzung durch einen Präpositionalausdruck)
  Frage: *Wofür ...? Wogegen ...? Wodurch ...?* (Das Fragewort besteht aus der Kombination von *wo* und der Präposition des zu erfragenden Satzteils!)
  Beispiele: (1) *Ich passe auf dich auf.* Frage: *Worauf passe ich auf?* Antwort: *auf dich* (= Präpositionalobjekt)
  (2) *Du gibst mit deinen Leistungen an.* Frage: *Womit gibst du an?* Antwort: *mit deinen Leistungen* (= Präpositionalobjekt)

Zu beachten:

Achtung!

- Da das Fragewort *was* sowohl nach dem Subjekt als auch nach dem Akkusativobjekt fragen kann, sollte man nach Letzterem immer mit *Wen oder was ...?* fragen.
- Präpositionalobjekte können leicht mit anderen Satzgliedern verwechselt werden, die ebenfalls aus einem Präpositionalgefüge bestehen (vgl. dazu Abschnitt 1.7).
- Leicht verwechselt werden auch Genitivobjekt und Genitivattribut (vgl. Abschnitt 1.7).

Verben, die ein Genitivobjekt mit sich führen müssen

sich jemandes / einer Sache annehmen (z. B.: *Ich nehme mich **des Kindes** an*; aber: *Ich nehme das Geschenk an.*), *sich einer Sache bedienen* (z. B.: *Ich bediene mich **des Wagens***; aber: *Ich bediene dich.*), *bedürfen, sich befleißigen, sich bemächtigen, sich enthalten* (z. B.: *Ich enthalte mich **der Stimme***; aber: *Die Pflanze enthält Gift.*), *sich entledigen, sich entsinnen, ermangeln, sich erwehren, gedenken, rühmen, vergewissern.*

Verbindungen aus Adjektiv und *sein/bleiben* mit Genitivobjekt

bewusst sein (z. B.: *Er ist sich **seiner Tat** bewusst.*), *mächtig sein* (z. B.: *Er war **der Sprache** mächtig.*), *schuldig sein* (z. B.: *Er ist **des Diebstahls** schuldig.*), *verdächtig sein/ bleiben* (z. B.: *Er ist/bleibt **des Diebstahls** verdächtig.*)

Verben, die ein Genitivobjekt oder ein Präpositionalobjekt mit sich führen können

Hier ersetzt das Präpositionalobjekt allmählich das Genitivobjekt:

anklagen (z. B.: *Er klagt sie **des Mordes** an. – Er klagt sie wegen Mordes an.*), *sich schämen* (z. B.: *Ich schäme mich **seines Verhaltens**. – Ich schäme mich wegen seines Verhaltens.*), *sich erinnern* (z. B.: *Ich erinnere mich **des Vorfalls**. – Ich erinnere mich an den Vorfall.*)

Stehende Redewendungen mit Genitivobjekt

sich eines Besseren besinnen, seines Amtes walten, jeder Beschreibung spotten, jeder Grundlage entbehren, sich seiner Haut wehren

1.4 Das Adverbiale

Adverbialien (Umstandsangaben) beschreiben die **Umstände** einer Handlung näher, ohne dass sie – im Unterschied zum Objekt – im Satz grammatikalisch notwendig sind. Das Adverbiale kann aus einem oder mehreren Wörtern oder auch einem Satz bestehen.
Inhaltlich unterscheidet man folgende Adverbialien:

- das **Temporaladverbiale** (die Umstandsbestimmung der Zeit):
  Frage: *Wann? Seit wann? Bis wann? Wie lange?*
  Beispiele: ***Gestern** kam ich. **Seit gestern** lerne ich.*
- das ***Lokaladverbiale*** (die Umstandsbestimmung des Ortes):
  Frage: *Wo? Woher? Wohin?*
  Beispiele: *Ich bin **im Bad.** Du kommst **aus Berlin.***
- das **Modaladverbiale** (die Umstandsbestimmung der Art und Weise):
  Frage: *Wie? Auf welche Weise?*
  Beispiele: ***Verärgert** rief sie an. Sie überredete ihn **mit großer List.***
- das **Kausaladverbiale** (die Umstandsbestimmung des Grundes):
  Frage: *Warum? Aus welchem Grund?*
  Beispiele: *Er ermordete sie **aus Habgier. Wegen dieses Verbrechens** wurde er verurteilt.*

Zu beachten:

Achtung!

Zu den **Modaladverbialien** zählen üblicherweise auch:

- Verneinungen (*Wir riefen **nicht** an.*)
- Angaben zum Ausmaß einer Handlung (*Wir freuen uns **sehr.***)
- und zum Mittel (*Wir fahren **mit dem Auto.***).

Zu den **Kausaladverbialien** gehören üblicherweise auch:

- Angaben zum Zweck (*Wir fuhren **zur Erholung** nach München.*)
- zur Folge (*Du singst **zum Davonlaufen.***)
- zur Bedingung (***Bei Regen** bleiben wir zu Hause.*)
- und zur Einräumung eines Gegengrundes (***Trotz des Regens** kamen wir. **Trotzdem** kamen wir.*).

1.5 Sonderfälle: Prädikatsnomen und Gleichsetzungsakkusativ

Das **Prädikatsnomen** wird auch **Gleichsetzungsnominativ** oder **Prädikativ** genannt. Es ist kein eigenes Satzglied, sondern lediglich **Teil** eines solchen, nämlich des **Prädikats**. Seine Stelle nehmen fast ausschließlich Adjektive, Nomen oder Pronomen ein, die meist mit den Verben *sein, bleiben, werden* und *heißen* zusammen das Prädikat bilden. Das Prädikatsnomen steht wie das Subjekt, mit dem es durch diese Verben verknüpft wird, im Nominativ. Nach ihm wird folgendermaßen gefragt: *Wie oder was oder wer ist / bleibt / wird ...?* Beispiele:
Ich werde reich. – Frage: *Wie oder was werde ich?* Antwort: *reich* (= Prädikatsnomen).
Ich bleibe Lehrer. – Frage: *Was bleibe ich?* Antwort: *Lehrer* (= Prädikatsnomen).
Er war irgendwer. – Frage: *Wer war er?* Antwort: *irgendwer* (= Prädikatsnomen).
Ich heiße Frau Huber. – Frage: *Wie heiße ich?* Antwort: *Frau Huber* (= Prädikatsnomen).

Achtung! Prädikatsnomen können leicht mit Akkusativobjekten oder Adverbialien verwechselt werden (vgl. Abschnitt 1.7). Die Unterscheidung ist jedoch auch beim Übersetzen in eine Fremdsprache wichtig.

Auch beim **Gleichsetzungsakkusativ** handelt es sich um ein Prädikatsnomen, das durch das Verb aber nicht mit dem Subjekt, sondern mit dem Akkusativobjekt verbunden wird. Auch er kommt nur bei bestimmten Verben vor:
*Ich nenne dich **einen Lügner.***
*Ich heiße ihn **einen Lügner.***
*Ich schimpfe ihn **einen Lügner.***
*Das nenne ich **klug.***
*Das nenne ich **arbeiten.***
Das letzte Beispiel zeigt, dass auch Infinitive die Stelle des Gleichsetzungsakkusativs einnehmen können.

1.6 Das Attribut

Auch **Attribute** sind keine selbstständigen Satzglieder, sondern bloße **Satzgliedteile**. Ihre Aufgabe ist es, ein Nomen oder Adjektiv näher zu bestimmen. Man fragt nach Attributen mit *Was für ein ...?*

Verschiebeprobe

Auch zur Erkennung von Attributen hilft die Verschiebeprobe: Bei einer Umstellung im Satz kann das Attribut nicht von seinem Bezugswort getrennt werden, z. B.:
*Der **coole** Filmstar **aus Rom** verschenkt **teure** Kinokarten.*
→ ***Teure** Kinokarten verschenkt der **coole** Filmstar **aus Rom**.*
Das Attribut *aus Rom* muss hier hinter *der coole Filmstar* stehen bleiben. (Zwar könnte es theoretisch auch hinter *Kinokarten* treten, aber nicht ohne dass sich der Sinn des Satzes ändern würde!)

Attribute und Adverbialien nicht verwechseln!

Wird hingegen ein Verb näher bestimmt, handelt es sich um ein Adverbiale. Z. B.: Im Satz *Die Kinder schreien laut* wäre *laut* eine Adverbiale zu *schreien* (Frage: *Wie schreien die Kinder?* – Antwort: *laut*). Dagegen wäre dasselbe Adjektiv im Satz *Ich habe laute Kinder.* ein Attribut zu *Kinder* (Frage: *Was für Kinder habe ich?* – Antwort: *laute*), also eine nähere Bestimmung zum Akkusativobjekt.

Arten von Attributen

Nach der Wortart bzw. der grammatikalischen Form kann man folgende Attribute unterscheiden:

adjektivisches Attribut	*Ein **kalter** Wind zieht auf.*
Partizipialattribut	*Ich mag **gekochte** Eier.*
adverbiales Attribut	*Das Haus **dort** ist schön.*
präpositionales Attribut (Präpositionalausdruck)	*Den Urlaub **in Italien** vergesse ich nie.*
Genitivattribut (Nomen im Genitiv)	*Der Urlaub **meiner Eltern** war auch sehr schön.*
Apposition (nachgestelltes Nomen im gleichen Fall wie sein Bezugswort; wird durch Kommas abgetrennt)	*Wir wohnten im Ferienhaus meines Onkels, **eines reichen Mannes**.* *Ich schickte Karl, **meinem Onkel**, eine Karte.*

1.7 Verwechslungsgefahren bei der Satzgliedbestimmung

Subjekt oder Akkusativobjekt?

Das Fragewort *was* wird zur Bestimmung sowohl des **Subjekts** als auch des **Akkusativobjekts** verwendet. Deshalb sollte man immer das vollständige Fragenpaar verwenden: beim Subjekt *Wer oder was...?*, beim Akkusativobjekt *Wen oder was ...?*. Beispiel: *Ein Huhn legt ein Ei.* – Frage (1): *Wer oder was legt ein Ei?* Antwort: *Ein Huhn.* (= Subjekt). – Frage (2): *Wen oder was legt ein Huhn?* Antwort: *Ein Ei.* (= Akkusativobjekt).

Genitivobjekt oder Genitivattribut?

Die Verwechslungsgefahr entsteht, weil in beiden Fällen ein Nomen im Genitiv steht. Zur Unterscheidung:

- Ein **Genitivobjekt** ist ein Satzglied, das innerhalb des Satzes verschoben werden kann (*Ich entsinne mich **des Vorfalls**. – **Des Vorfalls** entsinne ich mich.*).
- Das **Genitivattribut** hingegen ist Teil eines Satzgliedes und kann nur mit diesem zusammen verschoben werden (***Das Auto des Mannes** ist schön. – Schön ist **das Auto des Mannes**.*).

Prädikatsnomen oder Akkusativobjekt?

- Das **Prädikatsnomen** kommt nur in Verbindung mit bestimmten Verben wie *sein, bleiben, werden* vor (vgl. Abschnitt 1.5) und bildet mit diesen zusammen das Prädikat. Die Frage danach lautet: *Wer oder was + sein/bleiben/werden?* (bzw. *Wie oder wofür halten/heißen?*) Z. B.: *Ich bin Lehrer.* – Frage: *Wer oder was bin ich?* Antwort: *Lehrer* (= Prädikatsnomen).
- Nominalausdrücke in Verbindung mit anderen Verben, nach denen man mit *Wen oder was* + (Verb) *...?* fragen kann, sind **Akkusativobjekte**. Beispiel: *Ich mag den Lehrer.* – Frage: *Wen oder was mag ich?* Antwort: *Den Lehrer* (= Akkusativobjekt).

Prädikatsnomen oder Modaladverbiale?

Beide Satzteile können aus einem Adjektiv bestehen. Für die Übersetzung in die Fremdsprache ist die Unterscheidung wichtig, denn ein Prädikatsnomen muss z. B. im Englischen oder Lateinischen mit dem Subjekt grammatikalisch (in Numerus und Genus) übereinstimmen, während ein Adverbiale mit einer besonderen Endung gekennzeichnet wird (z. B. *-ly* im Englischen). Zur Unterscheidung:

- Ein **Prädikatsnomen** (auch ein adjektivisches) kommt nur in Verbindung mit bestimmten Verben vor (vgl. Abschnitt 1.5) und bildet mit diesen zusammen das Prädikat. Die Bestimmungsfrage lautet: *Was + sein/ bleiben/werden ...?* Beispiel: *Ich bin schön.* – Frage: *Was bin ich?* Antwort: *schön* (= Prädikatsnomen). Nach dem vollständigen Prädikat frage ich stattdessen mit *Was tue ich?* Antwort: *schön sein.*
- Ein Adjektiv, das sich auf andere Verben bezieht, ist hingegen ein **Adverbiale**, nach dem man mit *Wie* + (Verb) *...?* fragt. Beispiel: *Ich singe schön.* – Frage: *Wie singe ich?* Antwort: *schön* (= Modaladverbiale).

Präpositionalobjekt, Präpositionalattribut oder Adverbiale, das aus einem Präpositionalausdruck besteht?

Präpositionalausdrücke können in einem Satz in verschiedenen Rollen auftreten. Zur Unterscheidung:

- Das **Präpositionalobjekt** ist eine **notwendige Ergänzung** des Verbs (in festen Wendungen), während das **Adverbiale** verzichtbar ist. Beispiel: *Ich rechne **mit einer Sechs*** (= Präpositionalobjekt). *Ich rechne zwei plus vier **mit den Fingern*** (= Adverbiale).
- Das **Präpositionalattribut** ist Teil eines Satzgliedes und nur mit diesem innerhalb des Satzes verschiebbar. Beispiel: ***Der Mann mit dem Hut** steht dort.* – *Dort steht **der Mann mit dem Hut**.* (Aber: *Er grüßt **mit dem Hut**. **Mit dem Hut** grüßt er*: Adverbiale).

2 Der Satz

2.1 Die inhaltliche Unterscheidung von Satzarten

Verschiedene Satzarten

Sätze lassen sich nach ihrer kommunikativen Funktion unterscheiden:

- Der **Aussagesatz**: *Wir gehen ins Kino.*
- Der **Fragesatz**: *Gehen wir ins Kino? Wer geht mit?*
- Der **Befehlssatz**: *Geht nicht ins Kino!*
- **Ausrufesätze** sind wie Aussagesätze gebaut, schließen aber mit einem Ausrufezeichen: *Wir gehen ins Kino!*

2.2 Die grammatikalische Unterscheidung von Satzarten

Haupt- und Nebensatz

Haupt- und Nebensätze unterscheiden sich vor allem in der Stellung des Prädikats:

Der **Hauptsatz**: Die **finite Verbform** (Personalform) steht an der **zweiten** Satzgliedstelle. Bei mehrteiligen Prädikaten (vgl. Abschnitt 1.1) steht die finite Verbform an der zweiten Satzgliedstelle, die infinite an der letzten.

Beispiele:

Satzgliedstelle				
1	2	3	4	5
Wir	*gehen*	*heute*	*ins Kino.*	
Ihr beide	*seid*	*gerne*	*spät*	***weggegangen.***
Vorgestern	*sind*	*wir*	*gut*	***unterhalten worden.***

Der **Nebensatz**: Die **finite Verbform** steht an der **letzten** Satzgliedstelle. Bei mehrteiligen Prädikaten steht die infinite Verbform an vorletzter Stelle. Am Anfang des Nebensatzes steht eine Konjunktion oder ein Pronomen.

Beispiele:

Wir gingen ins Kino, weil wir Lust darauf hatten.
*Wir haben einen Film gesehen, der sehr lustig **gewesen** ist.*
*Es ging um jemanden, der ständig **verraten worden** ist.*

2.3 Satzwertige Infinitive und Partizipien

Eine Sonderform sind die **satzwertigen** oder **erweiterten Infinitive** und **Partizipien**. Man nennt sie auch **Infinitiv-** bzw. **Partizipsätze**, weil sie einen Nebensatz ersetzen.

Zum **satzwertigen** bzw. **erweiterten Infinitiv** gehören Wortgruppen mit einem Infinitiv mit *zu* bzw. *um zu, ohne zu, anstatt zu.*
Beispiele:
*Ich freute mich, **den Schauspieler zu sehen**. (= Ich freute mich, dass ich den Schauspieler sah.)*
***Um besser zu sehen**, setzte ich mich weit nach vorne. (= Damit ich besser sehen konnte, setzte ich mich weit nach vorne.)*
*Ich tat das, **ohne nachzudenken**.*

Das **satzwertige** bzw. **erweiterte Partizip** kann sowohl mit dem **Partizip I** als auch mit dem **Partizip II** gebildet werden, z. B.:

- Partizip I: ***Von einer veralteten Landkarte ausgehend**, verfuhren wir uns. (= **Da wir von einer veralteten Landkarte ausgingen**, verfuhren wir uns.)*
- Partizip II: ***Von der spannenden Handlung angeregt**, konnten wir später nicht einschlafen. (= **Weil wir von der spannenden Handlung angeregt waren**, konnten wir später nicht einschlafen.)*

2.4 Satzreihe und Satzgefüge

Werden zwei oder mehrere Hauptsätze durch Konjunktionen wie *und, oder* bzw. Adverbien wie *deshalb* verbunden, spricht man von einer **Satzreihe**. Die Verbindung von Haupt- und Nebensatz nennt man **Satzgefüge**.
Beispiele:

- **Satzreihe**: *Wir gingen ins Kino, dort sahen wir einen Film und dieser Film war sehr schön.*
- **Satzgefüge**: *Wir gingen ins Kino, wo wir einen Film sahen, der sehr schön war.*

2.5 Die Satzteilfunktionen von Nebensätzen

Nebensätze können – ebenso wie **satzwertige Infinitive** bzw. **Partizipien** – als **Satzglieder** bzw. **Satzgliedteile** in einem Satzgefüge dieselben Funktionen wie Nominalgruppen erfüllen.

Funktion des Nebensatzes im Satzgefüge	Beispiel
Subjektsatz	***Was wir sahen***, *war sehr aufregend.* (= ***Das Gesehene*** *ist* ...)
Objektsatz • z. B. als Ersatz eines Akkusativobjekts	*Wir beschlossen,* ***das Kino häufiger zu besuchen.*** (= *Wir beschlossen* ***häufigere Kinobesuche.***)
• z. B. als Ersatz eines Dativobjekts	*Ich konnte nicht zusehen,* ***wie die anderen sich langweilten.*** (= *Ich konnte nicht* ***der Langeweile der anderen*** *zusehen.*)
• z. B. als Ersatz eines Genitivobjekts	*Ich erinnere mich nicht mehr,* ***wie lang der Film war.*** (= *Ich erinnere mich nicht mehr* ***der Länge des Films.***)
• z. B. als Ersatz eines Präpositionalobjekts	*Wir freuten uns darüber,* ***dass wir das Kino besucht hatten.*** (= *Wir freuten uns* ***über den Kinobesuch.***)
Adverbialsatz	*Der Film endete,* ***als es schon spät am Abend war.*** (= *Der Film endete* ***am späten Abend.***)
Attributsatz	*Wir besuchten ein Kino,* ***das sehr voll war.*** (= *Wir besuchten ein* ***sehr volles*** *Kino.*)

Hinweise:

- Subjekt-, Objekt- und Adverbialsätze fasst man auch unter dem Begriff **Gliedsätze** (= Satzglieder) zusammen und unterscheidet sie von den Attributsätzen (= Satzgliedteile).
- **Attributsätze** sind **Relativsätze**, also Nebensätze, die mit einem Relativpronomen eingeleitet werden.

2.6 Die verschiedenen Arten von Adverbialsätzen

Adverbialsätze kann man wie Adverbialien (vgl. Abschnitt 1.4) nach ihrem **Inhalt** unterscheiden, d. h. nach der **logischen Beziehung**, die durch ihre einleitende Konjunktion zum übergeordneten Satz hergestellt wird.

Adverbialsatz	Beispiel
Temporalsatz → Zeit *als, nachdem, bis, seit* etc.	*Ich ging ins Kino,* ***nachdem*** *ich gegessen hatte.* ***Bis*** *der Film anfing, war noch Zeit.*
Lokalsatz → Ort *wo*	***Wo*** *früher Wiesen waren, steht jetzt ein Kino.*
Kausalsatz → Grund *weil, da*	*Ich ging ins Kino,* ***weil*** *mir langweilig war.*
Finalsatz → Zweck *damit, dass*	*Ich ging ins Kino,* ***damit*** *die Zeit verging.*
Modalsatz → Art und Weise *indem; dadurch, dass*	*Ich erholte mich,* ***indem*** *ich ins Kino ging.*
Konsekutivsatz → Folge *sodass; dass*	*Ich amüsierte mich,* ***sodass*** *ich die Zeit vergaß.* *Der Film war so spannend,* ***dass*** *ich die Zeit vergaß.*
Konditionalsatz → Bedingung *falls, wenn*	*Ich gehe ins Kino,* ***falls*** *du mitkommst.*
Konzessivsatz → Einräumung des Gegenteils, Einschränkung *obwohl, obschon*	*Ich ging ins Kino,* ***obwohl*** *ich viel zu tun hatte.*
Adversativsatz → Gegensatz *anstatt dass; während; wogegen*	*Liebesfilme mag ich, während ich Horrorfilme hasse.* *Anstatt dass ich arbeite, gehe ich ins Kino.*

3 Die indirekte Rede

Die **indirekte Rede** verwendet man, um die Aussage eines anderen wiederzugeben und gleichzeitig offen zu lassen, ob man dieser zustimmt oder nicht. Dies geschieht in aller Regel mit dem **Konjunktiv I**, und zwar

- im **Aussagesatz** mit *dass* (oder auch ohne Konjunktion), z. B.: *Hans sagt, **dass** er es **wisse**. Hans sagt, er **wisse** es.*
- im **Fragesatz** mit *ob* oder einem Fragewort, z. B.: *Hans fragt Lea, **ob** sie **komme**.* (= Entscheidungsfrage) *Hans fragt Lea, **wann** sie **komme**.* (= Ergänzungsfrage)
- im **Befehlssatz**: mit (oder ohne) *dass* und *sollen* oder (höflicher) *mögen*: *Hans befiehlt Otto, **dass** er kommen **solle**. Hans bittet Otto, **dass** er kommen **möge**.*

Hinweis: Häufig genügt auch die Konjunktion, um die indirekte Rede zu markieren, sodass das folgende Verb im Indikativ steht, z. B.: *Hans sagt, **dass** er nichts **weiß**.*

Regeln zur Verwendung des Konjunktivs

- Der **Konjunktiv II** drückt Zweifel des Sprechers an der wiedergegebenen Aussage aus, z. B.: *Er sagte doch glatt, er **wüsste** von nichts.*
- Daneben kann der **Konjunktiv II** auch verwendet werden, wenn die Form des Konjunktivs I mit der des Indikativs identisch ist, z. B.: *Sie sagen: „Wir kommen."* → *Sie sagten, sie kommen* (= sowohl Indikativ als auch Konjunktiv I). Besser: *Sie sagten, sie **kämen**.*
- Wenn auch die Form des Konjunktivs II mit der des Indikativs identisch wäre **oder** aber die Konjunktiv-II-Form zu altertümlich klingt, verwendet man die Umschreibung mit ***würde***, z. B.:
  Sie sagen: „Wir kaufen nichts." → *Sie sagten, sie kauften nichts* (= sowohl Indikativ als auch Konjunktiv II). Besser: *Sie sagten, sie **würden** nichts **kaufen**.*
  Sie sagen: „Wir essen nichts." → *Sie sagten, sie **würden** nichts **essen**.* (*Sie äßen* ist veraltet.)

Indirekte Wiedergabe einer direkten Rede aus der Vergangenheit

Die Wiedergabe einer direkten Rede, die in irgendeiner Vergangenheitsform steht, erfolgt einheitlich durch den Konjunktiv I des Perfekts (ersatzhalber: Konjunktiv II).
Zum Beispiel:
Er sagte: „Ich war froh." / „Ich bin froh gewesen." → Er sagte, er ***sei*** *froh* ***gewesen****.*
Sie sagten: „Wir lachten." / „Wir haben gelacht." → Sie sagten, sie haben gelacht (= sowohl Indikativ als auch Konjunktiv I). Besser: *Sie sagten, sie* ***hätten gelacht****.*

Andere Möglichkeiten, fremde Aussagen wiederzugeben

Neben der direkten Rede gibt es auch noch weitere Möglichkeiten, hervorzuheben, dass es sich um die Aussage eines anderen handelt, nämlich durch

- eine **Infinitivkonstruktion**:
  Hans behauptet, nichts zu wissen.
- einen **Präpositionalausdruck**:
  Nach seinen Angaben weiß Hans nichts.
- die Quellenangabe in einem **Nebensatz**:
  Wie Hans sagt, weiß er nichts.
- ein **Modalverb**:
  Hans will nichts wissen.

Vorsicht bei Personalpronomen, Orts- und Zeitangaben!

Beachte: Personenbezeichnungen, Orts- und Zeitangaben richten sich nach dem Blickwinkel des jeweiligen **Sprechers** und ändern sich mit diesem. Beispiel:
*Marco sagt: „****Ich*** *bin sicher, dass es* ***hier morgen*** *regnet."*

- Jemand gibt die Aussage später anderswo wieder:
  Marco sagte, ***er*** *sei sicher, dass es* ***dort am nächsten Tag*** *regne.*
- Jemand gibt die Aussage später am selben Tag und am selben Ort wieder:
  Marco sagte, ***er*** *sei sicher, dass es* ***hier heute*** *regne.*
- Marco gibt sich selbst am selben Ort und am selben Tag wieder:
  Ich sagte, ***ich*** *sei sicher, dass es* ***hier heute*** *regne.*

Auf einen Blick: Die Satzglieder

Satzglied	Beispiel	Kontrollfragen
Das Prädikat (die Satzaussage)	*Ich **habe** das Auto **gewaschen.*** *Das Auto **wurde gewaschen.***	Was tue ich? Was erleide ich?
Das Subjekt (der Satzgegenstand)	***Ich** habe den Wagen gewaschen.* ***Der Wagen** wurde gewaschen.*	Wer (oder was) tut oder erleidet etwas?
Das Objekt (die Satzergänzung) 1. Das Dativobjekt 2. Das Akkusativobjekt 3. Das Präpositionalobjekt 4. Das Genitivobjekt	 *Ich schenke **dir** ein Auto.* *Ich schenke dir **ein Auto.*** *Ich passe **auf das Auto** auf.* *Du gibst **mit deinem Auto** an.* *Du kümmerst dich nicht **um dein Auto.*** *Ich bemächtige mich **deines Autos**. Ich bin **des Diebstahls** schuldig.*	 Wem ...? Wen (oder was) ...? Worauf/Womit/ Worum ...? (Fragewort: *wo-* + Präposition des zu erfragenden Satzglieds) Wessen ...?
Das Adverbiale (die Umstandsangabe) 1. Das Temporaladverbiale 2. Das Lokaladverbiale 3. Das Modaladverbiale 4. Das Kausaladverbiale	 ***Gestern** kam dein Auto.* *Das Auto kam **aus München.*** *Das Auto fährt **schnell.*** *Ich schenke dir das Auto **aus Liebe.***	 Wann? Seit/bis wann? Wie lange? Wo? Woher? Wohin? Wie? Warum?
Das Prädikatsnomen (der Gleichsetzungsnominativ, das Prädikativ)	*Ich bin/bleibe/werde **reich.*** *Ich heiße **Otto**. Ich bin/bleibe/ werde **Lehrer.***	Wie oder was oder wer ist/bleibt/ wird ...?
Das Attribut (die Beifügung) = Satzgliedteil, nicht Satzglied!	*Du besitzt ein **schnelles** Auto. Ich liebe **gepflegte** Autos. Das Auto **im Prospekt** gefällt mir. Das Auto **meines Freundes** ist billig. Dieses Auto, **ein flotter Rennwagen**, gefällt mir.*	Was für ein ...? (Z. B.: *Was für ein Auto besitzt du? Was für Autos liebe ich? Was für ein Auto gefällt mir?*)

Auf einen Blick: Grundbegriffe der Grammatik

Adjektiv, das	Eigenschaftswort, Wiewort
Adverb, das	Umstandswort (Wortart)
Adverbiale, das	Umstandsbestimmung (Satzglied)
Adverbialsatz, der	Nebensatz, der im Satzgefüge als Adverbiale dient
Akkusativ, der	4. Fall, Wen-oder-was-Fall
Aktiv, das	Tatform des Verbs (Zeitwort): *ich kaufe*
Apposition, die	nachgestellte substantivische Erläuterung (Sonderform d. Attributs): *Das Auto,* ***ein schneller Flitzer****, ist rot.*
Artikel, der	Begleiter eines Substantivs/Nomens (*der ...*; *eine ...*)
Attribut, das	Beifügung, Ergänzung eines Substantivs, z. B. *das* ***schnelle*** *Auto* (Satzgliedteil)
Dativ, der	3. Fall, Wem-Fall
Deklination, die; deklinieren	Beugung eines Substantivs/Nomens, Adjektivs oder Pronomens durch verschiedene Fälle
Demonstrativ-pronomen, das	hinweisendes Fürwort, z. B. *dieser, jener ...*
Femininum, das	Substantiv/Nomen weiblichen Geschlechts
Futur 1, das	Zukunft 1: *ich werde schlafen*
Futur 2, das	Zukunft 2: *ich werde geschlafen haben*
Genitiv, der	2. Fall, Wessen-Fall
Genus, das	Geschlecht des Substantivs; die Handlungsrichtung des Verbums (Aktiv, Passiv)
Hilfsverb, das	„hilft" anderen Verben, bestimmte Formen zu bilden: *sein, haben, werden*; z. B. *ich bin gelaufen*
Imperativ, der	Befehlsform des Verbs: *Laufe! Lauft!*
Imperfekt, das	1. Vergangenheit (= Präteritum): *ich lief, ich kaufte*
Indikativ, der	Wirklichkeitsform eines Verbs: *ich laufe, ich lief*
Infinitiv, der	Grundform des Verbs
Interjektion, die	Empfindungs-, Ausrufewort: *oh, igitt, pfui, rums ...*
Interrogativ-pronomen, das	Fragepronomen: *wer, was, wie, wo, wann ...*
Kardinalzahl, die	Grundzahl: *eins, zwei ...* (vgl. Ordinalzahl)
Kasus, der	Fall (Nominativ, Genitiv, Dativ, Akkusativ)
Kausaladverb/ -adverbiale, das	Umstandswort / Umstandsbestimmung des Grundes
Komparativ, der	erste Steigerungsstufe eines Adjektivs: *größer*
Konjugation, die; konjugieren	Beugung eines Verbs nach Person, Numerus, Modus, Tempus und Genus
Konjunktion, die	Bindewort: *aber, zwar, und, oder...*

Konjunktiv, der	Möglichkeitsform des Verbs: *er schlage, er schlüge*
Lokaladverb/ -adverbiale, das	Umstandswort / Umstandsbestimmung des Ortes
Maskulinum, das	Substantiv/Nomen männlichen Geschlechts
Modaladverb/ -adverbiale, das	Umstandswort / Umstandsbestimmung der Art und Weise
Modalverb, das	bestimmt eine Handlung näher: *können, sollen, müssen ...*
Modus, der	Aussageweise: Indikativ, Konjunktiv, Imperativ
Neutrum, das	Substantiv/Nomen sächlichen Geschlechts
Nomen, das	Hauptwort, Namenwort (= Substantiv)
Nominativ, der	1. Fall, Wer-Fall
Numerale, das	Zahlwort
Numerus, der	Anzahl
Objekt, das	Satzergänzung
Ordinalzahl, die	Ordnungszahl: *erster, zweiter ...* (vgl. Kardinalzahl)
Partizip I, das	Mittelwort der Gegenwart: *fließend, gehend*
Partizip II, das	Mittelwort der Vergangenheit *geflossen, gegangen*
Passiv, das	Leideform des Verbs: *ich werde geschlagen*
Perfekt, das	2. Vergangenheit: *ich bin gelaufen, ich habe gekauft*
Person, die	1. (*ich/wir*), 2. (*du/ihr*) oder 3. (*er, sie, es / sie*) Person
Personalpronomen, das	persönliches Fürwort: *ich, du, er ...*
Plural, der	Mehrzahl
Plusquamperfekt, das	3. Vergangenheit: *ich war gelaufen*
Positiv, der	Grundstufe eines Adjektivs: *groß, stark*
Possessivpronomen, das	besitzanzeigendes Fürwort: *mein, dein, sein ...*
Prädikat, das	Satzaussage
Prädikatsnomen, das	mit *sein, werden, bleiben* verbundenes Adjektiv oder Nomen: *ich bin* ***reich***, *ich werde* ***Lehrer*** (Satzgliedteil)
Präposition, die	Verhältniswort: *in, an, auf, neben, wegen ...*
Präteritum, das	1. Vergangenheit (= Imperfekt): *ich lief, ich kaufte*
Pronomen, das	Fürwort
Reflexivpronomen, das	selbstbezügliches Fürwort: *ich kümmere* ***mich*** *...*
Relativpronomen, das	rückbezügliches Fürwort: *der Mann,* ***der/welcher*** *...*
Subjekt, das	Satzgegenstand
Substantiv, das	Hauptwort, Namenwort (= Nomen)
Superlativ, der	höchste Steigerungsstufe des Adjektivs: *der größte*
Temporaladverb/ -adverbiale	Umstandswort / Umstandsbestimmung der Zeit
Tempus, das	Zeitstufe eines Verbs
Verbum/Verb, das	Zeitwort, Tätigkeitswort
Vollverb, das	Verb, das alleine stehen kann: *singen, jubeln, kaufen*

Rechtschreibung

Die deutsche Rechtschreibung ist sicher nicht leicht, aber auch hinter ihr steckt ein System, das sich durchschauen lässt. Dazu gibt es viele hilfreiche Regeln, mit denen man einen Großteil der Probleme und Zweifelsfälle klären kann. Ein paar Ausnahmen existieren natürlich auch – aber wo gibt es die nicht?

1 Grundlagen der Rechtschreibung

„Schreibe, wie du sprichst" – aber nicht immer!

Bei vielen Wörtern gilt „Schreibe, wie du sprichst!". Voraussetzung ist natürlich eine präzise Aussprache. Zahlreiche Wörter, vor allem Fremdwörter, werden jedoch nicht lautgetreu geschrieben, z. B. *Handikap* (sprich: „Händikäp"). Hinzu kommen verschiedene Sonderregeln und Ausnahmen.
Eine wesentliche Erleichterung ist allerdings das Prinzip der Wortfamilie:

- Wörter derselben **Wortfamilie** – d. h. **mit demselben Wortstamm** – schreibt man gleich.
  Beispiel: ***heul**en: Ge**heul**e, **heul**end, ver**heul**t.*
- Ändert sich jedoch der Vokal des Wortstamms, kann sich auch die Schreibweise der Konsonanten ändern.
  Beispiel: ***fließ**en*, aber *ge**floss**en* (im Infinitiv *ß* wegen des langen Vokals, im Partizip *ss* wegen des kurzen Vokals!).

Lange und kurze Vokale unterscheiden

Das letzte Beispiel zeigt, dass es bei der Rechtschreibung oft auf die Länge oder Kürze eines Vokals ankommt. Schon deshalb ist eine präzise Aussprache notwendig, um ansonsten gleich lautende Wörter voneinander zu unterscheiden, z. B.: *raten – Ratten, die Hüte – die Hütte, mieten – mitten, zehren – zerren.*
Daneben gibt es auch Wörter mit verschiedenen Bedeutungen, die vollständig gleich klingen, aber unterschiedlich geschrieben werden. Auch hier gilt das Wortfamilienprinzip, z. B.:
***mahl**en: **Müh**le, ge**mahl**en, du **mahl**st* (aber: ***Müll**er* mit kurzem *ü*!); ***mal**en: **Mal**er, ge**mal**t, du **mal**st, Ge**mäl**de.*

Zur Erinnerung:
- **Vokal** = Selbstlaut
- **Konsonant** = Mitlaut
- **Diphthong** = Zwielaut (*äu, eu, ai, ei, au*)

2 Die Schärfung

Hier geht es um die Schreibweise der Konsonanten, die auf kurze Vokale folgen.

- Folgen **innerhalb des Wortstamms** auf einen betonten kurzen Vokal **mehrere** Konsonanten (**Konsonantenhäufung**), werden diese **ohne** Konsonantenverdoppelung geschrieben.
  Beispiele: *stürzen, ganz, morgen, bedrängte, heftig.*
- Folgt **innerhalb des Wortstamms** auf einen betonten kurzen Vokal **nur ein** einzelner Konsonant, so wird dieser **verdoppelt**, um die Kürze des Vokals zu kennzeichnen.
  Beispiele: *Betten, Bettchen, trennen, du trennst, betrifft.*

Wortstamm erkennen

Entscheidend ist, wie viele der Konsonanten noch zum Wortstamm gehören. Das ist der Teil des Wortes, der übrig bleibt, wenn du Vor- und Nachsilbe bzw. die Endung weglässt. Bei den Wörtern *trennst* oder *Bettchen* ist also, obwohl nach *n* bzw. *t* weitere Konsonanten folgen, eine Verdopplung erfolgt, weil diese Konsonanten nicht mehr zum Wortstamm gehören.

TIPP: Achte vor allem bei sehr kurz gesprochenen Wörtern wie *heftig* oder *hüpfen* auf eine präzise Anwendung der Regel. Solche Wörter werden nämlich oft falsch geschrieben.

Bei der Entscheidung zwischen *k* und *ck* (entspricht dem Laut *kk*!) oder zwischen *z* und *tz* (entspricht *zz*) gilt:

- **Nach kurzem Vokal immer *ck* oder *tz*!**
- **In allen anderen Fällen** (nach langem Vokal, Diphthong oder Konsonant) **immer *k* oder *z*!**

Beispiele: *Brücke, nicken, Katze, nützen;* aber: *Kreuz, Arzt, Falke, krank, spazieren* (mit langem *a*!).

Ausnahmen und Sonderfälle:
Einige Wörter weichen von den Regeln ab.

- So wird z. B. manchmal das **Wortfamilienprinzip** durchbrochen. Beispiele:
  zusammen, sammeln, aber *insgesamt, sämtlich;*
  schaffen, geschafft, aber *beschäftigen, Geschäft;*
  brennen, brannte, Branntwein, aber *Brand, brenzlig;*
  spinnen, gesponnen, aber *Gespinst, Spindel;*
  können, gekonnt, aber *Kunst, Künstler, künstlich;*
  packen, Päckchen, aber *Paket;*
  schwellen, Schwellung, aber *Geschwulst.*
- „Kleine" Wörter verdoppeln oft den **einfachen Konsonanten nicht**, z. B.: *ab, bin, bis, des* (aber: *dessen*), *dran, drin* (aber: *drinnen*), *hin, in, mit, plus, von* u. a. Ebenso verschiedene Einzelwörter: ***Brom**beere, **Dam**wild, **Him**beere, **Im**biss, **Sper**ling, **Wal**nuss.*

3 Das Zusammentreffen dreier gleicher Laute

Treffen bei Wortzusammensetzungen **drei gleiche Konsonanten oder Vokale** aufeinander, **bleiben** sie **erhalten.** Beispiele: *Sauerstoffflasche, fetttriefend, Betttuch.* (Hier kann man auch jeweils mit Bindestrich schreiben: *Sauerstoff-Flasche* etc.)

Achtung Fehlerquelle!

- Beim Zusammentreffen zweier gleicher Konsonanten (oder Vokale) werden oft Fehler gemacht, z. B. *Fahrad* statt *Fahrrad* (aus *Fahr + rad*). Weitere Beispiele: *verraten, annehmen, abbauen, enttäuschen, beendigen.*
- Umgekehrt rutscht manchmal fälschlicherweise ein zweiter gleicher Konsonant ins Wort, weil es falsch gebildet wird: *vorraussetzen* statt *voraussetzen* (aus *vor + aussetzen*), *Erreignis* statt *Ereignis.*

4 Die Dehnung

Die Schreibung langer Vokale ist zwar kompliziert, die folgenden Regeln geben jedoch gute Anhaltspunkte. Mit ihnen lässt sich für einen Großteil der Wörter die richtige Schreibweise erschließen, allerdings nicht für alle. Deshalb nennen wir dir immer auch gleich ein paar Ausnahmen dazu.

Keine Regel ohne Ausnahmen

Ein **langes** ***i*** wird gewöhnlich als ***ie*** geschrieben.
Beispiele: *liegen, Dieb, entschieden, fließen*

Langes i, aber kein ie

Wörter mit langem *i* können jedoch auch anders geschrieben werden:

- mit *i: dir, mir, wir; gibst, gib* (aber: *ausgiebig, ergiebig*); zahlreiche Lehn- und Fremdwörter: *Maschine, Gardine, Rosine, Bibel, Igel, Brise, Krise, Vitamin, Benzin, Medizin, Termin, Ventil, Stil, Vampir, Biber, Tiger, Liter, Präsident, Klima;*
- mit ***ih****: ihm, ihn, ihr, ihnen, Ihr, Ihnen;*
- mit ***ieh****: fliehen, wiehern, ziehen, Vieh, du siehst, es geschieht, befiehl, du stiehlst, er verzieh, verziehen.*

Manche Wörter **mit langem** ***a*****,** ***e*** oder ***o*** weisen einen **Doppelvokal** auf:

- ***aa***: *Aal, Aas, Haar, paar/Paar, Saal, Saat, Staat, Waage, waagerecht;*
- ***ee***: *Beere, Beet, Fee, Galeere, Heer, Klee, leer, Lorbeer, Meer, Schnee, See, Seele, seelisch, Speer, Tee, Teer;* sowie Wörter mit der Endung *-ee: Armee, Gelee, Idee, Kaffee, Moschee, Tournee;*
- ***oo***: *Boot, doof, Moor, Moos, Zoo.*

Achtung bei Doppelvokalen!

Beachte:

- Wird das *aa* oder *oo* im Plural oder bei Ableitungen zu einem **Umlaut** (*ä* bzw. *ö*), verdoppelt man diesen **nicht**: *erwägen, Härchen, Pärchen, säen, Säle, Bötchen.*
- Doppelvokale *uu* und *ii* gibt es im Deutschen nicht.

Beim **Dehnungs-*h*** muss man den Stamm genau betrachten:

- Ein Dehnungs-*h* (bzw. silbentrennendes *h* am Anfang der folgenden Silbe, das bei der Aussprache meist nur als leichtes *j* anklingt) steht meist, wenn der Stamm auf einen **einfachen langen Vokal** endet.
  Beispiele: *drehen, Höhe, sehen.*
- Endet **ein langvokalischer** Stamm auf einen **Konsonanten**, kann ein Dehnungs-*h* **nur** stehen, wenn es sich bei dem Konsonanten um ein ***l, m, n*** oder ***r*** handelt.
  Beispiele: *wählen, nehmen, anlehnen, bohren.*
- **Kein** Dehnungs-*h* steht, wenn
  - der Stamm auf einen **anderen** Konsonanten als *l, m, n* oder *r* endet, z. B.:
    sagen, loben, rasen, beten;
  - der Stamm einen **Diphthong** enthält, z. B.:
    Frauen, anbauen, bäuerlich, reiben;
  - der Stamm mit ***qu, sch*** oder ***t*** beginnt, z. B.:
    quälen, traben, Schule.

Achtung beim Dehnungs-*h*!

Ausnahmen:

- Es **muss** jedoch **nicht** immer ein Dehnungs-*h* stehen, wenn der langvokalische Stamm auf *l, m, n* oder *r* endet, z. B.: *bequem, Blume, Dame, dämlich, gar, gebären, Gram, grölen, grün, holen, hören, klar, Kram, Kur, Name, nämlich, Natur, Öl, Plan, Samen, sparen, spulen, spülen, Spur, spüren, Strom, stören, stur, Ware.* (Dasselbe gilt natürlich für alle Ableitungen dieser Wörter und ihre Wortfamilienmitglieder.)
- Kein silbentrennendes *h* bei *Böe/Böen.*
- Dehnungs-*h* **nach Diphthong** haben folgende Wörter: *gedeihen, Geweih, leihen, Reihe, Reiher, verzeihen, weihen, Weihnachten, Weiher.*
- Kein Dehnungs-*h* **nach *q/t/sch* am Wortanfang** bei: *quälen, traben, Schuhe.*
- **Abweichungen vom Wortfamilienprinzip**: *bejahen* (aber: *ja*), *begehren* (aber: *Gier*), *blühen* (aber: *Blüte*), *glühen* (aber: *Glut*), *hohe* (aber: *Hoheit*).

Unterscheidungsschreibungen

Wörter **mit langem Stammvokal**, die **gleich klingen**, aber **unterschiedlich geschrieben** werden: *Bar – Bahre; die Beete – beten; denen* (diesen) – *dehnen; das Heer – her – hehr* (= hoch, erhaben: *ein hehres Ziel*); *leeren – lehren; die Laien – leihen; das Augenlid – das Lied; das Mal* (Zeichen) – *das Mahl* (Essen); *mahlen* (*Getreide zermahlen*) – *malen* (zeichnen); *das Meer – mehr/vermehren; die Bleistiftmine – die Miene* (Gesichtsausdruck); *Stil* (Ausdrucksweise) – *Stiel* (Stange); *ur-* (Vorsilbe: *uralt*) – *die Uhr; Waage – Wagen, wagen* (sich trauen); *sie wären* (Konjunktiv) – *währen* (andauern), *während, fortwährend; die Ware – wahr, Wahrheit; wider* (entgegen: *widerspenstig, erwidern, widerspiegeln*) – *wieder* (erneut: *wiederholen, wiederum*).

5 Schwierige Vokale und Diphthonge (*e/ä, eu/äu, ei/ai*)

e oder *ä*? – *eu* oder *äu*?

- Wenn man ein Wortfamilienmitglied mit *a/au* schreibt, schreibt man die abgeleitete Form mit *ä/äu.*
- Schreibt man ein Wortfamilienmitglied mit *e/eu*, schreibt man die anderen Mitglieder auch mit *e/eu.*

Beispiele: *alt – älter; Raum – räumlich; schwer – beschweren; Freund – freundlich.*

Vorsicht, richtig ableiten: *Wand – Wände / wenden – Wende; mangeln – Mängel, vermengen – Menge.*

Achtung!

Ausnahmefälle: *alt*, aber: *Eltern; Brand*, aber: *brennen; Geschmack*, aber: *schmecken; stemmen* gehört nicht zur selben Familie wie *Stamm.*

ei oder *ai*?

ai schreibt man nur bei wenigen Wörtern, z. B.:

Saite (einer Gitarre), *Mai, Hain, Feldrain, Mais, Laib (Brotlaib), Laich, Waise, Refrain, Hai, Laie, Detail, fair, Kaiser, Main, Trainer, Saison.*

6 Schwierige Konsonanten

Auslautverhärtung

b, *d* und *g* werden am Ende eines Wortes bzw. einer Silbe hart ausgesprochen (als *p*, *t* und *k*): *Lob, strahlend, Sarg.* Dies bezeichnet man als **Auslautverhärtung**. Nach dem Wortfamilienprinzip schreibt man nach wie vor *b, d* und *g*. Im Zweifelsfall hilft die Verlängerungsprobe, bei der man eine vokalisch anlautende Endung anfügt (sodass der Laut wieder am Silbenanfang steht): *Lob, lobst → des Lobes, loben; Sarg → Särge; strahlend → strahlende*

Weitere schwierige Fälle:

- Der *x*-**Laut**:
  - *x* und *chs* kommen nur in wenigen Wörtern vor, z. B.: *Fax, Text, fix, extra, Luxus; Sachsen, Dachs, Lachs, Fuchs, wachsen, Eidechse.*
  - ***gs***, ***ks*** und ***cks***: nur in Wörtern, deren Stamm auf *g, k* oder *ck* endet, auf den dann eine mit *s* anlautende Endung folgt. Z. B.: *mittags*, *links* (vgl. *linken*), *guckst.*

- ***f*** oder ***v***?
  Nur wenige Wörter werden mit *v* geschrieben, z. B.: *Volk, Bevölkerung, brav, Kurve, Sklave, viel, vielleicht, voll, von, vor, voran* u. a. Ebenso die Vorsilben *ver-, voll-, vor-* und die Nachsilbe *-iv*: *positiv, objektiv, Substantiv.*

- ***end-*** oder ***ent-***?
  - *end-*: Wortstamm, der etwas mit „Ende" zu tun hat: *endlos, beenden, Beendigung*;
  - *ent-*: Vorsilbe, z. B.: *entbehren, Enttäuschung.*

- ***-dsten***, ***-tsten*** oder ***-nsten***? (Superlative)
  Trenne die Superlativendung *-sten* ab und betrachte die Schreibweise des Wortes in der Grundform: *strahlend/sten, erbittert/sten, bescheiden/sten.*

7 Die *s*-Schreibung

- **Nach Konsonant**: immer einfaches *s*.
  Beispiele: *Hals, falls, Mumps.*
- In der Verbindung ***st/sp***: immer einfaches *s*.
  Beispiele: *fast, Post, Küste, lispeln.*
- Nach **kurzem Vokal**: immer *ss*.
  Beispiele: *müssen, Hass*;
  Ausnahmewörter: *bis, Bus, des, plus, was.*
- Nach **langem Vokal** oder **Diphthong**:
  - einfaches ***s*** bei **stimmhafter** Aussprache, z. B.: *Hase, Bluse*;
  - scharfes ***ß*** bei ***stimmloser*** Aussprache, z. B.: *fleißig, fließen.*

  (Oft zu lesen, aber völlig falsch: *Fussball* statt *Fußball*; das *u* ist ein langer Vokal!)

- Bei gewissen Wortfamilien wechseln *ß* und *ss* ab, je nachdem, ob zuvor ein langer Vokal bzw. Diphthong (dann *ß*) oder ein kurzer Vokal steht (dann *ss*): *fließen – Fluss.*
- ***Das*** oder ***dass***?
  - ***das***, wenn es sich um einen **Artikel**, ein **Demonstrativ-** oder **Relativpronomen** handelt. Z. B.: ***Das*** (Demonstrativpronomen) *ist* ***das*** (Artikel) *Auto*, ***das*** (Relativpronomen) *wir kaufen.*
  - ***dass*** dagegen ist eine **Konjunktion**. Z. B.: *Ich weiß,* ***dass*** *es mir gefällt.*

Achtung!

Beachte:

- Die obige *st/sp*-Regel gilt nicht, wenn der Wortstamm auf *ß* endet und eine Endung mit *t* folgt: *es heißt, du reißt etwas ab.* Aber: *Du reist nach Berlin.*
- Nach kurzem Vokal folgt kein *ss*, wenn eine *st/sp*-Verbindung vorliegt: *Post* (kurzes *o*, aber dann *st*).
- Im Auslaut wird *s* stimmlos: *das Haus* (stimmloser Auslaut), aber: *die Häuser* (stimmhafter Silbenanlaut). Im Zweifelsfall das Wort so verlängern, dass auf den *s*-Laut ein Vokal folgt.

8 Die Groß- und Kleinschreibung

Substantive schreibt man **groß**, alle anderen Wortarten klein. Großgeschrieben werden allerdings auch die **Substantivierungen** anderer Wortarten:

- Substantive: *Haus, Computer*
- substantivierte Verben: *das Lesen, beim Singen*
- substantivierte Adjektive: *alles Gute, nichts Böses*
- substantivierte Partizipien: *das Geschriebene*
- substantivierte Wörter anderer Wortarten: *ohne Wenn und Aber, eine Eins, das Hier und Jetzt.*

Signalwörter bei Substantivierungen

Erkennbar sind Substantivierungen an **vorangehenden Signalwörtern**:

- **Artikel** und **mit dem Artikel verschmolzene Präpositionen**: *das Ratschen, beim (= bei dem) Arbeiten*
- **Pronomen**: *sein Singen, welches Laufen, dieses Rot*
- **Adjektiv**: *lautes Singen, helles Grün*
- **unbestimmte Mengenangaben**: *nichts Schönes, etwas Besonderes.*

Die Grundregel gilt auch für:

- **feste Redewendungen**: *im Trüben fischen, als Erstes*
- **Paarformeln** zur Personenbezeichnung: *Jung und Alt.*

Mengenangaben

- **Kleingeschrieben** werden **Indefinitpronomen** (z. B. *ein bisschen, ein wenig, ein paar, etwas, nichts, alle, einer, einige, sämtliche, jeder, mancher, mehrere, niemand*) sowie die **unbestimmten Zahladjektive** *der andere, die beiden, wenig(e), viel(e), die meisten, das meiste.*
- **Großgeschrieben** werden **alle anderen substantivierten Zahladjektive**: *die Einzelnen, die Einzigen, das Ganze, nichts Halbes, im Übrigen, Verschiedene(s)* (aber: *die einzelnen Wörter* etc.), sowie die **Substantive** *Millionen, Milliarden.*
- **Schreibfreiheit** besteht bei: *dutzende/Dutzende, hunderte/Hunderte, tausende/Tausende.*

Ausnahmen

Kleingeschrieben werden:

- Adjektive mit Artikel, wenn sie Attribut zu einem Substantiv sind, das vorher oder erst später genannt wird.
  Beispiele: *Ich liebe diese Frau, die klügste* (= *Frau*) *von allen. Du bist der raffinierteste* (= *Spieler*) *von allen Spielern.* (Aber: *Du bist die* **Schönste** *von allen.*)
- Superlative mit *am*, nach denen man mit *Wie?* fragt und bei denen *am* nicht mit *an dem* auflösbar ist.
  Beispiele: *Das gefällt mir am besten.* – Aber: *Es fehlt uns am Nötigsten* (= *an dem Nötigsten*).
- feste adverbiale Wendungen aus Präposition und Adjektiv ohne Artikel
  Beispiele: *bis auf weiteres, durch dick und dünn gehen*; aber: *aufs Ganze* (= *auf das Ganze*) *gehen, im Übrigen* (= *in dem Übrigen*).

Sonderfälle

- In Verbindung mit ***sein, bleiben, werden*** werden folgende Wörter als Adjektive angesehen: ***angst, bange, gram, leid, pleite, schuld,*** die in allen anderen Fällen Substantive darstellen und großgeschrieben werden, z. B.: *Mir ist/wird angst.* Aber: *Ich habe Angst.*
- Einzelfälle zu ***Ernst, Recht*** (***Unrecht***), ***Wert***:
  Ich nehme dich ernst. Die Lage ist ernst. Aber: *Er macht Ernst. Ihm ist es damit Ernst. Es wurde Ernst.*
  Das ist mir recht. Aber: *Ich habe Recht.*
  Das ist es mir wert. Aber: *Das hat keinen Wert.*
- **Nach einem Doppelpunkt** gilt: Folgt ein vollständiger Satz, wird der erste Buchstabe großgeschrieben. Folgt ein Satzteil (oder mehrere), hängt die Schreibweise von der Wortart des ersten Wortes ab, z. B.: *Ich weiß: All das ist sehr schön. Ich habe vieles gesehen: schöne Kirchen, große Schlösser.*
- Die **Höflichkeitsform** der Anrede (*Sie, Ihnen, Ihren* usw.) wird immer großgeschrieben, die **persönliche** Anrede (*du, dein, ihr, euch* usw.) klein.

Eigennamen

Grundsätzlich schreibt man **Eigennamen groß**. In mehrteiligen Eigennamen mit nicht substantivischen Bestandteilen schreibt man das erste Wort und alle weiteren Wörter außer Artikeln, Präpositionen und Konjunktionen groß (also z. B. auch Adjektive):

- **Personenbezeichnungen**: *Johann Wolfgang von Goethe, der Alte Fritz, Elisabeth die Zweite*
- **Ortsbezeichnungen**: *Bayerischer Wald, Groß-Gerau, Rotes Meer, Kap der Guten Hoffnung*
- **Namen von Firmen, Einrichtungen** usw.: *Deutsche Bahn, Internationales Olympisches Komitee*
- **andere Eigennamen**: *der Kleine Bär* (Sternzeichen), *der Schiefe Turm von Pisa, der Fliegende Pfeil* (Pferdename).

Sonderfälle

- Ableitungen von geografischen Eigennamen auf *-er* schreibt man **groß**. Beispiele: *die Berliner Bürger, Schwarzwälder Schinken.*
- Ableitungen von Eigennamen auf *-(i)sch* schreibt man **klein**, außer es steht ein Apostroph zwischen Eigennamen und Endung. Beispiele: *das olympische Feuer, westfälischer Schinken; goethesche Dramen / Goethe'sche Dramen.*

- Feste Verbindungen aus Adjektiv und Substantiv gelten oft nicht als Eigennamen; deshalb wird das Adjektiv kleingeschrieben. Beispiele: *der blaue Brief, das schwarze Brett.* Aber: *der Blaue Planet* (= die Erde).
- Großgeschrieben werden feste Verbindungen, die **Titel, biologische Begriffe, besondere Kalendertage** oder **geschichtliche Ereignisse** bezeichnen. Beispiele: *der Heilige Vater, die Königliche Hoheit; die Gemeine Stubenfliege; der Heilige Abend; der Zweite Weltkrieg.*

9 Die Getrennt- und Zusammenschreibung

9.1 Substantive als Grundwort

Zusammengesetzte Substantive schreibt man zusammen. Als zusammengesetzt wird ein substantivischer Ausdruck empfunden, bei dem man durch die Zusammensetzung ein Wort einspart („Sparregel"): *Räuberbande (= Bande von Räubern), Rotlicht (= Licht, das rot ist).*

9.2 Verben bzw. Partizipien als Grundwort

Immer **getrennt** schreibt man:

- Verbindungen mit *sein*; Beispiele: *da sein, da gewesen*
- Verb-Verb- bzw. Partizip-Verb-Verbindungen; Beispiele: *sitzen bleiben, kennen lernen, gefangen nehmen*
- Verbindungen mit einem Adjektiv auf *-ig, -isch, -lich*; Beispiele: *übrig bleiben, neidisch blicken*
- Verbindungen mit einem Adjektiv, das gesteigert oder erweitert werden kann; Beispiele: *schwer fallen, (die Wäsche) rein waschen,* aber: *sich von Schuld reinwaschen*
- Verbindungen, in denen der erste Bestandteil ein mit *-einander* oder *-wärts* gebildetes Adverb ist; Beispiel: *aneinander reihen, rückwärts gehen*
- Verbindungen mit bestimmten zusammengesetzten Adverbien; Beispiele: *abhanden kommen, anheim stellen, vonstatten gehen, fürlieb nehmen, zunichte machen*

Immer **zusammen** schreibt man Verben:

- mit einer Präposition als Vorsilbe; Beispiele: *abstimmen, mitgehen, widersprechen*
- mit „verblasstem" Substantiv als Bestimmungswort; Beispiele: *bruchlanden, teilhaben, stattfinden*
- mit einem Substantiv als Bestimmungswort, wenn es eine Wortgruppe ersetzt („Sparregel"); Beispiele: *angsterfüllt* (= *von Angst erfüllt*); aber: *Auto fahren, Not leidende Bevölkerung*

9.3 Adjektiv, Adverb, Partizip als Grundwort

Immer **getrennt** geschrieben wird die Verbindung von

- Partizip und Adjektiv;
  Beispiele: *blendend weiß, leuchtend grün*
- Adjektiv auf *-ig, -lich, -isch* und Adjektiv;
  Beispiele: *schrecklich nervös, riesig groß*
- einem Adjektiv, das gesteigert oder erweitert werden kann, mit einem Adjektiv;
  Beispiel: *schwer (schwerer) erziehbar, schwer (schwerer) verständlich.*

Immer **zusammengeschrieben** wird die Verbindung von

- Substantiv oder Verb und Adjektiv, wenn dabei mindestens ein Wort eingespart wird („Sparregel");
  Beispiele: *altersschwach* (= *wegen des Alters schwach*), *denkfaul* (= *beim Denken faul*)
- gleichrangigen Adjektiven;
  Beispiele: *blaugelb, süßsauer*; (diese können jedoch auch mit Bindestrich geschrieben werden, vgl. Kapitel 10.)
- bedeutungsverstärkendem Zusatz und Adjektiv, Adverb oder Partizip; Beispiele: *bitterböse, riesengroß*
- Ausdrücken, bei denen ein Teil nicht selbstständig vorkommt;
  Beispiele: *redselig, blauäugig, zweifach.*

9.4 Weitere Fälle

- Wortgruppen mit *so, wie, zu* als erstem Teil werden meist getrennt geschrieben (Ausnahme: entsprechende Konjunktionen).
  Beispiele: *Ich habe **so viel** getan. **Wie viel** weißt du? Das passiert **zu oft**.* Aber: ***Solange** du hier bist, bleibe ich. **Sobald** du hier bist, gehe ich.*
- Wortgruppen mit *irgend* werden meist zusammen geschrieben.
  Beispiele: *irgendein, irgendwo, irgendwann, irgendetwas* (Ausnahme: *irgend so ein, irgend so etwas*)

Einzelfälle (häufige Fehlerquellen!)

- **Getrenntschreibung** von:
  darüber hinaus, gar nicht, nicht einmal, nur mehr, vor allem, nach Hause, zu Hause (aber: *das Zuhause*), *Gott sei Dank, zurzeit* (im Sinne von *jetzt*; aber: *zur Zeit Goethes*), *jederzeit* (aber: *zu jeder Zeit*), *unter der Hand*
- **Zusammenschreibung** von:
  derselbe, dieselbe, dasselbe; ebenso, genauso, umso; heutzutage; stattdessen, unterdessen, währenddessen; nunmehr
- **Zusammen- oder getrennt** schreiben kann man viele der folgenden Präposition-Substantiv-Verbindungen:
  anstelle / an Stelle, aufgrund / auf Grund, vonseiten / von Seiten, infrage kommen / in Frage kommen, zugrunde richten / zu Grunde richten.

10 Die Bindestrichschreibung

10.1 Bei Verbindung ganzer Wörter

Ein **verpflichtender** Bindestrich steht:

- um in zusammengesetzten Wörtern die Wiederholung eines Bestandteils zu vermeiden;
  Beispiele: *Getrennt- und Zusammenschreibung* (= *Getrenntschreibung und Zusammenschreibung*), *hin- und hergehen* (= *einmal hingehen und wieder hergehen*); aber: *hin und her gehen* (= *immer wieder hin und her gehen*)
- in substantivisch gebrauchten Aneinanderreihungen, zu denen auch substantivisch gebrauchte Infinitive zählen (die aber nur bei mehr als zwei Bestandteilen mit Bindestrich geschrieben werden). Großgeschrieben wird hier jeweils das erste Wort sowie jedes Substantiv und substantivisch gebrauchte Wort.
  Beispiele: *das Entweder-oder, das In-den-Tag-Hineinträumen, die a-Moll-Tonleiter*

Man **kann** einen Bindestrich setzen:

- zur Hervorhebung einzelner Bestandteile;
  Beispiele: *Kann-Bestimmung/Kannbestimmung, England-freundlich/englandfreundlich, weil-Satz/Weilsatz* (Hierbei jeweils die Groß- und Kleinschreibung der einzelnen Bestandteile beachten und im Zweifelsfall im Wörterbuch nachschlagen!)
- oder zur Erhöhung der Übersichtlichkeit in langen Zusammensetzungen;
  Beispiele: *Angestellten-Haftpflichtversicherung, Desktoppublishing/Desktop-Publishing, Sciencefictionliteratur/Science-Ficiton-Literatur*
- sowie beim Zusammentreffen von drei gleichen Buchstaben;
  Beispiele: *Stalllaterne/Stall-Laterne, Zooorchester/Zoo-Orchester.*

10.2 Bei Verbindungen mit Einzelbuchstaben und Abkürzungen

- Immer steht ein Bindestrich bei Zusammensetzungen mit einem Einzelbuchstaben.
  Beispiele: *i-Punkt, A-Dur, O-Beine, x-beliebig, zum x-ten Mal*
- Bei Zusammensetzungen mit Ziffern, Formelzeichen und Abkürzungen steht ein Bindestrich.
  Beispiele: *33-Tonner, 33-jährig, 3-mal, 4/4-Takt, Kfz-Schlosser*
- Kein Bindestrich steht jedoch bei bloßen Ableitungen von Zahlen oder Abkürzungen (wenn also nur eine Nachsilbe folgt).
  Beispiele: *33er Jahrgang, 33stel, 33fach, 33%ig, CDUler*
- Wenn auf die Ziffer mit Nachsilbe ein weiterer Wortbestandteil folgt, steht ein Bindestrich vor diesem.
  Beispiele: *100stel-Millimeter, 100er-Bildröhre.*

11 Straßennamen

Straßennamen werden wie alle Namen **groß**geschrieben (das erste Wort sowie alle weiteren, also auch Adjektive, bis auf Artikel, Präpositionen und Konjunktionen), z. B.: *Zur Deutschen Einheit, In der Roten Erde.* Die Regeln zur Getrennt- und Zusammenschreibung bzw. zur Schreibung mit Bindestrich gelten hier grundsätzlich ebenfalls.

Auch für Straßennamen gelten Regeln.

Beispiel	Typ	Schreibweise
Goethestraße, Schulgasse	**einteiliger Eigenname/Begriff** + Straßenart	Zusammenschreibung
Anton-Bauer-Straße, Prof.-Anton-Bauer-Ring, St.-Anton-Platz	**zwei- und mehrteiliger Eigenname** + Straßenart	Bindestrichschreibung
Potsdamer Straße, Irische Straße, Schwarze Straße	**adjektivischer Eigenname/Begriff** + Straßenart	Getrenntschreibung
Unter den Linden, Südlicher Hafen	**Straßenname ohne Straßenart**	Getrenntschreibung

Beachte: Auch **Kombinationen** von Getrennt- und Zusammenschreibung kommen vor: *Nördliche Auffahrtsallee, Südliche Münchner Straße.*

Achtung!

12 Tageszeiten

- **Substantivische Zeitangaben** schreibt man **groß**, z. B. *der Montag, eines Abends, der Montagmorgen* (Merke: *Ich bin Montagmorgen gekommen.*), wie auch die Tageszeiten nach Adverbien wie *gestern, heute* usw., z. B. *vorgestern Abend, morgen Nachmittag.*
- **Adverbiale Zeitangaben** (mit Endung auf *-s* und ohne Artikel) schreibt man **klein**, z. B. *montags, morgens, montagmorgens, heute früh* (oder auch *heute Früh*).

13 Vor- und Nachsilben

Ihre Schreibung ist wesentlich einfacher als die von Wortstämmen, weshalb du dir hier auch weniger Regeln merken musst.

- In **Vor-** und **Nachsilben** gibt es auch bei langem Vokal **kein Dehnungs-*h*** und **keine Vokalverdoppelung**. Ausnahme: *-ee* in französischen Fremdwörtern.
  Beispiele: *furcht**bar**, verständnis**los**, gehor**sam**, Schick**sal**, müh**selig**, Eigen**tum**, **Ur**mensch, **ur**alt.*
  Aber: *Allee, Püree, Gelee;*
- Langes *i* wird als *ie* nur in der Verbendung *-ieren* sowie in der Substantivendung *-ie* geschrieben.
  Beispiele: *prob**ieren**, rad**ieren**; Melod**ie**, Harmon**ie**, Industr**ie**.*

- Der ***s*-Laut** in Vor- und Nachsilben ist **niemals** scharfes *ß*!
  Beispiele: *losreißen, diskutieren, Desinteresse.*
- Doppel-*s* gibt es **nur** in der Vorsilbe ***miss-*** und im Plural der Nachsilben *-nis* (*-nisse*), *-is* (*-isse*), *-as*, *-os*, *-us*.
  Beispiele: ***Miss**geschick, **miss**raten; Kennt**nis** – Kennt**nisse**, Kürb**is** – Kürb**isse**, Anan**as** – Anan**asse**, Albatr**os** – Albatr**osse**, Disk**us** – Disk**usse**, B**us** – B**usse**.* (Merke auch: *Prinzessin.*)

Bei anderen Konsonanten als *s* gilt: keine Konsonantenverdoppelung bei Vor- und Nachsilben, außer **im Plural** der Endung ***-in***!
Beispiele: ***Er**örterung, **Un**verständnis, **ver**gessen, **zer**brechen.*
Aber: *Ärztin – Ärzt**innen**, Lehrerin – Lehrer**innen**.*

14 Die Worttrennung

Grundregel: Wörter trennt man nach Sprechsilben.
Beispiele: *Po-li-zei, be-reit, Mün-chen, schrumpfst* (untrennbar!).

Trennen nach Sprechsilben und nach Bestandteilen

Zusatzregeln	Beispiel
Ein Einzelkonsonant zwischen Vokalen kommt auf die neue Zeile.	*Au-ge, A-bend, He-xe, Rei-he*
Bei mehreren Konsonanten zwischen Vokalen kommt nur der letzte auf die neue Zeile.	*El-tern, Lud-wig, müs-sen, emp-feh-len, Karp-fen*
Nachsilben, die mit einem Vokal beginnen, ziehen den Konsonanten davor in die nächste Zeile.	*Um-lei-tung, Bä-cke-rei, mick-rig, kin-disch, ge-hen*
Ein Einzelvokal am Wortanfang kann abgetrennt werden, am Wortende nicht.	*E-feu, A-ben-teu-er*; aber nicht: **Klei-e*
Trenne nie: *ch, ck, sch.*	*la-chen, bli-cken, wa-schen*
Zusammengesetzte Wörter und Wörter mit Vorsilben zwischen den Bestandteilen trennen! Bestandteile selbst nach bekannten Regeln trennen!	*Schul-hof, Ver-lust; Schul-hof-auf-sicht*
Missverständliche Trennungen und solche, die die Lesbarkeit behindern, unterlassen!	*See-ufer (*Seeu-fer), be-inhalten (*bein-halten), Feier-abend (*Feiera-bend)*

* = falsche Trennung!

Achtung bei **automatischen** Trennungen in Textprogrammen auf dem **PC**: Hier werden oft Zusammensetzungen nicht erkannt: **Grunds-tein*.
Häufig sind auch Fehler bei Wörtern mit der Nachsilbe *-ung*: **Umleit-ung* statt *Umlei-tung*. Die Nachsilbe kann nur nach Vokal allein stehen (z. B. *Befrei- ung*).

Auf einen Blick: Lern- und Korrekturstrategien für die Rechtschreibung

Nur richtiges Üben führt zum Erfolg

- **Fehlerdiagnose**: Kläre zuerst, wo du besonders oft Fehler machst!
- **Verstehend lernen**: Immer nur die Schreibweise einzelner Wörter zu lernen, macht wenig Sinn. Vielmehr musst du das zugrunde liegende System erkennen, d. h. die Regeln. (Regeln sind Hilfsmittel, kein Selbstzweck.)
- **Regelmäßig und in kleinen Portionen üben**: lieber täglich 10 Minuten üben als einmal die Woche eine Stunde! Zu lange Lerneinheiten überfordern dein Gedächtnis.
- **Ähnliches getrennt üben**: Unser Gedächtnis tut sich oft schwer damit, Ähnlichkeiten auseinander zu halten und richtig zu merken. Bei der Rechtschreibung hast du damit aber ständig zu tun. Am besten gehst du daher folgendermaßen vor: Übe im Kapitel „*k* oder *ck*?" beispielsweise erst nur mit *k*-Wörtern, lege dann eine Pause ein, trainiere hierauf die *ck*-Wörter und mache wieder eine Pause. Zum Schluss testest du mithilfe von Übungen, in denen du zwischen *k* und *ck* unterscheiden musst, ob du das Kapitel beherrschst. (Tipp: Die meisten Rechtschreibtrainingsbücher des „mentor Verlages" folgen diesem bewährten und übrigens wissenschaftlich abgesicherten System.)
- **Rechtschreibung, nicht „Rechtredung"**: Rechtschreibübungen musst du schriftlich machen, damit sich das Wort einprägt. Manche Jugendliche mit Rechtschreibproblemen schreiben dabei auch in **Druckschrift**, und machen dann auf einmal weniger Fehler. Das anfänglich langsamere Schreibtempo bekommt man im Laufe der Zeit in den Griff.

Hilfen bei der Selbstkorrektur

- Im eigenen Text entdeckt man oft keine Fehler, weil man zu schnell darüber hinwegliest. Tipp: **Korrigiere den Text von hinten her!** Du würdest also z. B. den letzten Satz so lesen: *her – hinten – von – Text – den – Korrigiere.* Das verlangsamt den Lesefluss und schärft die Wahrnehmung.
- Um zu prüfen, ob eine **Substantivierung** vorliegt, stellst du **vor das Wort einen Artikel** und lässt Beifügungen weg. Beispiel: *Mich störte sein lautes Schnarchen.* → *Mich störte das Schnarchen.*
- Bei der Überlegung, wie ein Konsonant am Wort(stamm)ende zu schreiben ist, hilft oft die **Verlängerungsprobe**: *Lob* → *Lobes, Tod* → *Todes.*

Zeichensetzung

Die Satzzeichen dienen dazu,

- den Sinn eines Satzes oder einer Aussage zu verdeutlichen
- oder den Aufbau eines Satzes durchschaubar zu machen.

Letzteres ist im Deutschen vor allem deshalb nötig, weil wir sehr lange Sätze bilden (können). Prüfe zum Beispiel einmal, wie lange du brauchst, um einen sehr langen Satz ohne jedes Komma zu verstehen – und wie schnell es mit Kommas geht!

1 Die Satzschlusszeichen

Die grundlegenden **Satzschlusszeichen** sind bei

- Aussagesätzen: der Punkt: *Ich wohne da.*
- Fragesätzen: das Fragezeichen: *Wo wohnst du?*
- Ausrufe- und Befehlssätzen: das Ausrufezeichen: *Hier ist's schön! Komm her!*

2 Die direkte Rede

2.1 Vorangestellter Redebegleitsatz

- Am Ende des vorangestellten Redebegleitsatzes steht ein Doppelpunkt.
- Die folgende direkte Rede wird durch Anführungszeichen eingerahmt. Die Zeichen innerhalb und am Ende der Sätze der direkten Rede bleiben unverändert.
  Beispiele:
  Sie erklärt: „Berlin ist wunderbar."
  Sie fragt: „Ist Berlin wunderbar?"
  Sie befiehlt: „Fahre nach Berlin!"
  Sie sagt: „Wir fuhren nach Berlin. Es war super!"

2.2 Nachgestellter Redebegleitsatz

- Die direkte Rede steht auch hier in Anführungszeichen. Nach ihr steht ein Komma, wenn auf sie der Redebegleitsatz folgt.
- Endet die vorangestellte direkte Rede mit einem Frage- oder Ausrufezeichen, so bleibt dieses Zeichen erhalten. Ein Punkt am Ende der direkten Rede dagegen entfällt.
  Beispiele:
  „Berlin ist wunderbar", erklärt sie.
  „Ist Berlin wunderbar?", fragt sie.
  „Berlin ist eine Reise wert!", ruft sie laut.
  „Wir fuhren nach Berlin. Es war super!", sagt sie.

2.3 Eingeschobener Redebegleitsatz

Wenn der Direkte-Rede-Satz nach dem **Begleitsatz weitergeführt** wird, dann:

- steht vor und nach jedem Teil der direkten Rede ein Anführungszeichen,
- wird der eingeschobene Begleitsatz von Kommas eingeschlossen,
- bleiben die anderen Zeichen im Direkte-Rede-Satz unverändert.
- folgt **nach** dem schließenden Anführungszeichen des letzten Teils der direkten Rede **kein** Punkt.

Beispiele:

„Berlin ist", erklärt sie, „eine wunderbare Stadt."
„Ist Berlin", fragt sie, „eine wunderbare Stadt?"
„Fahre", befiehlt sie, „nach Berlin!"

Wenn der **Begleitsatz** dagegen nach dem ersten Abschnitt der direkten Rede **endet**, gilt der Rest der direkten Rede als eigenständiger Satz, der groß beginnt:

Beispiele:

„Berlin ist eine wunderbare Stadt", erklärt sie. „Ich fahre bald wieder hin."
„Ist Berlin eine wunderbare Stadt?", fragt sie. „Lohnt sich eine Fahrt dorthin?"
„Berlin ist eine Reise wert!", ruft sie aus. „Meinst du nicht auch?"

Achtung – häufige Fehlerquelle!

Achte auf die **richtige Reihenfolge** der Zeichen! Das gilt vor allem, wenn ein Komma und ein Anführungszeichen nebeneinander stehen.

Dieselben Regeln gelten übrigens auch für die wörtliche Wiedergabe fremder Textstellen, also bei Zitaten.

Beispiel: *„Wer von Grund aus Lehrer ist", schreibt Friedrich Nietzsche in „Jenseits von Gut und Böse", „nimmt alle Dinge nur in Bezug auf seine Schüler ernst – sogar sich selbst."*

3 Die Kommasetzung

3.1 Das Komma zwischen (Teil-)Sätzen

- Das Komma trennt aneinander gereihte Hauptsätze, die durch keine Konjunktion verbunden sind. Sind sie dagegen durch *und, oder, bzw., weder – noch, entweder – oder* verbunden, steht kein Komma.
  Beispiele: *Sie hatte Recht, Berlin ist schön, es ist eine Reise wert. Berlin ist schön und es ist eine Reise wert. Entweder wir fahren nach Berlin oder wir bleiben da.*
  Ausnahme: Um die Gliederung der Sätze zu verdeutlichen, kann auch hier ein Komma gesetzt werden, z. B.: *Er fuhr schnell*, *und gut war das nicht.*
- Vor bestimmten nebenordnenden, entgegensetzenden und einschränkenden Konjunktionen steht ein Komma, vor allem vor *aber, sondern, doch, vielmehr, einerseits – anderseits, halb – halb*, z. B.: *Halb freuten wir uns, halb ärgerten wir uns.*
- Das Komma steht vor und nach einem eingeschobenen Satz. Stattdessen sind auch Gedankenstriche möglich, z. B.: *Am Morgen, ich war noch müde, rief sie mich an. Am Morgen – ich war noch müde – rief sie mich an.*
- Zwischen Haupt- und Nebensatz steht ein Komma, z. B.: *Wenn ich nach Berlin fahre, amüsiere ich mich.*
- Das Komma trennt auch Nebensätze. Ausnahme: Sind Nebensätze durch *und, oder, bzw.* verbunden, kann man ein Komma setzen, muss aber nicht, z. B.: *Berlin ist eine Stadt, die viel zu bieten hat, weil sie riesig ist(,) und/oder/bzw. weil dort viele Menschen wohnen.*
  Wichtig: Das Komma steht **vor** dem *und, oder, bzw.*, nicht vor der folgenden Konjunktion!
- Unvollständige Sätze werden wie vollständige Sätze behandelt. Unvollständige Nebensätze stehen allerdings oft ohne Komma, weil sie formelhaft geworden sind. Man kann jedoch auch hier ein Komma setzen.
  Beispiele: ***So eine Gemeinheit,*** *dass Berlin so weit weg ist! Ich weiß nicht,* ***was tun.*** *Ich fahre****(,) wenn nötig(,)*** *schon morgen.*

3.2 Das Komma bei Infinitiv- und Partizipgruppen

Erweiterte **Infinitiv-** und **Partizipgruppen** kann man durch Kommas abtrennen, muss es grundsätzlich aber nicht. Infinitiv- und Partizipgruppen (wie auch einzelne Infinitive und Partizipien) müssen dagegen mit Kommas abgetrennt werden, wenn:

- ihnen ein **hinweisendes Wort** folgt oder vorangeht:
  Ich dachte ***daran,*** *nach Berlin zu fahren.*
  Frisch verliebt, ***so*** *buchte Marco sofort.*
  Dieser Gedanke *begeisterte mich schon,* ***einfach nach Berlin zu fahren.***
- sie ein nachgestellter Zusatz zu einem Substantiv oder Pronomen sind (etwa zwischen Substantiv und Verb im Aussagesatz), z. B.:
  Marco, ***vom Reisefieber ergriffen,*** *buchte sofort.*
  Marco, ***ohne einen Moment zu zögern,*** *buchte sofort.*

Beachte:

Infinitiv- und Partizipgruppe

- Infinitivgruppe: Infinitiv mit *zu* + mindestens ein erweiterndes Wort.
  Partizipgruppe: Partizip + mindestens zwei weitere Wörter.

Zwei Kommas

- Wenn vor einer Gruppe ein Komma steht, muss danach auch eines stehen (außer es folgt ein Punkt).

3.3 Das Komma bei Aufzählungen

Zwischen den Gliedern einer Aufzählung steht ein Komma, wenn sie nicht durch *und, oder, sowie, sowohl – als auch, weder – noch, entweder – oder, bzw., wie* (im Sinne von *auch*) verbunden sind.
Ich fuhr nach Berlin, Potsdam, Hannover. Ich fuhr erst nach Berlin, dann nach Potsdam. Ich besuchte die schöne, lebendige, leider sehr laute Hauptstadt.

Achtung!

Beachte: Kein Komma steht, wenn in einer Aufzählung das letzte Adjektiv mit dem Substantiv einen Gesamtbegriff bildet (und mit dem Adjektiv davor nicht durch *und* verbunden werden kann), z. B.: *In den letzten* ***großen Ferien*** *war ich in Berlin.*

3.4 Das Komma bei herausgehobenen Satzteilen

Satzteile, die sich vom übrigen Satz besonders abheben, werden durch Kommas abgetrennt.
Die wichtigsten Fälle sind:

- **Appositionen**: *In Berlin,* ***einer Großstadt,*** *ist was los.*
- **Anreden**: *Kommst du mit,* ***Marco?***
- **nachgestellte Erläuterungen** (Einleitungswörter: *und zwar, und da, zum Beispiel, insbesondere, das heißt* u. a.): *Ich reise nach Berlin,* ***und zwar bald.***
- **hinweisende Wörter, die Satzteile wieder aufnehmen**: *Diese Stadt,* ***die*** *gefällt mir.*
- **Dankesausdrücke**: ***Danke,*** *mir geht es gut.*
- **Interjektionen**, Ausdrücke der Bejahung, Verneinung, des Bedauerns, der Bitte: Hier steht ein Komma nur, wenn sie besonders betont sind: ***Oh(,)*** *wie gefällt mir Berlin!* ***Bitte(,)*** *komm mit!*

3.5 Das Komma bei mehrteiligen Nebensatzeinleitungen

- Bei bestimmten feststehenden mehrteiligen Nebensatzeinleitungen steht **nur ein** Komma **vor der ganzen** Fügung, z. B.: *wie wenn, als ob, lange bevor, als dass, anstatt dass.*
  Beispiele:
  Anstatt dass du mir hilfst, ärgerst du mich.
  Er wusste Bescheid, lange bevor ich es ihm sagte.
  Sie tat so, als ob sie von nichts wüsste.
- In anderen Fällen kann man auch ein zusätzliches Komma **innerhalb der Fügung** setzen, wenn man den vorhergehenden Bestandteil besonders betonen will, z. B.: *abgesehen davon(,) dass; beispielsweise(,) weil; gesetzt den Fall(,) dass, vorausgesetzt(,) dass; zum Beispiel(,) wenn; egal(,) wer/welcher*
  Beispiele:
  Es gefällt mir nicht, abgesehen davon(,) dass es sowieso zu teuer ist.
  Vielleicht hört er uns, beispielsweise(,) weil er lauscht.
  Egal(,) wie schnell du bist, ich werde schneller sein.

4 Besondere Satzzeichen

4.1 Der Apostroph

Der **Apostroph** zeigt an, dass in einem Wort ein Buchstabe oder mehrere ausgelassen sind. Verpflichtend ist er in drei Fällen:

- beim **Genitiv von Eigennamen**, deren Grundform auf einen *s*-Laut (*-s, -ss, -ß, -tz, -z, -x, -ce*) endet, außer es steht ein Artikel o. Ä. dabei, z. B.: *Aristoteles' Bücher* (aber: *die Bücher des Aristoteles*), *Alice' Idee*;
- bei **Auslassungen** in Wörtern, die ohne Kennzeichnung schwer lesbar oder missverständlich sind, z. B.: *'s ist wirklich nicht leicht; nur wen'ge Augenblicke*;
- bei Auslassungen in Wörtern wie *D'dorf* (= *Düsseldorf*), *Ku'damm* (= *Kurfürstendamm*).

4.2 Der Strichpunkt (das Semikolon)

Mit dem **Strichpunkt** kann man gleichrangige Sätze oder Teilsätze abgrenzen. Der Grad der Abgrenzung ist größer als bei einem Komma, aber geringer als bei einem Punkt (die meist auch stehen könnten). Beispiel: *In Berlin ist viel los; das hat mich tief beeindruckt.*

4.3 Der Gedankenstrich

Den **Gedankenstrich** kann man verwenden:

- zur Ankündigung von etwas **Unerwartetem**: *Ich flog in den Ferien nach Alaska und sah – meinen Lehrer!*
- um zwischen zwei Sätzen einen **Wechsel** (z. B. des Sprechers) deutlich zu machen: *„Wo bist du?" – „Hier bin ich."*
- zur Abgrenzung von **Zusätzen** oder **Einschüben**: *Mein Lehrer – ein Vielreiser – war auch in Alaska. Eines Nachts – ich weiß das noch genau – begegnete ich ihm. Er aber – so eine Frechheit! – übersah mich.*

  In diesen Fällen können oft auch andere Zeichen stehen, z. B. Doppelpunkte, Kommas, Klammern.

Auf einen Blick: Typische Zeichensetzungsfehler

Fehler bei der direkten Rede

Fehlertyp	Fehlerbeispiel	richtige Schreibweise
Die Reihenfolge bei den Satzzeichen ist falsch.	*Sie sagt: „Berlin ist schön".*	*Sie sagt: „Berlin ist schön."*
	„Berlin ist schön," sagt sie.	*„Berlin ist schön", sagt sie.*
	„Fahre nach Berlin!," befiehlt sie.	*„Fahre nach Berlin!", befiehlt sie.*
Die direkte Rede ist ein Aussagesatz, auf den der Begleitsatz folgt: Am Ende des Aussagesatzes wird fälschlich ein Punkt gesetzt.	*„Berlin ist schön.", sagt sie.*	*„Berlin ist schön", sagt sie.*

Fehler beim Komma

Fehlertyp	Fehlerbeispiel	richtige Schreibweise
Man vergisst das Komma zwischen Haupt- und Nebensatz vor allem in drei Fällen: 1. bei Relativsätzen 2. nach Nebensätzen 3. am Ende von Nebensätzen, wenn danach der Hauptsatz mit *und* weitergeführt wird. (*)	*1. Hunde die bellen beißen nicht.* *2. Ich weiß, dass ich nichts weiß aber es macht mir nichts aus.* *3. Ich weiß, dass ich nichts weiß und du weißt es auch.*	*1. Hunde, die bellen, beißen nicht.* *2. Ich weiß, dass ich nichts weiß, aber es macht mir nichts aus.* *3. Ich weiß, dass ich nichts weiß, und du weißt es auch.*
Man setzt zwar vor einer Infinitivgruppe ein Komma, vergisst aber das Komma danach, wenn der Satz noch weitergeht.	*Der Gedanke, nach Berlin zu fahren war sehr schön.*	*Der Gedanke, nach Berlin zu fahren, war sehr schön.*

(*) Hinweis: Die Rechtschreibreform hat nicht generell das Komma vor *und* abgeschafft, sondern nur das Komma vor dem *und*, das zwei Hauptsätze verbindet (früher: *Ich gehe, und du stehst.* – jetzt: *Ich gehe(,) und du stehst.*)

Kommunikation und Sprache(n)

Einfache Kommunikation findet man auch im Tierreich, aber der Besitz eines ausgefeilten Systems von Sprache und Kommunikation ist eine Besonderheit des Menschen.

Sprache verbindet, allerdings können Sprache und Sprachen auch trennen. Sich mit Worten auszudrücken, kann befreien, doch Sprache diente und dient oft im selben Maße der Manipulation und Unterdrückung. Je mehr wir uns das Wesen der Sprache klar machen, umso eher sind wir in der Lage, Hintergründe und Zusammenhänge in der Kommunikation zu erfassen.

1 Kommunikation und Sprache: Grundbegriffe

Um Wesen und Ablauf sprachlicher Verständigung besser verstehen zu können, beschäftigen wir uns zunächst mit einem einfachen Modell von Kommunikation und klären in diesem Zusammenhang wesentliche Grundbegriffe.

1.1 Einfaches Kommunikationsmodell

Unter Kommunikation versteht man die Übertragung von **Informationen** in Form sprachlicher und nicht sprachlicher Zeichen zwischen einem **Sender** (Sprecher, Schreiber) und einem oder mehreren **Empfängern** (Zuhörern, Lesern). Die Übermittlung kann auf verschiedenen **Kanälen** bzw. **Medien** erfolgen und sich verschiedener Zeichensysteme oder **Kodes** bedienen. Je nach Sprechsituation kommt es zu einem Wechsel in der Rolle der Beteiligten oder nicht.

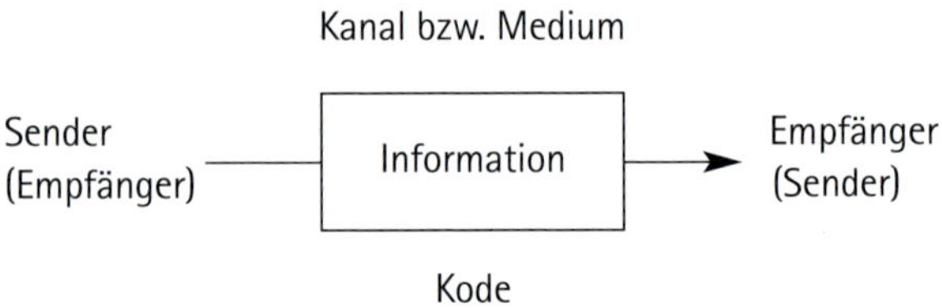

Zur Verdeutlichung einige Erläuterungen:

Kommunikationsmöglichkeiten richten sich nach dem Kanal.

- **Kanal/Medium**: Die Informationsübertragung kann verschieden erfolgen: nur durch Ton (bei einem Telefongespräch oder in Radiosendungen), durch Ton und Bild (im Gespräch, z. B. bei Vorlesungen, aber auch bei technischen Medien wie Fernsehen oder Film) oder in schriftlicher Form (Brief, Buch, Zeitung usw.). Jedes Medium beschränkt oder erweitert kommunikative Möglichkeiten.
- **Kode** (von frz./engl. „code" = System von Zeichen; Schlüssel zur Entzifferung von Geheimnachrichten): Darunter versteht man ein **System von Zeichen und Regeln.** Der

Kode umfasst sowohl die Sprache im engeren Sinne, also **verbale Zeichen** (Wörter und grammatikalische Regeln) als auch **nonverbale** Signale (Mimik, d. h. Gesichtsausdruck; Gestik, d. h. Handbewegungen; sonstige Körperbewegungen und -zeichen; Tonlage). In bestimmten Kommunikationsformen kommen weitere Bestandteile hinzu (z. B. Musik oder Bilder im Fernsehen). Der Sender **kodiert** seine Aussage (bringt sie in einer verbalen oder nonverbalen Form zum Ausdruck) und der Empfänger **dekodiert** sie (entschlüsselt sie). Damit Kommunikation gelingen kann, müssen sich Sender und Empfänger verstehen, d. h. mindestens denselben Kode besitzen. Am offensichtlichsten werden diesbezügliche Probleme, wenn zwei Menschen verschiedene Nationalsprachen sprechen; ersatzweise greifen sie dann vielleicht zur Zeichensprache, reden also „mit Händen und Füßen", aber diese Signale sind nie so eindeutig wie die der gesprochenen Sprache.

Gleicher Kode als Voraussetzung für gelungene Kommunikation

- **Kommunikationssituationen**:
  - **mündlich** oder **schriftlich**: Bei mündlicher Kommunikation sind Sender und Empfänger üblicherweise zur selben Zeit am selben Ort (Ausnahme: Telefongespräche), bei schriftlicher nicht.
  - **einseitig** oder **wechselseitig**: Nicht bei jeder mündlichen Kommunikation findet ein Wechsel von Sender und Empfänger statt; dies ist nur in Gesprächen und Diskussionen der Fall, was dann als **wechsel- oder gegenseitige** bzw. **symmetrische Kommunikation** bezeichnet wird. Eine **einseitige** bzw. **asymmetrische** Kommunikation, bei der nur einer spricht und der oder die anderen zuhören, findet man bei Vorlesungen, Vorträgen im Unterricht, Fernseh- oder Rundfunkübertragungen sowie Theatervorstellungen und Konzerten. Allerdings geben die Empfänger bei einem Teil solcher Veranstaltungen (z. B. Vorträgen, Reden, Theatervorstellungen) durchaus eine **Rückmeldung** (ein **Feedback**), wenn sie etwa gähnen, Buhrufe ausstoßen oder Beifall klatschen.

Gründe für kommunikative Missverständnisse

- **Kein einheitlicher Kode**: Wenn der eine Englisch spricht, der andere Mongolisch, werden sich beide kaum verstehen. Aber auch innerhalb einer Sprache gibt es Probleme: **Jugendliche** entwickeln zur Abgrenzung von der Erwachsenenwelt einen eigenen Kode, was immer wieder zu Missverständnissen mit Erwachsenen führt. **Organisationen** haben eigene Kodes, z. B. Kirchen, in denen die typische Predigtsprache von vielen Empfängern manchmal nicht mehr verstanden wird. **Künstler** gehen manchmal ganz bewusst auf die Suche nach eigenen, neuen Kodes, um für ihre Inhalte einen angemessenen Ausdruck zu finden. Dabei werden sie von vielen Zeitgenossen oft nicht nur nicht verstanden, sondern sogar abfällig beurteilt.
- **Sprachliche Uneindeutigkeit**: Ausdrücke können mehrdeutig sein. *Ich besitze eine Bank* kann heißen, dass ich ein Bankhaus oder eine Sitzbank habe. Oft, aber nicht immer klärt der Kontext (der Gesprächszusammenhang) die Bedeutung. Besonders vieldeutig und umstritten sind Bezeichnungen in der Philosophie oder Politik (*Glück, Freiheit* etc.).
- **Widerspruch zwischen verbalen und nonverbalen Botschaften**: Wer mit hängendem Kopf sagt, es gehe ihm gut, gibt eine zweideutige Botschaft. Üblicherweise betrachten Menschen die nonverbalen Signale als die wahre Botschaft und reagieren darauf, nicht auf die Worte. Zu Problemen führt die Diskrepanz, wenn bei einem Gespräch nicht „der richtige Ton" getroffen wird. Das zeigt: Kommunikation ist ein kompliziertes Regelwerk für die verbale und nonverbale Seite von Äußerungen, und die Regeln sind von der sozialen Beziehung abhängig. In Vorstellungsgesprächen wird man z. B. anders sprechen und auftreten als unter gleichaltrigen Freunden und Kollegen in der Freizeit.
- **Diskrepanz der Erfahrungshintergründe**: Menschen verstehen sich nicht, wenn ihre Erfahrungen und Interessen zu unterschiedlich sind.

1.2 Text und Textfunktionen

Im Rahmen einer Kommunikation vermittelt ein Sender Nachrichten. Eine inhaltlich zusammenhängende Folge von Aussagen nennt man **Text**, der sowohl mündlich als auch schriftlich vorliegen kann.

Textfunktionen

Texte haben **Funktionen**, d. h. bestimmte Aufgaben in jeweils konkreten Kommunikationssituationen. Der Sender will mit seinem Text beim Empfänger eine ganz bestimmte Wirkung erreichen. (Dass die tatsächliche Wirkung dann durchaus eine andere sein kann, ist dabei klar.) Die unterschiedlichen Funktionen, die Texte haben können, hängen nun mit den verschiedenen Beziehungen zusammen, in denen sie als sprachliche Zeichen einerseits zum Sender stehen, andererseits zum Empfänger und drittens zur außersprachlichen Wirklichkeit. Dies verdeutlicht das sog. **Organonmodell** des Sprachwissenschaftlers Karl Bühler. „Organon" ist griechisch und bedeutet Werkzeug; Bühler sah nämlich Sprache als ein Werkzeug an, mit dem „einer – dem anderen – über die Dinge" etwas mitteilt. Gemäß diesen drei Aspekten können dann **drei Grundfunktionen** der Sprache unterschieden werden:

Organonmodell

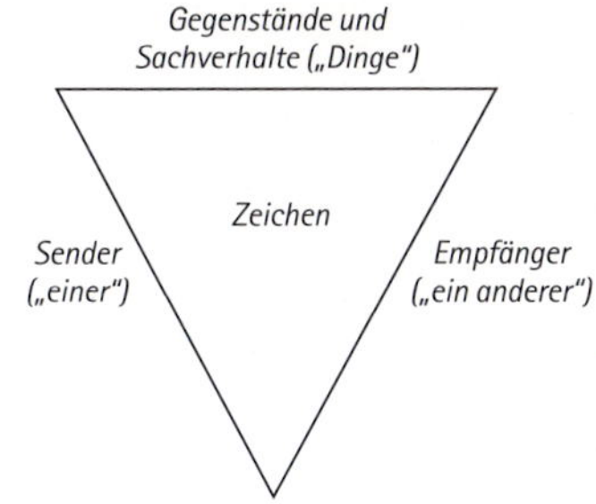

Drei Grundfunktionen des sprachlichen Zeichens

1. **Ausdrucksfunktion**: Einer (Sender) möchte Gefühle, Einstellungen, Eindrücke wiedergeben.
2. **Appellfunktion**: Einer (Sender) will bei einem anderen (Empfänger) etwas bewirken, ihn zu einer Handlung anregen.
3. **Darstellungsfunktion**: Einer (Sender) äußert sich sachlich über Gegenstände und Sachverhalte.

Entsprechend den unterschiedlichen Funktionen, die Sprache und Texte haben können, unterscheidet man auch unterschiedliche **Textsorten**.

Textsorten

Unterschiedliche Textsorten

An **Textsorten** (abhängig von ihrer Funktion) kann man unterscheiden:

- Texte, die dem **Selbstausdruck** dienen: z. B. Tagebücher, Stimmungslyrik
- **informierende** Texte, die Wissen übermitteln sollen: z. B. Sachbücher, Berichte, Beschreibungen
- **appellative** Texte, die Meinung und Handeln des Empfängers beeinflussen sollen: z. B. Kommentare, Reden, Anträge, Werbeanzeigen, Predigten
- **normierende** Texte, die Verpflichtungen, Gebote/Verbote oder Richtlinien festlegen: z. B. Gesetze, Verordnungen, Verträge, aber auch technische Normtexte (die z. B. die Papiergröße DIN A4 bestimmen; „DIN" = „Deutsche Industrienorm")
- Texte, die der Herstellung und Aufrechterhaltung von zwischenmenschlichen **Kontakten** dienen: z. B. Glückwunsch- und Beileidsschreiben, Grußreden etc.

Überschneidung von Textfunktionen

Im konkreten Einzelfall können sich Funktionen auch überschneiden, z. B. die Ausdrucksfunktion mit der Appellfunktion in der Äußerung: *Mir geht es schlecht (bitte hilf mir).* Probleme kann es dann geben, wenn zwar der erste Teil des Satzes verbal mitgeteilt wird, der zweite aber nur nonverbal mitschwingt oder vom Sender lediglich gedacht und vom Empfänger nicht wahrgenommen wird.

Formal kann man Texte ferner auch noch nach folgenden Kriterien unterscheiden:

Mündliche und schriftliche Texte

- **mündlich** oder **schriftlich**: Mündliche Texte sind z. B. Interviews, Referate usw.

Sach- und literarische Texte

- Bei schriftlichen Texten unterscheidet man einerseits **Sach- und Gebrauchstexte** (Rezepte, Berichte, Gesetze usw.), andererseits **literarische Texte**.

Faktum und Fiktion

- **Faktum** oder **Fiktion**: In einem faktenorientierten Text will der Autor Tatsachen darstellen, in einem fiktiven (erfundenen oder erdachten) seiner Fantasie Ausdruck verleihen. Häufig arbeiten jedoch auch journalistische Sachtexte wie Reportagen mit literarischen Mitteln (Rückblenden, Reflexionen, Mutmaßungen usw.), während literarische Werke historische Tatsachen (z. B. reale Ereignisse und Personen) beinhalten können.

1.3 Sprache und Sprachen

Sprache ist das Kommunikationsmittel der Menschen schlechthin. Neben verschiedenen Nationalsprachen (Deutsch, Englisch, Mongolisch usw.) unterscheidet man jedoch auch noch nach anderen Aspekten unterschiedliche **Sprachen** und **Sprachformen**.

Verschiedene Sprachformen

Sprachformen:

- **Nationalsprachen** (Deutsch, Chinesisch usw.)
- verschieden nach regionalem Aspekt: Neben der **Hoch-** oder **Standardsprache** einer Nationalsprache gibt es **Mundarten** bzw. **Dialekte**.
- verschieden nach dem Sprachkanal: Die **Lautsprache** überträgt Botschaften auf akustischem Weg; die **Schriftsprache** bedient sich visueller, schriftlicher Symbole (Buchstaben).
- verschieden nach dem Verwendungszweck: Neben der normalen **Alltagssprache** gibt es diverse **Fachsprachen**, in denen sich die Spezialisten eines bestimmten Fachs unterhalten. Sie weisen ein hohes Maß an speziellen Begriffen auf, die innerhalb dieses Fachs, z. B. der Informatik, die Kommunikation sehr erleichtern, von Laien dagegen oft nur schwer oder gar nicht verstanden werden können.
- verschieden nach sozialem Aspekt: Jede gesellschaftliche Schicht entwickelt – bedingt durch Bildungsniveau, Beruf, ökonomische Situation, Freizeitinteressen etc. – eine Eigensprache, den sog. **Soziolekt**. Er ergibt sich quasi als die Schnittmenge der vielen ganz verschiedenen Ausdrucksweisen aller, die zu dieser Schicht gehören. Die ganz persönliche Ausdrucksweise eines Einzelnen, die er so mit niemand anderem teilt, bezeichnet man auch als seinen **Ideolekt** (anhand dessen beispielsweise die Polizei einen Täter überführen kann).
- verschieden nach der Stilebene: Hier unterscheidet man zwischen (a) **Hochsprache**, (b) **Alltags-** oder **Umgangssprache** und (c) **Gossensprache** (besonders vulgäre Ausdrucksweise). Die Grenzen dazwischen sind jeweils fließend.

2 Sprachgeschichte

2.1 Indoeuropäische Sprachen

Indoeuropäische Sprachen und ihre Herkunft

Die meisten der vielen und vordergründig sehr unterschiedlichen europäischen Sprachen gehören zur selben **Sprachfamilie**, dem **Indoeuropäischen** bzw. **Indogermanischen.** Ob es sich dabei um eine ganz bestimmte Ursprache handelt, die tatsächlich einmal gesprochen wurde, oder aber mehr um eine Konstruktion aus heutiger Sicht, ist nach wie vor umstritten. Fest dagegen steht, dass die indoeuropäischen Sprachen miteinander verwandt sind, eine gemeinsame Entwicklung haben und viele Ähnlichkeiten aufweisen. Das Gebiet, von dem aus sie sich im 4. Jahrtausend durch Wanderungsbewegungen und Neubesiedlung von bislang unbewohnten Gegenden zu verbreiten begannen, lag wohl in Mittel- und Osteuropa. Die geografische Trennung der Völker bewirkte dann die Eigenentwicklung der Einzelsprachen.

Nicht indoeuropäische Sprachen in Europa

Nicht indoeuropäische Sprachfamilien sind z. B.:

- die Turksprachen (z. B. Türkisch),
- die semitisch-hamitische Sprachfamilie (z. B. Arabisch, Hebräisch),
- die finnisch-ugrische Sprachfamilie (z. B. Finnisch, Ungarisch).

Innerhalb Europas gibt es nur vier nicht indoeuropäische Sprachen: Finnisch, Ungarisch, Türkisch sowie das Baskische, das die einzige lebende (also heute noch gesprochene) vorindoeuropäische Sprache Westeuropas ist, deren Herkunft bislang ungeklärt ist.

Je weniger Kontakte, umso weniger sprachliche Gemeinsamkeiten!

Während also der europäische Raum ein sehr geschlossenes Sprachgebiet darstellt, ist dies z. B. in Amerika ganz anders: Die Zuordnung der ca. 4000 Indianersprachen zu verschiedenen Sprachfamilien ist bis heute ein schwieriges Forschungsgebiet geblieben. Die dünne Besiedlung Amerikas vor der Entdeckung durch Europäer reduzierte die Kontakte zwischen den Indianervölkern so sehr, dass große Unterschiede in den Entwicklungen ihrer Sprachen möglich waren. Weltweit gibt es übrigens ca. 200 Sprachfamilien.

Zweige der indoeuropäischen Sprachfamilie

- **Indisch**: Trotz der räumlichen Entfernung zu Europa haben die meisten indischen Einzelsprachen (v. a. die Hauptsprache **Hindi**) eine indoeuropäische Wurzel. Für den Sprachvergleich bedeutsam ist in erster Linie die uralte indische Religionssprache, das **Sanskrit**. Mit dem Sanskrit verwandt ist auch das Romani, die Sprache der Sinti und Roma.
- **Iranisch**: Neupersisch, Paschto (in Afghanistan) und Kurdisch
- **Armenisch**
- **Griechisch**
- **Albanisch**
- **Romanisch**: Italienisch, Spanisch, Portugiesisch, Französisch, Rumänisch sowie Rätoromanisch und Ladinisch (bestimmte Mundarten in den Dolomiten). Die romanischen Sprachen entwickelten sich aus dem **Lateinischen**, mit dem zusammen sie die italische Sprachgruppe bilden. Übrigens fußen die romanischen Sprachen nicht auf dem Hochlateinischen (das man heute im Unterricht lernt), sondern auf der einfachen römischen Umgangssprache, dem Vulgärlateinischen, das in wenigen schriftlichen Zeugnisse erhalten ist und damals allgemein von den römischen Soldaten und Bauern gesprochen wurde.
- **Keltisch**: Irisch, Gälisch (Schottland)
- **Baltisch**: Litauisch, Lettisch
- **Slawisch**: Russisch, Polnisch, Tschechisch, Slowakisch, Slowenisch, Serbokroatisch, Bulgarisch, Ukrainisch; ferner das Sorbische (das von einer kleinen slawischstämmigen Minderheit um Cottbus und Bautzen herum gesprochen wird)
- **Germanisch**: Englisch, Deutsch, Niederländisch, Norwegisch, Dänisch, Schwedisch, Isländisch.

2.2 Zur Rekonstruktion des Indoeuropäischen

Schriftliche Aufzeichnungen in einer indoeuropäischen Ursprache gibt es nicht. Bei allen Aussagen über das Indoeuropäische handelt es sich also immer nur um Rekonstruktionen, die durch den Vergleich von Wortelementen erfolgen, die allen oder den meisten lebenden wie ausgestorbenen indoeuropäischen Sprachen gemeinsam sind. Viele der einfachsten Alltagswörter können hierzu verwendet werden, z. B. Verwandtschaftbezeichnungen wie *Vater, Mutter* oder Körperteile (z. B. *Fuß*), da diese „Dinge" in jeder menschlichen Kultur, unabhängig von ihrem Zivilisations- und Technisierungsgrad, existieren. Die folgende Tabelle macht die sprachlichen Gemeinsamkeiten deutlich:

Indoeuropäisch	**päter*	**suesor*	**ped*	**agros*
Altindisch	*pitar*	*svasar*	*pat*	*ajra*
Lateinisch	*pater*	*soror*	*pes, pedis*	*ager*
Italienisch	*padre*	*sorella*	*piede*	*agri-/agra-*
Gotisch	*fadar*	*swistar*	*fotus*	*akrs*
Englisch	*father*	*sister*	*foot*	*acre*
Althochdeutsch	*fater*	*swester*	*fuoz*	*ackar*
Mittelhochdeutsch	*vater*	*swester*	*vuoz*	*acker*
Neuhochdeutsch	*Vater*	*Schwester*	*Fuß*	*Acker*

(Hinweise: * vor einem Wort bedeutet, dass dieses lediglich erschlossen und nicht belegt ist. – Das Gotische ist eine ausgestorbene germanische Ursprache.)

Betrachtet man die Entwicklung, stellt man fest, dass sich im Konsonantenbereich am wenigsten verändert hat. Ähnliches kann man auch feststellen, wenn man Dialekte miteinander vergleicht: Die Vokalveränderungen sind immer gravierender als die der Konsonanten. Da die Abweichungen jedoch regelmäßig sind, spricht man von systematischen **Lautverschiebungen** und **Lautgesetzen**. Das indoeuropäische *p* im Anlaut z. B. wurde im germanischen Sprachraum zum *f*-Laut (geschrieben *f* oder *v*), das *g* zum *k*-Laut (*k, ck*), manchmal auch zum *ch*-Laut (indoeuropäisch **mag* → englisch *make*, neuhochdeutsch *machen*).

Die Rekonstruktion der **Lebensweise** und des **Lebensraums** der Indoeuropäer ist durch eine Analyse des Wortschatzes ihrer Sprache möglich; denn in jeder Sprache können nur Wörter für Dinge existieren, die es in dieser Kultur auch gibt!

Nur was existiert, kann auch benannt werden!

- Z. B. findet man viele Begriffe aus der **Viehzucht**; also scheinen die Indoeuropäer in erster Linie Hirten gewesen zu sein. Dass es jedoch eine gemeinsame Wurzel für unser Wort *Acker* gibt, muss nicht heißen, dass sie auch Ackerbau betrieben. Das indoeuropäische **ag-* bedeutet nämlich „(mit geschwungenen Armen) treiben", d. h., ursprünglich wurde damit das Weideland bezeichnet. Ob auch Felder bestellt wurden, ist jedenfalls nicht klar.
- Da Wörter für Baumarten und Wald fehlen, dürfte der Lebensraum ein **Heide- und Savannengebiet** gewesen sein.
- Fehlende Begriffe für Wasserfahrzeuge bei gleichzeitiger Existenz vieler Wörter für Landfahrzeuge legen nahe, dass die Menschen **auf dem Land**, weit weg vom Meer siedelten.
- Weil es in indoeuropäischen Sprachen kein gemeinsames Wort für Eisen gibt, schließt man, dass sich die Vorläufer der heutigen indoeuropäischen Sprachen vor der Entdeckung des Eisens, also im 3. Jahrtausend v. Chr., getrennt haben.

2.3 Der Weg zum Deutschen

Um 2000 v. Chr. lösten sich die germanischen Sprachen vom Indoeuropäischen. Der Mittelpunkt ihres Siedlungsgebiets und Sprachraums liegt westlich der Ostsee. Der wesentliche Teil des sprachlichen Veränderungsprozesses dauerte dann bis ca. 500 v. Chr. an und umfasste u. a.:

Vom Indoeuropäischen zum Germanischen – ein langer Prozess

- den **Akzentwandel**: Während in anderen indoeuropäischen Sprachen die Betonung auf verschiedenen Silben liegen und bei der Flexion (Beugung) des Wortes wechseln kann (z. B. im Lateinischen: *Germáni, Germanórum*), wird in germanischen Sprachen meist die Stammsilbe betont (*Lób, belóbigen, verlóbt*);
- die **erste (germanische) Lautverschiebung**: Veränderung bestimmter Konsonanten (s. Übersicht weiter unten).

Aus germanischer Zeit gibt es ein paar Sprachdokumente. Die Germanen verwendeten vom 2. Jh. n. Chr. bis zum Mittelalter ihre eigenen Schriftzeichen, die sog. **Runen**, die sich entweder aus dem etruskischen Alphabet oder auch aus dem archaischen der Griechen entwickelten. Die Bedeutung des Wortes Rune („Geheimnis") erklärt sich aus dem Umstand, dass die Runen bei religiösen Zeremonien (Orakeln und Prophezeiungen) benutzt wurden. Manchmal verwendete man Runen auch für Inschriften, z. B. auf den Goldhörnern von Gallehus (ca. 400 n. Chr.).

Reste des Altgermanischen im Deutschen

Ansonsten haben sich germanische Begriffe in manchen Wörtern unserer Sprache erhalten:

- bei einigen Wochentagen: *Donnerstag* von *Thor* (germ. Obergott), *Freitag* von *Freya* (germ. Liebes- und Fruchtbarkeitsgöttin)
- bei einigen Vornamen bzw. Namensbestandteilen: Erhard (aus *er-* = „Ehre" und *hard* = „stark": „ein an Ehre starker Mann"), Adalbert (aus *adal* = „edel" und *bert* = „glänzend"), Dietrich (aus *diotiriche*: *diot* = „Volk" und *riche* = „reich", „mächtig"; also „ein im Volk mächtiger Mann").

Herkunft des Wortes *deutsch*

Aus *diot* = „Volk" wurde das Adjektiv *diutisk* = „zum Volk gehörig" und aus ihm hat sich unser Wort *deutsch* entwickelt.

Vom Germanischen zum Hochdeutschen

Etwa ab 500 n. Chr. löst sich das Deutsche aus der westgermanischen Sprachgruppe (zu der auch das Englische und Niederländische gehören). Wieder kommt es zu Veränderungen im Konsonantensystem, der **zweiten** oder **hochdeutschen Lautverschiebung** im 6./7. Jh., die u. a. in bestimmten Fällen die Veränderung von *p/t/k* zu *pf/tz/z* oder *ch* bewirkt, z. B. *maken* → *machen*. (s. Übersicht nächste Seite). Sie beginnt im Süden, setzt sich beispielsweise in den schweizerischen Mundarten völlig durch und gelangt dann unterschiedlich weit nach Norden; in den niederdeutschen Mundarten ist sie überhaupt nicht wirksam gewesen. Der westgermanische Sprachraum wurde so zweigeteilt: in einen oberdeutschen (= süddeutschen) Sprachraum, in dem Hochdeutsch gesprochen wird, und einen niederdeutschen, in dem Plattdeutsch gesprochen wurde (heute nur noch als Mundart).

Hochdeutsch ist nicht gleich Hochdeutsch!

Vielleicht bist du jetzt verwirrt, weil du doch weißt, dass man Hochdeutsch gerade in Norddeutschland spricht! Zur Erklärung:

- „Hochdeutsch" im **sprachwissenschaftlichen** Sinne meint das in Süddeutschland gesprochene Oberdeutsch oder Althochdeutsch als Ursprungssprache des Deutschen. Das im Plattdeutsch erhaltene Niederdeutsch ist heute nur noch ein Dialekt. Das Oberdeutsche breitete sich im Mittelalter aus und wurde auch in Norddeutschland zur Standardsprache.
- „Hochdeutsch" im **alltäglichen** Sinne bezeichnet die reine Form des heutigen Standard-Deutschs, das im Raum Hannover gesprochen wird.

Einen Überblick über die **Lautverschiebungen** gibt die folgende Tabelle mit Beispielen.

Erste Lautverschiebung → *Zweite Lautverschiebung* →

Indoeuropäisch		Germanisch		Althochdeutsch	
p	*päter	f	fadar		fater *(= Vater)*
t	*tod	th	thata *(engl. that)*	d	daz *(= das)*
k	*ker *(lat. cornu)*	h	haúrn *(engl. horn)*		horn *(= Horn)*
b	*ablu	p	apli *(engl. apple)*	f/pf	apful *(= Apfel)*
d	*dwou	t	twai *(engl. two)*	z/ts	zwei *(= zwei)*
g	*agros	k	akrs *(vgl. engl. acre)*		ackar *(= Acker)*
bh[1]	*bher-	b	bairan *(engl. bear)*		giberan *(= gebären)*
dh[1]	*medhios	d	midjis *(engl. middle)*	t	mittil *(= mittel)*
gh[1]	*ghabh	g	giban *(engl. give)*		geban *(= geben)*

[1] *Konsonanten werden jeweils behaucht gesprochen.*

2.4 Vom Alt- zum Neuhochdeutschen

Weiterentwicklung bis zum Neuhochdeutschen

Die Sprachentwicklung ging weiter. Aus dem Althochdeutschen entwickelte sich ab ca. 1050 das Mittelhochdeutsche, ab ca. 1350 folgte das Frühneuhochdeutsche und ab ca. 1650 das Neuhochdeutsche. Hier einige Beispiele für die Veränderungen vom Mittelhochdeutschen zum Neuhochdeutschen:

Veränderungen bei den Konsonanten	**Beispiele**
s (in den Verbindungen *sl, sw, sm, sn*) wird zu *sch*	*slange* → *Schlange* *sniden* → *schneiden*
Anpassung innerhalb der Verbkonjugation	*(er) was* → *(er) war* (passend zu *waren*)
Veränderungen bei den Vokalen	**Beispiele**
Diphthongisierung (aus langem Vokal wird Zwielaut)	*min niuwes hus* → *mein neues Haus* (*niuwes* sprich „nüwes")
Monophthongisierung (Diphthong wird zu langem Einzellaut)	*liebe guote brüeder* (sprich: „li-ebe gu-ote brü-eder") → *liebe gute Brüder*
Dehnung kurzer Vokale in offener Silbe	*faren* (kurz gespr.) → *fahren; edel* (kurz) → *edel*
Vokalschwund (bei Endungsvokalen und in Nebensilben)	*frouwe* → *Frau* *arebeit* → *Arbeit*

Veränderungen der Gegenwartssprache

Auch im Neuhochdeutschen setzt sich bis heute die Entwicklung fort, allerdings weniger auf der Lautebene als vielmehr in der Grammatik. Beispiele derzeitiger Prozesse:

- **Ersatz des Genitivs** (*Ich erinnere mich des Vorfalls.* → *Ich erinnere mich an den Vorfall. – wegen des Vorfalls* → *wegen dem Vorfall*)
- **Vordringen schwacher Verbformen** (*er buk* → *er backte; er frug* → *er fragte*)
- **rückläufige Verwendung des Konjunktivs**, v. a. bei der indirekten Rede, **Ersatz starker Konjunktivformen durch *würde*-Umschreibungen** (*er würbe* → *er würde werben*).

2.5 Erb-, Lehn- und Fremdwörter

Gliederung des deutschen Wortschatzes

Der deutsche Wortschatz besteht aus drei Gruppen:

- **Erbwörter**: von Anfang an zur deutschen Sprache gehörige, im Germanischen wurzelnde Wörter
- **Lehnwörter**: aus Fremdsprachen übernommene und an das deutsche Laut- und Formensystem angepasste Wörter (z. B. *Fenster* von lat. *fenestra*). Manche Wörter werden zunächst als Fremdwörter verwendet, bevor sie so alltäglich sind, dass man z. B. ihre Schreibweise deutschen Gepflogenheiten anpasst (z. B. *Büro* von frz. *bureau*).
- **Fremdwörter**: im Unterschied zu Lehnwörtern nicht eingedeutschte Wörter anderer Sprachen.

Gründe für die Übernahme von Lehn- und Fremdwörtern

Aufgrund der geografischen Mittellage Deutschlands in Europa fanden immer schon zahlreiche Begegnungen mit Nichtdeutschen statt, weshalb der Anteil von Lehn- und Fremdwörtern hoch ist. Eine Sprache übernimmt ansonsten solche Wörter aus verschiedenen Gründen:

- **Unbekanntheit** des bezeichneten Gegenstands im eigenen Sprachraum (vgl. das Lehnwort *Predigt*, das erst während der Christianisierung der Germanen aus dem lat. *praedicare* übernommen wurde).
- besonders **griffige** Formulierung (vgl. das aus dem Deutschen stammende engl. Wort *kindergarten*)
- **modische Gründe** (vgl. die Übernahme französischer Wörter im 17./18. Jahrhundert, als die Deutschen stark an Frankreich orientiert waren).

Sprachreformen

Umgekehrt gab es stets Bemühungen, Lehn- und Fremdwörter aus dem Deutschen zu vertreiben. So wollten im 17./18. Jh. Sprachgesellschaften z. B. das Wort *Nase* durch *Gesichtserker* ersetzen, da es nach ihrer Meinung aus dem Lateinischen stammte (vgl. lat. *nasus*); sie wussten nicht, dass *Nase* eine indoeuropäische Wurzel hat und deshalb auch schon im Germanischen vorkam. Zum Teil waren solche Sprachreformen aber wirksam (z. B. *Umschlag* für das früher geläufige frz. Fremdwort *Kuvert* oder *Bahnsteig* für *Perron*).

Die meisten Entlehnungen im Deutschen stammen aus vier Sprachen:

- **Lateinisch**: z. B. *bicarium* → *Becher*, *campus* → *Kampf(stätte)*, *pila* → *Pfeiler*, *tegula* → *Ziegel*; auf lateinische und auch griechische Ausdrücke greift v. a. die Sprache von Wissenschaft und Technik zurück (z. B. *Automobil* aus griech. *autos* = *selbst* und lat. *mobilis* = *beweglich*).
- **Italienisch**: z. B. *nulla* → *Null*, *cannone* → *Kanone*, *banca* → *Bank*
- **Französisch**: z. B. aus dem Altfranzösischen: *pris* → *Preis*, *danser* → *tanzen*, *aventure* → *Abenteuer*; weitere Beispiele für Wörter aus dem Französischen, die deutsch klingen: *Panne*, *total*, *Vase*, *Liter*
- **Englisch**: Vor dem 18. Jh. gab es nur wenige Entlehnungen (z. B. *Pudding*, *Parlament*). Der englische Einfluss ist vor allem seit der industriellen Revolution (d. h. ab dem 18. Jh.) bedeutsam, in der England führend war. Beispiele: *Dampfmaschine* (engl. *steam engine*: Beispiel für eine Wort-für-Wort-Übersetzung, was auch als Entlehnung gilt), *steam ship* → *Dampfschiff*, *locomotive engine* → *Lokomotive*. Weitere engl. Entlehnungen: *Baby*, *Film*, *Trick*, *Sport* (aus engl. *sport*, einer Kurzform von *disport* = *Vergnügen*!) usw. Das Englische bzw. Amerikanische nimmt heutzutage weiterhin einen bedeutenden Einfluss auf unsere Sprache (*Computer*, *Hamburger*, *cool* usw.).

Exotische Wurzeln deutscher Wörter

- Polnisch: *Quark*, *Grenze*, *Gurke*
- Tschechisch: *Roboter*, *Schmetterling*
- Ungarisch: *Gulasch*, *Tollpatsch*
- Arabisch: *Admiral*, *Alkohol*, *Benzin*, *Matratze*, *Sofa*
- Türkisch: *Dudelsack*, *Horde*, *Joghurt*, *Kiosk*
- Malaiisch: *Amok*
- Japanisch: *Bonze*, *Judo*, *Karate*, *Soja*
- südamerikanische Indianersprachen: *Kakao*, *Mais*, *Schokolade*, *Tanga*, *Tomate*
- Eskimo: *Anorak*
- Altägyptisch: *Elefant*, *Gummi*

2.6 Bedeutungswandel

In einer Sprache verändern sich im Laufe der Zeit nicht nur Laute und Regeln, sondern auch **Wortbedeutungen**, und zwar auf ganz unterschiedliche Weisen (ahd. = althochdeutsch, mhd. = mittelhochdeutsch, nhd. = neuhochdeutsch):

Wandel der Bedeutung ...

- **Bedeutungsverengung**: Aus dem ahd. *marhe* = „Pferd" wurde nhd. *Mähre* = „altes, abgemagertes Pferd". Das mhd. *hochgeziten* = „Fest" verwendet man heute als *Hochzeit* nur noch für ein bestimmtes Fest. Aus *maget* = „Mädchen" wurde *Magd* = „Dienerin".

... zum Besonderen

- **Bedeutungserweiterung**: *Edel* bedeutete im Mhd. „von adeliger Geburt", heute aber versteht man darunter „vorbildlich in Verhalten und Charakter (unabhängig von Standesgrenzen)"; das mhd. *arebeit* = „Mühsal, Anstrengung" hat heute als *Arbeit* die allgemeinere Bedeutung „Tätigkeit".

... zum Allgemeinen

- **Bedeutungsverschlechterung**: Die mhd. *frouwe* war eine adelige Dame, jetzt ist *Frau* nur eine Geschlechtsbezeichnung (Bedeutungsverengung). Auch *marhe/Mähre* sowie *maget/Magd* (siehe oben) zeigen gleichzeitig eine Bedeutungsverschlechterung. Der mhd. *hohe muot* = „edle Gesinnung, hohes Selbstgefühl" wird zum negativ besetzten *Hochmut*.

... zum Negativen

- **Bedeutungsverbesserung**: Im Ahd. war ein *marhescalh* ein „Pferdeknecht"; später wurde *Marschall* zu einem der höchsten militärischen Ränge (der sich aus dem zwischenzeitlichen Ehrenamt des Oberaufsehers über die königlichen Pferde entwickelt hat).

... zum Positiven

Manchmal **sterben** Wörter auch einfach **aus**. Ein gutes Beispiel hierfür ist ***Fräulein***. Ab dem Mittelalter bezeichnete *frouwelin* (Verkleinerungsform zu *frouwe*) die „unverheiratete adelige Frau". Bis ins 18./19. Jh. hinein war dieser Ausdruck auf den Adel begrenzt und wurde erst allmählich auf unverheiratete bürgerliche Frauen übertragen (Bedeutungserweiterung). Noch Mitte des 19. Jh. soll ein preußischer König ein Konzertprogramm abgeändert und bei der Künstlerliste ein bürgerliches *Fräulein*

X durch *Demoiselle X* (aus dem Französischen = „unverheiratete Frau aus dem Bürgerstand") ersetzt haben. Ende des 20. Jh. wurde das Wort *Fräulein* einerseits von Teilen der Frauenrechtsbewegung als problematisch betrachtet (u. a., weil es kein männliches Gegenstück gibt), andererseits als veraltet empfunden (weil das Merkmal „unverheiratet zu sein" an Bedeutung verloren hat), weshalb es heute immer seltener verwendet wird. Veränderungen dieser Art in der Sprachverwendung zu berücksichtigen, sich also „gesellschaftlich korrekt" auszudrücken, ist das Bestreben der **„Political Correctness"**.

2.7 Dialekte

Dialekte: Bewahrer alter Sprachstufen

Dialekte (Mundarten) bewahren bis heute alte Lautverhältnisse und Wortbedeutungen. Zur Veranschaulichung einige Beispiele:

- Weil norddeutsche Dialekte die zweite Lautverschiebung nicht mitgemacht haben (s. o.), sind hier noch viele *p/t/k*-Laute erhalten geblieben, z. B. *ick* (berlinerisch) = „ich", *maken* = „machen", *sik* = „sich", *op* = „auf" und *eten* (plattdeutsch) = „essen". Manches plattdeutsche Wort erinnert auch mehr ans Englische (z. B. *he* = „er", *to* = „zu"), in dem diese Verschiebung ebenfalls nicht stattgefunden hat.
- Das **Bayerische** wiederum hat gewisse Veränderungen vom Mittel- zum Neuhochdeutschen nicht mitgemacht, beispielsweise die Monophthongisierung (s. o.): *liab* = „lieb", *guot* = „gut", *Brieader* = „Brüder". Zudem halten sich im Bayerischen mittelalterliche Wortbedeutungen: „Frauen" (Geschlechtsbezeichnung) werden als *Weiberleit* (zu mhd. *wip*) bezeichnet. Und genauso bedeutet hier *Dirn* oder *Dirndl* (wie auch norddeutsch *Deern*) lediglich „Mädchen", entsprechend alt- und mittelhochdeutschem *thiorna* bzw. *dierne* (= auch „Jungfrau"), während *Dirne* im Neuhochdeutschen seit dem 16. Jh. so viel wie „Hure" meint. Die im Neuhochdeutschen anzutreffende Bedeutungsänderung hat in Dialekten also häufig nicht stattgefunden.

Auf einen Blick: Kommunikation und Sprache(n)

Kommunikation

- **Kommunikation**: Übertragung von Informationen auf einem Kanal bzw. durch ein Medium in Form sprachlicher und nicht sprachlicher Zeichen (Kodes) zwischen einem Sender und einem oder mehreren Empfängern
- **Kanal/Medium**: Ton (z. B. am Telefon), Ton und Bild (z. B. im Gespräch, Fernsehen), schriftlich (z. B. als Brief, Zeitung)
- **Kode**: Sprache im engeren Sinne (verbale Zeichen: Wörter) sowie nonverbale Signale (Mimik, Gestik, sonstige Körperbewegungen, Tonlage)
- **Kommunikationssituationen**: schriftlich/mündlich; einseitig (monologisch) / wechselseitig (dialogisch); Feedback: Rückmeldung des Empfängers
- **Gründe für kommunikative Missverständnisse**: kein einheitlicher Kode; sprachliche Mehrdeutigkeit; Widerspruch zwischen verbalen und nonverbalen Botschaften; Missachtung der sozialen Regeln der Kommunikation; Diskrepanz der Erfahrungshintergründe

Text

- **Text**: inhaltlich zusammenhängende Folge von Aussagen
- **Textfunktion**: Aufgabe eines Textes in einer Kommunikationssituation
- **Textsorten** (im Hinblick auf Textfunktionen): Texte, die dem Selbstausdruck dienen; informierende Texte; appellative Texte; normierende Texte; Texte, die der Herstellung und Aufrechterhaltung von Kontakten dienen

Arten von Sprachen

- **Sprachen im üblichen Sinne**: Nationalsprachen
- **regionaler Aspekt**: Hochsprache – Dialekte
- **Sprachkanal**: Lautsprache – Schriftsprache
- **Verwendungszweck**: Humansprache; Fachsprache; Programmiersprache; Maschinensprache
- **sozialer Aspekt**: Soziolekt (Sprache einer bestimmten sozialen Gruppe/Schicht) – Ideolekt (Summe der Spracheigenheiten eines bestimmten Menschen)
- **Stilebene**: Hochsprache – Umgangssprache – Gossensprache

Sprachgeschichte

- **Sprachfamilie**: Gruppe verwandter Sprachen, die auf eine gemeinsame „Ursprache" zurückgehen; Rekonstruktion einer Ursprache: Vergleich von Wortelementen, die die Mitglieder einer Sprachfamilie gemeinsam haben
- **Europa: indoeuropäische Sprachfamilie** dominant; nur wenige Sprachen aus anderen Sprachfamilien (Türkisch, Finnisch, Ungarisch, Baskisch)
- **Zweige der indoeuropäischen Sprachfamilie**: germanische Sprachen (z. B. Deutsch, Englisch), romanische Sprachen (z. B. Französisch) mit Latein als gemeinsamer Wurzel, slawische Sprachen (z. B. Russisch), Griechisch, Albanisch, Keltisch, Baltisch; außerhalb Europas: Indisch, Iranisch, Armenisch
- **vom Indoeuropäischen zu den germanischen Sprachen**: zwischen ca. 500 v. und dem 3. Jahrhundert n. Chr. **erste (germanische) Lautverschiebung**: systematische Veränderung von Konsonanten (z. B. *p* → *f*: indoeur. *päter* → gotisch *fadar* = *Vater*)
- **vom Germanischen zum Deutschen**: zwischen ca. dem 6. und dem 7. Jahrhundert n. Chr. **zweite (hochdeutsche) Lautverschiebung** (z. B. *t* → *z/tz*: altsächsisch *herta* → althochdeutsch *herza* = *Herz*); im niederdeutschen Sprachraum nur teilweise erfolgt, sodass Plattdeutsch (heute nur mehr Dialekt) mehr mit Holländisch und Englisch verwandt ist als mit dem Hochdeutschen (das dann im Mittelalter nach Norddeutschland vordrang)
- **vom Alt- zum Neuhochdeutschen**: ab ca. 1050 in Etappen bis zum heutigen Neuhochdeutsch; Veränderungen bei den Konsonanten (z. B. *s* in *sl, sw* usw. → *sch*: *slango* → *Schlange*) und Vokalen (z. B. Diphthongisierung: *min niuwes hus* → *mein neues Haus*; Monophthongisierung: *liebe guote brüeder* → *liebe gute Brüder*)
- **Veränderungen der Gegenwartssprache**: Ersatz des Genitivs; Vordringen schwacher Verbformen; rückläufige Verwendung des Konjunktivs; Ersatz starker Konjunktivformen durch *würde*-Umschreibungen
- **Herkunft des Wortschatzes**: Erbwörter = im Germanischen wurzelnde Wörter; **Lehnwörter** = aus Fremdsprachen übernommene, aber „eingedeutschte" Wörter (z. B. lateinisch *fenestra* → *Fenster*); **Fremdwörter**: aus Fremdsprachen übernommene, aber nicht eingedeutschte Wörter
- **Bedeutungswandel**: Bedeutungsverengung (mhd. *hochgezit* = *Fest* → nhd. *Hochzeit*), Bedeutungserweiterung (mhd. *edel* = *von adeliger Geburt* → nhd. *edel* = *vorbildlich*), Bedeutungsverschlechterung (ahd. *frouwe* = *adelige Dame* → nhd. *Frau* = Geschlechtsbezeichnung), Bedeutungsverbesserung (mhd. *marschalc* = *Pferdeknecht* → nhd. *Marschall* = hoher/höchster militärischer Rang)
- **Dialekte**: Bewahrer alter Sprachstufen (z. B. fehlende Monophthongisierung im Bayerischen)

Rhetorik

Rhetorik (von griech. *rhetoriké téchne* = *„Redekunst"*) bezeichnet zweierlei:

- die Fähigkeit, durch eine Rede eine Position so überzeugend darzustellen, dass man das Denken und Handeln anderer beeinflusst, sowie
- die Wissenschaft von dieser Redekunst.

Die Rhetorik existiert seit der Antike und ist genauso lange umstritten, weil sie oft zur Manipulation von Menschen eingesetzt wurde und wird. Umso wichtiger ist es, sich mit ihr zu beschäftigen und rhetorische Mittel zu durchschauen. Nur so kann man vermeiden, ihr Opfer zu werden.

1 Geschichte der Rhetorik

Nährboden der Rhetorik: Demokratie und Gerichtswesen

Beginn und erste Blütezeit der Rhetorik war die griechisch-römische Antike. Die Redekunst entwickelte sich v. a. während der demokratischen Epochen und im Gerichtswesen. Schnell gab es Rednerschulen und eine umfassende wissenschaftliche Beschäftigung mit der Redekunst, deren Ergebnisse bis heute gültig sind.

Grundformen der Rede

Man unterschied drei Formen der Rede:

- die **Gerichtsrede** (genus iuridiciale)
- die **politische Rede** (genus deliberativum) vor Volksversammlungen oder politischen Einrichtungen
- die **Festrede** (genus demonstrativum).

Vorbereitung einer Rede in fünf Schritten

In den Rednerschulen erlernten die (männlichen und freien) Bürger **Redetechniken** und bekamen umfangreiche Anweisungen und Regeln. Bis heute gültig sind z. B. die **fünf Phasen der Vorbereitung** einer Rede:

- **inventio**, d. h. die Sammlung von Stoff, Ideen und Argumenten
- **dispositio**, d. h. Auswahl und Gliederung des Materials, abhängig vom Zweck der Rede und der Situation, in der sie gehalten wird
- **elocutio**, d. h. die sprachlich-stilistische Gestaltung der Rede (siehe unten)
- **memoria**, d. h. das Auswendiglernen der Rede (Reden mussten damals unbedingt frei gehalten werden!)
- **pronuntiatio**, d. h. das Training des wirkungsvollen Vortrags.

Zeitlose Anforderungen an den Stil

Sprachlich sollte eine Rede **klar** und **angemessen** sein, d. h., Inhalt bzw. Redeanlass und Stil sollten zusammenpassen. Dafür gab es **drei Stilarten** (genera dicendi): den niederen und schmucklosen Stil (genus humile) für die sachliche Belehrung, den ausgefeilteren mittleren Stil (genus mediocre) für den Zweck der Unterhaltung, z. B. bei Festreden, und den hochpathetischen hohen Stil (genus grande) z. B. für wichtige politische Reden.

Wie umstritten die Redekunst schon immer war, demonstriert eine Episode, die aus der Antike überliefert ist: Eine Abordnung griechischer Redelehrer reiste in das gerade an Bedeutung gewinnende Rom, um sich einen neuen „Markt" zu erobern. Am ersten Tag hielten sie eine flammende Rede für die Gerechtigkeit, die die sittenstrengen Römer begeisterte. Als sie aber am nächsten Tag eine ebenso flammende Rede gegen die Gerechtigkeit hielten, um die Kraft der Rhetorik zu demonstrieren, sahen die Römer rot und warfen sie hinaus.

Geschichtliche Stationen der Rhetorik

– Antike

Die Rhetorik nahm ihren Anfang in **Griechenland**. Wichtige Namen sind z. B. Demosthenes, Gorgias von Leontinoi oder Aristoteles. **Rom** setzte später (v. a. ab dem 1. Jh. v. Chr.) die Tradition fort, wobei der Politiker Cicero und der Wissenschaftler Quintilian hervorstechen.

– Mittelalter

Im **Mittelalter** galt die Rhetorik als eine der sieben Hauptwissenschaften. Allerdings wurde sie vor allem im Bereich der **Predigtlehre** eingesetzt, weil es kein demokratisches politisches System gab, in dem Reden wichtig gewesen wären; auch das Gerichtswesen war wenig ausgefeilt und bestand oft nur aus Geheimprozessen. Dieses begrenzte Einsatzgebiet galt ebenso für die folgenden Jahrhunderte.

– Neuzeit

Nach der **Französischen Revolution** entstanden wieder demokratischere Staatswesen und dementsprechend bedeutsam wurde die Rhetorik; allerdings existierten regelrechte Rednerschulen kaum. Der Missbrauch der Rhetorik insb. während des **Nationalsozialismus** (Höhepunkt einer pathetischen, hochmanipulativen Redekunst) stärkte die seit der Antike bestehende skeptisch-ablehnende Haltung vieler Menschen ihr gegenüber.

– Gegenwart

Heutzutage jedoch gewinnt die Rhetorik wieder an Gewicht, wenn sie auch nüchterner und ohne Pathos auftritt, ohne deswegen weniger wirkungsvoll zu sein: in politischen Reden (die freilich oft als rhetorisch schlecht betrachtet werden), in der Wirtschaft (als Überredungskunst in Verkaufsgesprächen) und in der Werbung. Daneben spielen rhetorische Mittel seit der Antike in allen Bereichen der **Literatur** eine Rolle.

2 Rhetorische Stilmittel

Bei einer Rede zählt nicht nur der Inhalt. Sie muss auch eindrucksvoll gestaltet und vorgetragen werden, damit man die Zuhörer gewinnt. Dazu dienen die rhetorischen Stilmittel, bei denen man unterscheidet zwischen

- **bildlichen Ausdrucksweisen** (auch **Tropen** genannt)
- und **Figuren**, bei denen der Sinn des Dargestellten in anderer Weise hervorgehoben wird (z. B. durch Wiederholung oder Satzbauänderungen).

2.1 Bilder (Tropen)

Bei den als **Bilder** oder **Tropen** bezeichneten Stilmitteln wird das Gemeinte bildlich, übertragen, „uneigentlich" ausgedrückt. Einige Tropen basieren auf einem Vergleich, einige bedienen sich anderer Verfahren.

Tropen, die auf einem Vergleich beruhen

Stilmittel:	Beispiel:
Vergleich	*stark wie ein Löwe*
Metapher übertragener Begriffsgebrauch, Vergleich ohne „wie"; bezeichneter und bezeichnender Gegenstand stimmen im Hinblick auf Vergleichsmerkmale überein	*Drahtesel* für „Fahrrad" (Esel: billig, Transportmittel für einfache Leute); *König der Tiere* für „Löwe" (statt: *Tier, das unter allen anderen eine Stellung wie ein König hat*)
Personifikation Leblose Dinge werden wie Lebewesen beschrieben.	*Das russische Reich stürzt.* *Die Kosten fressen uns auf.*
Synästhesie Verschmelzung verschiedenartiger Sinneseindrücke	*knallrot* (statt: *rot, so intensiv für die Augen wie ein Knall für die Ohren*)

Allegorie Kombination verschiedener Metaphern zu einem Komplex: zur Veranschaulichung eines abstrakten Begriffs	*Staatsschiff* (bei dem der Staatschef mit dem Kapitän, die Minister mit den Offizieren, das Volk mit den Passagieren und die politischen Gefahren mit denen des Meeres verglichen werden können)

Sonstige Tropen

Metonymie Bedeutungen des bezeichneten und des bezeichnenden Wortes berühren sich, ohne dass ein Vergleich vorliegt.	*Ich lese Schiller.* (Autor statt Werk); *Die Regierung erklärte.* (Abstraktum statt Konkretum); *Erfrischung prasselt vom Himmel.* (Wirkung statt Ursache)
Synekdoche Nennung eines Teilbegriffs statt des Ganzen (auch: Pars pro toto) oder umgekehrt	*der Beinbruch in Zimmer 12* (statt *der Patient mit dem Beinbruch*)
Euphemismus Beschönigung	*Nullwachstum* (statt *wirtschaftlicher Stillstand*)
Hyperbel Übertreibung	*Die Flammen schlugen bis in den Himmel.*
Ironie Man sagt das Gegenteil des Gemeinten; oft nur im Zusammenhang erkennbar!	*Ihr seid mir ja schöne Demokraten!* *Dieses Gesetz hat uns gerade noch gefehlt.*
Symbol kulturell geprägtes Sinnbild für etwas Abstraktes	*Taube* (= Friede); *Kreuz* (= Christentum); *schwarz* (= Tod)

2.2 Figuren

In **Figuren** werden bestimmte Wörter oder Wortgruppen durch auffällige Mittel wie Wiederholung, Anordnung, Gleichklang etc. hervorgehoben, um eine Aussage besonders zu betonen, zu veranschaulichen oder auszuschmücken.

Wortfiguren

Wiederholung eines Wortes / einer Wortgruppe

Anapher Wiederholung am Anfang von Zeilen/(Teil-)Sätzen	*Glück ist das Ziel aller, Glück ist auch das Ziel unserer Partei.*
Epipher Wiederholung am Ende von Zeilen bzw. (Teil-)Sätzen	*Alle Bürger wollen Glück, alle Parteien wollen Glück, aber was ist Glück?*

Wiederholung bedeutungsähnlicher Wörter/Wortgruppen

Synonymie bedeutungsähnliche Wörter	*Wie spät ist es? 13.30 Uhr – halb zwei.*
Tautologie bedeutungsähnliche Wörter in „Zwillingsformeln"	*ganz und gar, hinter Schloss und Riegel, Art und Weise, recht und billig*
Pleonasmus überflüssige Zusätze zu einem Wort	*weißer Schimmel, neu renoviert, meine eigenen Augen*
Wortspiel (Paronomasie) Ausnutzen des Doppelsinns von Begriffen (auch Einsatz klangähnlicher Wörter)	*Wer sich auf Sie verlässt, ist verlassen. – Der Rhein ist schon lange nicht mehr rein.*

Satzfiguren

Weglassen oder Hinzufügen von Satzteilen

Ellipse unvollständiger Satz	*Je schneller, desto besser. Ende gut, alles gut.*
Asyndeton Reihung gleichgeordneter Satzglieder ohne Konjunktion	*Ich kam, ich sah, ich siegte. – Wir fahren nach Köln, München, Berlin.*
Polysyndeton Reihung gleichgeordneter Satzglieder mit Konjunktion	*Ich laufe und sehe und lache. – Wir fahren nach Köln und München und Berlin.*

Besondere Anordnung der Satzteile

Parallelismus paralleler Bau aufeinander folgender Satzteile/Sätze	*Diese Menschen sind reich, sie sind gebildet, sie sind aktiv.*
Chiasmus Überkreuzstellung	*Der Einsatz war klein, groß war der Gewinn.*
Inversion Umstellung der üblichen Wortfolge	*Hoch sind die Steuern.* (Statt: *Die Steuern sind hoch.*)

Klangfiguren

Alliteration Anlautgleichheit	*Wunderbare Wonnen –* *Männer mögen Milch!*
Assonanz Gleichklang zwischen zwei und mehr Wörtern, der sich auf die Vokale beschränkt; auch in unreinen Reimen	*In der kühlen Frühe auf den Hügeln …* *Heimlich geifern die Weiber …*

Gedankenfiguren

Antithese Gegenüberstellung zweier entgegengesetzter Aussagen	*Sie wollen nur Steuern erhöhen – wir wollen die Bürger reich machen. –*
Klimax Steigerung	*Ich kam, ich sah, ich siegte.*

3 Rhetorische Strategien

Argumentation

Rhetorik verwendet freilich nicht nur Stilmittel, sondern auch umfassendere Strategien der Meinungsbeeinflussung. In einem positiven Sinne geht es dabei um alle normalen **argumentativen Mittel**, z. B.: These/Behauptung, Begründung, Beleg/Beispiel, Folgerung, Darlegung von Ursache und Wirkung, Einwand und Widerlegung eines Einwands, Antithese, Gegenüberstellung von Argumenten, Aufforderung/Appell.

Gewinnen des Publikums

Es gibt auch – nicht immer ganz ehrliche – Strategien, das **Wohlwollen** des Publikums zu gewinnen. Wenn ein Redner dies am Anfang einer Rede versucht, spricht man von **Captatio Benevolentiae** (lat. „Haschen nach Wohlwollen"); z. B. kann er betonen, wie geehrt er sich fühle, vor diesem – besonderen – Publikum sprechen zu dürfen. Vor einer Rede ist vor allem das **Versprechen der Kürze** wirksam: Um das Publikum bei Laune zu halten, kündigt man an, sich möglichst kurz zu fassen.

Eine dritte grundlegende Technik heißt **„tua res agitur"** (lat. = „Es geht um deine Sache"): Der Redner verdeutlicht, dass das Thema sehr wichtig auch für die Zuhörer sei, weil es sie ganz unmittelbar betreffe. Generell ist das Mittel der **Apostrophe**, der direkten Anrede der Zuhörer, vorteilhaft.

Manipulationsstrategien: Nur wer sie kennt, kann sie durchschauen.

Manipulativ ist Rhetorik, wenn sie noch weiter gehende Tricks anwendet, von denen hier nur einige aufgezählt werden sollen:

- **den Gegner herabsetzen**: (unbegründete) Vermutungen z. B. über die Motive des Gegners anstellen und ihm negative Absichten unterstellen; den Gegner persönlich angreifen, v. a. dann, wenn er in diesem Moment nicht reagieren kann; die gegnerischen Aussagen verdrehen; für eigene Fehler den Gegner verantwortlich machen; gegnerische Ansichten ins Gefährliche übertreiben und die vom Gegner gemachten Einschränkungen dabei ignorieren;
- **die eigene Seite aufwerten** (Selbsterhöhung): eigene Leistungen übertreiben; sich als Diener des Gemeinwohls darstellen, um die Durchsetzung von Eigeninteressen zu verschleiern (*Wir alle müssen den Gürtel enger schnallen*); zugleich die Interessen des Gegners als egoistische Sonderinteressen brandmarken;
- **den Zuhörer einlullen und einvernehmen**: Schmeichelei; Versprechungen; sich als Teil des Publikums bezeichnen (*Ich bin wie Sie.*). Hierher gehört auch das wichtige Mittel der **rhetorischen Frage**, also einer Frage, deren Antwort so eindeutig zu sein scheint, dass sich jede Antwort erübrigt. Auf eine Frage wie z. B. *Machen wir nicht alle Fehler?* erwartet niemand ernsthaft eine Antwort, da die einzig mögliche ja nur *Natürlich machen wir alle Fehler!* lauten kann;
- **argumentative Tricks**: Widersprüche verschweigen; Dinge grob vereinfachen; auf mögliche Einwände nicht eingehen und auf andere Punkte ausweichen; unverbindliche und nichts sagende Schlagwörter verwenden, denen irgendwie jeder zustimmen kann.

4 Hinweise zur Analyse rhetorischer Texte

Nicht nur Reden, auch Zeitungskommentare, Essays, Interviews, Diskussionen sind rhetorische Texte, für die die folgenden Hinweise zur kritischen Analyse ebenfalls gelten. Mit „Redner" ist also jeder gemeint, der sich in rhetorischer Weise ausdrückt (Zeitungskommentator, Diskussionsteilnehmer usw.).

- **Argumentationsbeschreibung**: Kläre Schritt für Schritt, welche Argumente der Redner bringt, womit er sie belegt, welche inhaltlichen Zusammenhänge er herstellt (Ursache – Wirkung), welche Einwände er behandelt, welche davon er gelten lässt, widerlegt oder übergeht.

Argumente beschreiben

- **Argumentationskritik**: Untersuche die Qualität der Argumentation (s. die Hinweise zu argumentativen Tricks und Strategien auf der vorhergehenden Seite): Ist die Argumentation in sich schlüssig oder enthält sie Gedankensprünge, Widersprüche, logische Fehler? Ist sie vollständig oder fehlen wichtige Aspekte bzw. argumentative Schritte? Argumentationskritik heißt nicht, den Argumenten des Redners nur die eigene Meinung gegenüberzustellen!

Argumente untersuchen

- **Aussageabsicht**: Bestimme die Absicht des Redners! Unterscheide zwischen bloß vorgeblicher und tatsächlicher Absicht, aber halte dich dabei streng an den Text. Wenn es bloß Vermutungen sind, die du darüber äußerst, dann solltest du das unbedingt deutlich machen.

Nach der Absicht fragen

- **Manipulationstechniken**: Untersuche die Art, wie der Redner sich selbst darstellt, mit dem Gegner bzw. den gegnerischen Ansichten umgeht oder das Publikum zu beeinflussen versucht. Die Übersicht auf der vorhergehenden Seite kann dir hierbei sehr hilfreich sein.

Rhetorische Strategien erkennen

- **Analyse stilistischer Mittel**: Bei Schulaufsätzen wird oft die Untersuchung der stilistischen Mittel verlangt (s. „2. Rhetorische Stilmittel"). Achte darauf, die Mittel nicht nur aufzuzählen, sondern einen sinnvollen Zusammenhang zwischen ihnen und der Aussage herzustellen. (Hilfsfragen: Warum benutzt der Redner genau dieses Mittel an dieser Stelle? Was erreicht er damit?)

Stilistische Mittel untersuchen

Auf einen Blick: Rhetorik

Rhetorische Stilmittel

- Bilder (Tropen): Das Gemeinte wird bildlich ausgedrückt:
  - vergleichende Tropen: Metapher = Vergleich ohne *wie* (Drahtesel für Fahrrad); Personifikation = Verlebendigung; Synästhesie = Verschmelzen verschiedener Sinneseindrücke (*knallrot*); Allegorie = Sinnbild anstelle eines abstrakten Begriffs (*Staatsschiff*)
  - weitere Tropen: Metonymie = Ersetzung eines Begriffes durch einen sachverwandten (*Ich lese Schiller* statt *einen Text von Schiller*); Synekdoche = Ersetzung eines Begriffs durch einen engeren (= Pars pro Toto: *Dach* statt *Haus*) oder weiteren (*Katze* statt *Löwe*); Euphemismus = Beschönigung; Hyperbel = Übertreibung; Ironie = spöttische Behauptung des Gegenteils; Symbol = kulturell festgelegtes Bild für Abstraktes (*Taube* für *Friede*)
- Figuren: Mittel zur Hervorhebung ohne Verwendung von Bildern:
  - Wortfiguren, die auf Wiederholung beruhen: Anapher = Wortwiederholung am Zeilen- oder Satzanfang; Epipher = Wortwiederholung am Zeilen- oder Satzende; Synonymie = Sinnverwandtschaft von Wörtern; Tautologie = Begriffsdoppelung (*ganz und gar*); Pleonasmus = überflüssiger Zusatz (*weißer Schimmel*); Paronomasie (Wortspiel) = z. B. Zusammenstellung von Wörtern desselben Stammes (*betrogener Betrüger*)
  - Satzfigur: Weglassung/Hinzufügung von Satzteilen: Ellipse = unvollständiger Satz; Asyndeton = Wort- oder Satzreihe ohne Konjunktionen; Polysyndeton = Wort- oder Satzreihe mit Wiederholung derselben Konjunktion. Besondere Satzteilanordnung: Parallelismus = parallele Anordnung von Sätzen/Satzteilen; Chiasmus = Kreuzstellung von Satzgliedern; Inversion = Umstellung der üblichen Wortfolge
  - Klangfiguren: Alliteration = Anlautgleichheit; Assonanz = Gleichklang der Vokale zweier Wörter, auch bei unreinen Reimen
  - Gedankenfiguren: Antithese = Gegenüberstellung gegensätzlicher Aussagen; Klimax = Steigerung

Rhetorische Strategien zur Meinungsbeeinflussung

- Argumentation
- Versuch, das Publikum zu gewinnen: Captatio Benevolentiae (= Redewendung, um das Wohlwollen zu erlangen); Versprechen, sich kurz zu fassen; „tua res agitur" (Relevanz für die Zuhörer); Apostrophe (feierliche Anrede der Zuhörer)
- manipulative Tricks im engeren Sinne: Gegner herabsetzen, die eigene Seite aufwerten, Zuhörer einlullen, Widersprüche verschweigen, ausweichen etc.

Gesprochene Sachtexte

Entsprechend der Kommunikationssituation können wir zwei Grundformen unterscheiden, mit denen wir täglich zu tun haben:

- monologische Redeformen: Ein Sender spricht alleine vor einem Kreis von Hörern/Empfängern, die dabei keine Gesprächspartner im eigentlichen Sinne sind. Beispiele: Rede, Vortrag/Referat, Präsentation;
- dialogische Redeformen: Sender und Empfänger sprechen abwechselnd und miteinander. Beispiele: Interview, Hearing, Diskussion, Rollenspiel.

1 Die Rede

Eine **Rede** ist ein (idealerweise) frei gehaltener Vortrag, der aus einem bestimmten **Anlass** erfolgt und ein bestimmtes **Ziel** hat.

Gliederung nach Sprecherabsicht

Nach der Grundabsicht des Sprechers (vgl. hierzu auch „1.2 Text und Textfunktionen“ im Kapitel Kommunikation und Sprache(n)) unterscheidet man drei Redetypen:

- Reden mit überwiegender **Ausdrucksfunktion**: Der Sprecher gibt Gefühle und Eindrücke wieder, z. B. in einer Feierrede.
- Reden mit überwiegender **Appellfunktion**: Der Zuhörer soll zu einer bestimmten Denkweise oder Handlung bewegt werden, z. B. in einer Wahlrede.
- Reden mit überwiegender **Darstellungsfunktion**: Der Redner äußert sich zu einem Thema sachlich, z. B. in einem Vortrag.

Gliederung nach Anlass

Diese Unterscheidung ist eine idealtypische, denn eine konkrete Rede hat fast immer verschiedene Funktionen.

Nach der antiken Redentypologie (vgl. das Kapitel Rhetorik) gliedert man öffentliche Reden nach den Anlässen in **Gerichtsreden, politische Reden** und **Festreden** (auch **Gelegenheitsreden**). Zu diesen Formen tritt in vielen Religionen wie im Christentum, Judentum und Islam noch die **Predigt** hinzu.

Rückmeldungen durch das Publikum

Auch wenn die Rede zunächst eine einseitige Kommunikationsform darstellt, weil die Zuhörer nicht im eigentlichen Sinne als Gesprächspartner auftreten, kommt es doch zu **Rückmeldungen** seitens des Publikums:

- auf **nonverbaler Ebene** (Mimik: zustimmender oder skeptischer Gesichtsausdruck; Gestik: Beifall oder ablehnende Handbewegungen; sonstige körperliche Verhaltensweisen: Unruhe, Gähnen, Verlassen des Saals)
- auf **verbaler Ebene** (zustimmende oder ablehnende Zurufe; lautliche Äußerungen wie Gemurmel, Lachen, Pfeifen).

Meistens registrieren Redner solche Rückmeldungen und können auch darauf eingehen.

Voraussetzungen für eine gute Rede

Für Vorbereitung und Gestaltung einer Rede liefert die Antike nach wie vor gültige Hinweise (vgl. das Kapitel Rhetorik). Entscheidend für das Gelingen einer Rede sind viele Punkte:

- **Ohne Sachkenntnis blamiert man sich** – eine umfassende fachliche Vorbereitung ist daher nötig.
- **Überblick bewahren!** Eine **klare Gliederung** ist für Sprecher wie Zuhörer hilfreich.
- **Adressatenbezug ist entscheidend!** Das betrifft die Ausarbeitung der Rede (Was wissen die Hörer schon, was nicht? Was könnte sie interessieren? Wie stehen sie zu Thema und Redner?) und die Vortragsweise, bei der man den **Blickkontakt** bewahren muss.
- Zum Adressatenbezug gehört auch: **Weniger ist mehr!** Wer zu viele Informationen und Aspekte behandelt, überfordert die Aufnahmefähigkeit des Publikums.
- Andererseits sollte man **nicht einseitig** vorgehen, da die Zuhörer das schnell merken und meist negativ quittieren.
- **Rhetorische Mittel ja – aber in Maßen!** Art und Menge der Strategien hängen gleichermaßen von der Sprachgewandtheit des Redners wie von der Situation ab – und davon, wie viel der Redner an Manipulation ethisch verantworten kann.
- **Nur die freie Rede packt!** Wer abliest (und das vielleicht noch schlecht oder zu schnell), wird nicht überzeugen. Daher sollte der Stichwortzettel nur die nötigsten Notizen umfassen. Falls man aber Zitate und Statistiken einbaut, sollte man sich diese Angaben genau notieren (mit Quellenangabe). Den freien Vortrag muss man übrigens vor der Rede laut üben.

Hinweise zur Analyse einer Rede

Hier kann man sich an den **Hinweisen zur Analyse rhetorischer Texte** (vgl. Kapitel Rhetorik) orientieren. Darüber hinaus sind folgende Aspekte bedeutsam: **Redesituation** (Person und Funktion des Redners, Art des Publikums, Ort und Zeitpunkt der Rede), **historische Rahmenbedingungen** und ihr Einfluss auf Redner, Thema und Publikum.

2 Das Referat

Ein **Referat** oder **Vortrag** ist eine längere Rede über ein Sachthema vor einem Publikum. Ziel des Referats ist nicht der Selbstausdruck oder ein Appell, sondern die **Informations- und Wissensvermittlung.**

Grundformen des Vortrags sind
- in Schulen: Lehrer- oder Schülervortrag
- an Universitäten: Vorlesungen
- bei Kongressen oder Expertenrunden: der Fachvortrag.

Für Vorträge gelten in vielerlei Hinsicht dieselben Anforderungen wie für Reden allgemein. Das gilt insbesondere in Bezug auf:
- **umfassende fachliche Vorbereitung** durch Literatur und Recherchen etc.
- **klare und durchdachte Gliederung**
- **systematischen Adressatenbezug** (sowohl mit Blick auf das Vorwissen als auch und besonders auf eine verständliche Sprache)
- **Einübung** des sicheren und **freien Vortrags** (ohne ihn auswendig zu lernen – das klingt fast immer schlecht).

Die Angst vor einem Referat wird umso geringer, je gründlicher man es vorbereitet und je mehr man den Vortrag zu Hause laut übt!

Veranschaulichungsmaterial gezielt einsetzen

Darüber hinaus sollte man sich überlegen, welche **Veranschaulichungsmittel und Verständnishilfen** man einsetzt, z. B. eine Tafelanschrift oder Overheadfolie mit der Gliederung, mit Bildern oder Tonbeispielen (themenabhängig). Allerdings gibt es auch hier ein Zuviel, das eher verwirrt (die Zuhörer wie den Referenten, der sich in seinem Material nicht mehr zurechtfindet).

Zuhörer im Auge behalten und nicht überfordern

Für das Vortragen gilt: **Blickkontakt** zu den Zuhörern halten, auch um mitzubekommen, wenn sie etwas nicht verstehen; **Wiederholung wichtiger Aussagen**; **Zusammenfassung** am Ende größerer Abschnitte; **klare und kurze Sätze**!

3 Die Präsentation

Eine Weiterentwicklung des klassischen Referats ist die **Präsentation**, die sich zahlreicher, vor allem **technischer** Möglichkeiten bedient. Auch hier geht es oft um die Vermittlung von Wissen; allerdings beinhalten Präsentationen in der Wirtschaft meist einen Appell, nämlich die Zuhörer zum Kauf eines Produktes zu animieren.

Präsentationen setzen zunächst all das voraus, was im letzten Abschnitt auch über die Vorbereitung und Gestaltung von Referaten gesagt wurde. Darüber hinaus kommen hier **moderne Kommunikationstechniken** zum Einsatz, z. B. Video oder Beamer (Geräte, die computergrafisch gestaltete Texte, Statistiken und Bilder an die Wand projizieren). Manchmal werden auch – z. B. bei großen Firmenpräsentationen – regelrechte **Shows** aufgeführt.
Zwei **Gefahren** bestehen beim Einsatz der mit Grafikprogrammen gestalteten Projektionen jedoch immer:

Zu viel Grafik verwirrt ...

- dass der Präsentator zu viel des Guten tut, d. h. zu viele Texte/Grafiken zu schnell präsentiert oder die Texte zu stark animiert sind (mit „fliegenden Wörtern" und ausschmückenden Grafiken im Übermaß) – all das verwirrt!

... und kann fehlenden Inhalt nicht ersetzen!

- dass der Inhalt bei genauerer Betrachtung äußerst mager ist und den Zuschauer das Gefühl beschleicht, hier werde mit viel technischem Brimborium von inhaltlicher Leere abgelenkt.

4 Das Hearing

Zu einem **Hearing** werden **Experten** geladen, die dem Veranstalter (z. B. einem Parlamentsausschuss) **Informationen** zu einem **umstrittenen Sachthema** geben. Die Experten können ihre Beiträge teils als Kurzreferat („Statement") formulieren, antworten hauptsächlich aber direkt auf Fragen.

5 Das Interview

Bei einem **Interview** versuchen ein oder mehrere Interviewer, in einem **Wechselspiel von Frage und Antwort** Wissen, Erfahrungen, Meinungen und Wünsche des oder der Interviewten zu ermitteln. Es handelt sich um eine Gesprächsform an der Grenze zwischen **einseitiger** und **zweiseitiger** Kommunikation (vgl. das Kapitel Kommunikation und Sprache(n)): Der Interviewte hat nämlich nur bedingt die Möglichkeit, den Gesprächsablauf zu steuern.

Wachsende Bedeutung von Interviews, v. a. in der Medien- und Meinungsforschung

Interviews werden in vielen Bereichen eingesetzt:

- Massenmedien (Zeitungen, Radio, TV)
- Meinungsforschung: Mittel, um Einstellungen, Kaufgewohnheiten oder Bewertungen – z. B. von Fernsehsendungen – zu erfassen
- Medizin und Psychologie: diagnostisches Hilfsmittel
- Wissenschaft: z. B. bei Voruntersuchungen zu einem Themenbereich (offene Befragung von Betroffenen oder Experten).

Daneben unterscheidet man Interviews nach der **Art der Durchführung** (Telefon-/Internetinterview, Straßeninterview), dem **Medium** der Aufzeichnung bzw. Wiedergabe, (Rundfunk-/Fernseh-/Zeitungsinterview) oder der **Enge des Fragenrasters** (geschlossenes Interview mit sehr engen, kleinschrittigen Fragen bis hin zum offenen Interview mit wenigen oder keinen Vorgaben). Welche Form man wählt, hängt vom Befragungszweck und den technischen Möglichkeiten ab. Jede Form hat Vor-, aber auch Nachteile; z. B. erfolgt ein Telefoninterview meist unter großem Zeitdruck, was den Befragten, der außerdem nicht vorbereitet ist, abschrecken oder hemmen kann. (Gleichzeitig kann ein Überraschungseffekt jedoch auch Vorteile haben.)

Ohne gute Vorbereitung misslingt ein Interview garantiert!

Auch Interviews bedürfen einer sehr **gründlichen Vorbereitung**: genaue Festlegung des Themas und des Fragenkatalogs, gründliche Suche nach geeigneten Interviewpartnern, präzise Organisation im Hinblick auf Ort und Zeit des Interviews.

Fragen richtig vorbereiten

Eine gründliche Vorbereitung ist v. a. bei den **Fragen** geboten. Sie müssen die **psychologische Situation des Befragten** berücksichtigen (z. B. Aufwärmfrage am Anfang) und inhaltlich **genau** sowie sprachlich **klar formuliert** sein. Ungenaue, unklare Fragen irritieren den Befragten (der dann vielleicht das Gespräch abbricht) oder bringen unverwertbare Antworten. Hilfreich ist es, sich als Interviewer mögliche Antworten sowie die jeweils dazu passenden weiteren Fragen im Vorhinein zu überlegen.

Frageformen

Man unterscheidet verschiedene **Frageformen**:

- **Eröffnungs- oder Aufwärmfragen**, die die Aufregung des Befragten reduzieren sollen; dafür eignen sich einfach zu beantwortende, offene Fragen.
- **Meinungsfragen**: Fragen nach Ansichten, Einstellungen, Wünschen, Interessen usw.
- **Tatsachenfragen**: Fragen nach Wissen, Erfahrungen und konkreten Erlebnissen; hierzu gehören auch die W-Fragen (wer, wann, wo, was, wie, warum?).
- **Entscheidungsfragen**: Fragen, die nur ein Ja oder Nein zulassen).

Praktische Tipps für Interviews

- Interviews **auf Rekorder** bzw. **Minidisc-Gerät aufnehmen** (wenn der oder die Befragte es erlaubt) oder laufend **Stichpunkte** machen (Letzteres will aber geübt sein!)
- **Nicht mehrere Fragen gleichzeitig** stellen!
- Interviewpartner **ausreden lassen**! Wenn er allerdings ins „Schwafeln" kommt, kann man ihn nach angemessener Frist höflich unterbrechen, seine vorherigen Aussagen zusammenfassen (Ausdruck der Wertschätzung) und die nächste Frage anschließen!
- Ein Interview ist **kein Kreuzverhör**, in dem man im Sekundentakt Fragen abfeuert und aggressiv auftritt! Freundlichkeit verbindet – und schließlich will der Interviewer ja etwas erfahren. Gesprächspartner, die sich nicht festlegen wollen, lassen sich erfahrungsgemäß auch nicht durch bohrende Fragen bewegen!
- Dem Interviewpartner **am Ende danken**!

6 Die Diskussion

Bei **Diskussionen** (von lat. *discutere* = „zerschlagen, erschüttern") bzw. **Rundgesprächen** hören Gesprächspartner einander zu und gehen aufeinander ein. Diskussionen dienen verschiedensten Zwecken (Wissens-, Erfahrungs- und Meinungsaustausch, Suche nach Problemlösungen, Treffen von Vereinbarungen) und sind eine der häufigsten Gesprächsformen. Sie werden von einem **Diskussionsleiter** geführt.

Neben den wenig reglementierten alltäglichen Formen von Diskussion, z. B. in Familien, Klassen, Vereinen, unterscheidet man ganz spezielle Diskussionsformen:

Podiumsdiskussion

- **Podiumsdiskussion**: Auf einem Podium sitzen einige Experten oder Betroffene, die vor einem Publikum über ein Thema sprechen. Die Zuhörer können teils während, teils nach der eigentlichen Podiumsdiskussion Fragen stellen oder Meinungen äußern, insgesamt jedoch ist ihr Beitrag gering.

Debatte

- **Debatte**: Die Debatte ist eine zum Teil sogar gesetzlich streng geregelte Form der Diskussion, z. B. in einem Parlament, bei der ein konkreter Antrag behandelt und sein Für und Wider erörtert wird. Im Regelfall wird vorher von den beteiligten Gruppen (Fraktionen) eine Rednerliste festgelegt, sodass nicht jedes Mitglied des Parlaments zu Wort kommen kann (allenfalls durch Zwischenrufe oder zugelassene Zwischenfragen).

Konferenz

- **Konferenz** (als Diskussionsform): Konferenzen sind Zusammenkünfte zu bestimmten Fragen oder Problemen von Teilnehmern mit meist unterschiedlichen Interessen oder Sichtweisen (z. B. Umweltkonferenz). Auch hier gibt es einen Gesprächsleiter oder Moderator und gelegentlich werden Beschlüsse gefasst. Davon zu unterscheiden ist die Konferenz als eine bloße Organisationsform, die der Behandlung teils gesetzlich vorgeschriebener Themen unter Leitung eines Vorgesetzten dient (z. B. Lehrerkonferenz unter der Leitung des Schulleiters).

- **Symposium**: Darunter versteht man Tagungen von Wissenschaftlern (auch verschiedener Fachrichtungen) zur Erörterung sehr spezieller oder aktueller Themen. Auch hier gibt es einen Gesprächsleiter. Häufig werden die Ansichten oder Forschungsergebnisse in Referaten mit anschließender Kurzdiskussion vorgestellt (bei Kongressen auch in Parallelveranstaltungen). Symposium
- **Meeting**: Mit diesem Begriff (engl. *to meet* = „begegnen, zusammentreffen") bezeichnet man zwei sehr unterschiedliche Diskussionsformen: zum einen spontane Kundgebungen in eher emotionaler Weise zu einem Thema oder gemeinsamen Anliegen, zum anderen – in der Wirtschaft – ein Treffen von Mitarbeitern einer Abteilung zur Klärung des Arbeitsablaufs oder zur Besprechung aktueller Aufgaben (vergleichbar der Konferenz, aber weniger formal geregelt). Meeting
- **Talk**: Talkshows (engl. *to talk* = „reden, plaudern") sind eine heutzutage sehr beliebte Diskussionsform mit oft sehr unterschiedlichen Teilnehmern, die zu einem Thema Meinungen austauschen, oft nur sehr oberflächlich und ohne dass ein Ergebnis erzielt werden muss. Der Talk wird vor einem Publikum geführt und von einem Moderator geleitet; evtl. können Zuhörer im Publikum durch Beiträge Stellung beziehen. Talk

Bedingungen für eine gelungene Diskussion

- Die **Teilnehmer** hören aufmerksam den anderen zu, gehen auf deren Standpunkte ein und diskutieren sachlich.
- Der **Diskussionsleiter** ordnet den Ablauf (z. B. indem er das Wort erteilt) und bleibt strikt neutral. Außerdem beschreibt er am Anfang präzise das Thema und fasst teils während der Diskussion, teils am Ende die Beiträge zusammen.
- **„Todsünden"**: dem anderen ins Wort fallen, nicht zuhören, die Meinung anderer herabsetzen oder andere persönlich angreifen

Auf einen Blick: Gesprochene Sachtexte

Rede

- Redetypen
  - **Sprecherabsicht**: Ausdrucks-, Appell- oder Darstellungsfunktion
  - **Anlass**: Gerichtsrede, politische Rede, Festrede, Predigt
- **Voraussetzungen für eine gute Rede**: Sachkenntnis; klare Gliederung; Adressatenbezug (z. B. Beschränkung auf wenige Gesichtspunkte, um die Aufnahmefähigkeit des Publikums nicht zu überfordern; Berücksichtigung der Vorkenntnisse; Blickkontakt; Beachten nonverbaler Rückmeldungen); sparsamer Einsatz rhetorischer Mittel; freies Reden

Vortrag/Referat/Präsentation

- **Vortrag/Referat**: umfangreichere Rede über ein Sachthema; **Präsentation**: Referat mit Einsatz technischer Präsentationsmöglichkeiten (in der Wirtschaft: beeindruckende Form einer Verkaufsveranstaltung)
- **Bedingungen für einen gelungenen Vortrag**: s. Rede; darüber hinaus: verständliche Sprache (klare und kurze Sätze), durchdachter, gezielter Einsatz von Veranschaulichungsmitteln/Präsentationstechniken, Wiederholung wichtiger Aussagen, Zusammenfassungen

Hearing

- **Expertenrunde** (auf Einladung z. B. politischer Gremien), in der Informationen über ein umstrittenes Sachthema gegeben werden

Interview

- **Wechselspiel von Frage und Antwort**, um Wissen oder Meinung des Interviewten zu ermitteln
- **Bedingungen für gelungene Interviews**: exakte Vorbereitung, Berücksichtigung der psychologischen Situation des Befragten, genaue, klare Fragen

Diskussion

- **Rundgespräch unter Leitung eines Diskussionsleiters**; Formen: Podiumsdiskussion, Debatte, Konferenz, Symposium, Meeting, Talk
- **Bedingungen für gelungene Diskussionen**: Teilnehmer hören zu und gehen auf andere ein; Diskussionsleiter strukturiert die Diskussion

Schriftliche Sachtexte

Dieser Art von Texten begegnen wir im alltäglichen Leben – neben den mündlichen Sachtexten – am häufigsten, weitaus öfter als literarischen Texten. Im Mittelpunkt stehen im Folgenden journalistische Sachtexte, wie Nachricht, Reportage etc. (die es im Fernsehen oder Radio natürlich auch in mündlicher Form gibt). Daneben stellen wir aber auch noch einige andere typische Formen schriftlicher Sachtexte vor: Abhandlung, Gebrauchsanleitung, Lexikonartikel u. a.

1 Journalistische Sachtexte

1.1 Nachricht/Bericht

Ein **Nachrichtentext** ist grundsätzlich rein informativ. Er muss die klassischen **W-Fragen** beantworten: **Wer? Was? Wo? Wann? Wie? Warum?** Zeitungsnachrichten geben meist auch die **Quelle** der Informationen an (die Nachrichtenagentur oder den Namen des Reporters), um die Glaubwürdigkeit und Überprüfbarkeit zu vergrößern. Sprachliche Merkmale einer Nachricht sind: **Kürze, Verständlichkeit** und die Zeitstufe des **Präteritums.**

Manipulation auch durch Nachrichten

Natürlich kann man auch mit Nachrichten den Leser manipulieren, z. B. indem man über gewisse Ereignisse berichtet, über andere nicht (falls sie nicht zur Meinung der Zeitungsredaktion passen). Außerdem ist das Merkmal „Verständlichkeit" relativ: Eine Fachzeitschrift setzt natürlich ein sehr viel größeres Grundwissen beim Leser voraus.

Umfangreichere Nachrichten werden im **Lead-Stil** (von engl. *to lead* = „führen, lenken") aufgebaut, der den unterschiedlichen Bedürfnissen der Leser entgegenkommt:

Menge der Information

Zahl der Leser

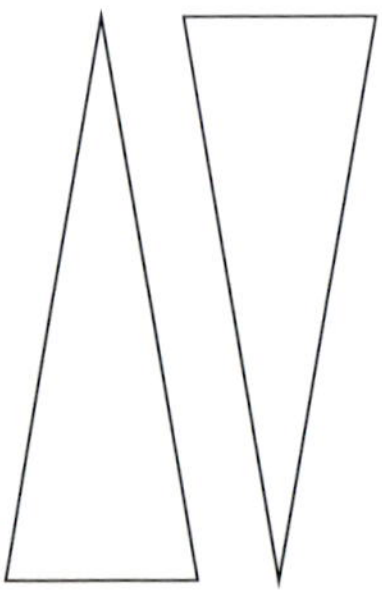

Teile des Berichts	Leserzielgruppe
Schlagzeile/Untertitel allerwichtigste Information auf einen Blick	große Menge eiliger Leser, die nur grob orientiert werden wollen
Vorspann/ Nachrichtenkern Zusammenfassung wesentlicher Informationen	mittlere Menge von Lesern, die einen etwas genaueren Überblick erhalten wollen
Bericht im engeren Sinne umfassende Darstellung mit genaueren Angaben und Hintergrundinformationen	kleine Menge der Leser, die Genaues wissen wollen

Schlagzeile, Untertitel und Vorspann werden auch **Nachrichtenkopf**, der eigentliche Bericht als **Nachrichtenkörper** bezeichnet.

1.2 Reportage

Eine Reportage soll vor allem **Tatsachen** berichten, enthält aber auch **persönliche Eindrücke** des Journalisten. So erfährt ein Leser beispielsweise nicht nur das Ergebnis eines Fußballspiels oder eines Parteitages, sondern zugleich etwas über die Stimmung und die Atmosphäre dort. Dadurch wird der Artikel **lebendig** und **anschaulich**. Gleichzeitig bieten sich dem Reporter damit allerdings auch mehr Möglichkeiten einer versteckten Meinungsbeeinflussung.

Voraussetzung jeder guten Reportage ist natürlich, dass sich der Journalist umfassend informiert hat. Da Reportagen aber, bedingt durch ihren Gegenstand, relativ lange Texte sind, muss der Leser immer wieder bei der Stange gehalten werden. Hierzu dient eine Reihe besonderer Stilmittel:

Stilmittel der Reportage

- Am Anfang steht ein **Aufhänger**: eine interessante Szene oder Einzelheit, die die Neugier des Leser weckt und zum Weiterlesen reizt.

Verknüpfung von Tatsachenbericht und persönlichen Eindrücken

- **Sachinformationen** und **erzählerische, unterhaltsame Elemente** wechseln ab. Zu Letzteren können Zitate von Betroffenen, Beteiligten oder Fachleuten gehören, genauso wie Ereignisse und Erlebnisse des Reporters während seiner umfangreichen Recherchen oder Berichterstattung vor Ort. Die Sachinformationen dürfen an keiner Stelle zu langwierig sein, weil sonst die Gefahr besteht, dass der Leser das Interesse verliert.
- Trotz des Wechsels der Berichtsformen muss für den Leser immer ein **roter Faden** erkennbar bleiben. Nicht nachvollziehbare Gedankensprünge sollte der Reporter vermeiden.
- Am Schluss steht oft eine **Pointe**, eine überraschende Einzelheit. Außerdem nimmt der Autor häufig den Anfang wieder auf: Dieses Verfahren heißt **Zirkel- oder Kreiskomposition**.

1.3 Interview

In **Interviews** befragen Journalisten jemanden zu einem **bestimmten Thema**, der mit diesem auf sehr unterschiedliche Weisen verbunden sein kann: als Politiker, als Experte, als Betroffener usw. Dementsprechend sind auch die **Ziele** bei der Gesprächsführung sehr unterschiedlich: Der Befragte kann Gelegenheit bekommen, seine Ansicht darzulegen, oder die Journalisten versuchen, interessante, neue Informationen in Erfahrung zu bringen.

Manipulationsgefahr auch beim Interview

Allerdings können auch Interviews zu einer falschen Information führen oder sogar manipuliert werden, z. B. wenn durch Kürzen bzw. Zusammenschneiden wesentliche Aussagen bzw. Zusammenhänge wegfallen.

1.4 Kommentar

Die **Hauptform** der **meinungsbeeinflussenden** Texte ist der **Kommentar** (von lat. *commentari* = „etwas genau überdenken"). Der Kommentator will die Ansichten der Leser und indirekt der Öffentlichkeit beeinflussen. Er behandelt – argumentativ und seriös – primär aktuelle politische Ereignisse, ihre Bedeutung und Bewertung, Überlegungen zu Ursachen und Motiven, Folgen bzw. Vermutungen über die weitere Entwicklung etc.

Klare Abgrenzung von Nachricht und Kommentar

Kommentare werden in den Medien als solche gekennzeichnet und vom Nachrichtenteil abgegrenzt. Sie stehen in Zeitungen stets an der gleichen Stelle (z. B. in der „Süddeutschen Zeitung" immer auf Seite 4).

Aufbau

Der **Grundaufbau** von Kommentaren ähnelt dem rhetorischer Texte. In der **Einleitung** wird das Thema kurz umrissen; die Formulierung ist oft provozierend oder zugespitzt, um das Interesse des Lesers zu wecken. Den **Hauptteil** stellt die detaillierte Argumentation dar. Den **Abschluss** bildet oft ein Fazit; auch hier ist der Stil pointiert, damit dem Leser die Kernaussage in Erinnerung bleibt.

Wegen des für Massenmedien typischen Zwanges zur Kürze müssen Kommentare das Wesentliche auf den Punkt bringen. Deshalb beschränken sich die Autoren oft auf wenige Gesichtspunkte. Dies beinhaltet jedoch die Gefahr, dass andere bedeutsame Aspekte nicht berücksichtigt werden. Die **Qualität** eines Kommentars bemisst sich insgesamt nach folgenden Kriterien:

Qualitätskriterien eines Kommentars

- Klarheit der Aussage
- argumentative Qualität
- Sachkenntnis des Autors
- Ausgewogenheit bzw. Fairness.

Sonderformen Gastkommentar und Leitartikel

Autoren eines Kommentars sind normalerweise die Redaktionsmitglieder der Zeitung. Gelegentlich gibt es aber auch **Gastkommentare**, die bekannte Personen des öffentlichen Lebens oder (seltener) Experten zu einem bestimmten Thema verfassen. Eine Sonderform des Kommentars ist schließlich der **Leitartikel**. Hierbei handelt es sich um den Hauptkommentar, den üblicherweise der Chefredakteur oder der Herausgeber einer Zeitung verfasst.

1.5 Rezension/Kritik

Die **Rezension** (von lat. *recensere* = „sorgfältig prüfen") oder **Kritik** ist eine **Sonderform des Kommentars im Kulturteil** (Feuilleton) der Medien und beschäftigt sich mit Büchern, Filmen, Theaterstücken, Ausstellungen und Konzerten. Einer ihrer Zwecke besteht darin, dem Leser eine Entscheidungshilfe bei der Frage zu geben, ob er ein Buch kaufen, einen Film anschauen soll usw.

Informationsgehalt einer Rezension

Rezensionen sollen Informationen über den Inhalt und die Machart des Werks sowie über Autor, Schauspieler, Regisseur oder Künstler enthalten. Die Bewertungen müssen genau begründet sein, um vom Leser nachvollzogen werden zu können. Da Rezensionen im Kulturbetrieb eine hohe Bedeutung zukommt, ist die Verantwortung des Rezensenten bzw. Kritikers groß. Ein „Verriss" (eine negative Besprechung) kann für einen Schriftsteller oder Künstler schnell erhebliche wirtschaftliche Einbußen bedeuten.

Große Verantwortung der Kritiker

1.6 Glosse

Die **Glosse** (von griech. *glossa* = „Zunge, Sprache"; auch erläuternde Anmerkung zu einer schwierigen Textstelle) ist ein eher kurzer, sehr **pointierter Kommentar**, der bissig-ironisch zu Tagesereignissen Stellung bezieht. Gegenstand sind dabei nicht nur politische Ereignisse, sondern oft auch markante Einzelnachrichten (z. B. über Prominente) oder alltägliche Begebenheiten, wobei die Glosse meist nur einen ganz speziellen Teilaspekt beleuchtet.

Satirisch-ironische und anspruchsvolle Textform

Der Autor greift hier auf das ganze Repertoire rhetorischer Stilmittel (v. a. der Satire) zurück. Vor allem Wortspiele kommen vor, die überraschende Verknüpfung von Einzelinformationen oder die Verwendung einer Sprachebene, die man bei diesem Thema eigentlich nicht erwarten würde. Insofern handelt es sich bei Glossen um sehr anspruchsvolle Texte, die besondere Anforderungen sowohl an den Autor wie auch an den Leser stellen. Dieser muss, um gut geschriebene Glossen verstehen zu können (z. B. „Das Streiflicht" in der „Süddeutschen Zeitung"), eine umfassende Allgemeinbildung besitzen.

1.7 Leserbrief

Im Unterschied zu den besprochenen meinungsbildenden Textsorten werden Leserbriefe nicht von Redakteuren verfasst, sondern von Lesern, deren Namen auch genannt werden. Die Redaktion nimmt aber auch hier insofern Einfluss, als sie entscheidet, welche Leserbriefe abgedruckt werden, und außerdem die Texte kürzen kann. Zugleich muss sie darauf achten, dass Pressegesetze beachtet werden (z. B. keine Personen beleidigt werden). Leserbriefe gibt es nur in Zeitungen und Zeitschriften, nicht im Radio oder Fernsehen. Allerdings bieten inzwischen einige Sender dem Zuschauer die Möglichkeit, zu einer bestimmten Frage per Telefon (TED; Kurzform von „Teledialog") abzustimmen.

1.8 Essay

Ein **Essay** (franz.: *essai* = „Versuch, Probe"; engl. *essay* = „Abhandlung") ist ein stilistisch **anspruchsvoller Prosatext**, der relativ wenig genau definiert ist und formal wie inhaltlich sehr unterschiedlich ausfallen kann. Essays erscheinen in Zeitungen, aber in Form von Textsammlungen auch als Buch.

Grundmerkmale sind:

- **Zwischenstellung** zwischen wissenschaftlicher Abhandlung (siehe unten: „Weitere Formen schriftlicher Sachtexte") und Feuilletonartikel
- **mittlerer Umfang** (nicht zu umfangreich, aber auch nicht kurz)
- Themen: oft **grundsätzliche geisteswissenschaftliche Fragen** (philosophische, kulturelle, gesellschaftliche oder politische), weniger auf aktuelle Tagesereignisse bezogen

Grundsätzliche Fragestellungen ohne einfache Lösungen

- Art der Themenbehandlung: **eher unsystematisch** und unter Hervorhebung einzelner Aspekte, die dem Leser Denkanstöße geben sollen; zugleich besonders **subjektive** Form der Erörterung, dabei jedoch durchaus argumentativ und logisch stringent
- Denkhaltung des Autors: häufig **kritische, zweifelnde Grundhaltung**, in der der Autor feststehende, gängige Auffassungen anzweifelt, sich gegen Vorurteile und Klischees wendet, aber insgesamt eher Fragen aufwirft, als Lösungen anzubieten
- sprachliche Gestaltung: stilistisch grundsätzlich **anspruchsvoll**; oft assoziative, manchmal sprunghafte Gedankenführung mit Abschweifungen, Variationen des Themas und Perspektivenwechsel, Erörterung verschiedener Betrachtungs- und Denkmöglichkeiten, auch mit paradoxen oder provokativen Formulierungen.

Trotz der wenig festen formalen und inhaltlichen Grundmerkmale strebt jeder gut geschriebene Essay für sich immer auch eine ästhetisch-thematische Geschlossenheit an.

1.9 Weitere Formen schriftlicher Sachtexte

Abhandlung

- Die **Abhandlung** ist ein absolut sachlicher, systematisch aufgebauter, längerer Fachtext in wissenschaftlichen Werken oder Lehrbüchern.

Aufruf

- Der **Aufruf** richtet sich z. B. als Flugblatt, Plakat oder Zeitungstext an ein Publikum, um es zu einer Handlung zu bewegen (z. B. an einer Demonstration teilzunehmen oder Geld zu spenden). Der Text ist kurz, die Sprache plakativ, die aufmerksamkeitserregende grafische Gestaltung (durch Schriftgrößen, Bilder usw.) besonders wichtig.

Bericht

- Der **Bericht** kommt nicht nur als Zeitungsbericht vor, sondern in vielen Lebensbereichen: Unfall-, Geschäfts-, Tätigkeitsbericht usw. Gefordert ist eine sachliche, knappe, emotionsfreie Darstellung im Präteritum. Bei manchen Berichten braucht man in einem Formular nur vorgefertigte Fragen zu beantworten (z. B. Unfallbericht).

Beschreibung

- Die **Beschreibung** stellt einen Gegenstand oder Vorgang sachlich und genau dar, damit sich der Leser davon eine klare Vorstellung machen kann. Zeitstufe ist das Präsens. Eine Sonderform sind **Gebrauchsanleitungen**. Manche sind in Stichpunkform (Kochrezepte) abgefasst oder liegen sogar nur in Bilderform (v. a. Anleitungen zum Auf- bzw. Zusammenbau von Möbelstücken, Geräten usw.) vor.

Lexikonartikel

- Der **Lexikonartikel** ist im Prinzip eine Abhandlung (siehe oben), aber in knappster sprachlicher Form (mit Abkürzungen und teilweise in Stichpunktform).

Protokoll

- Das **Protokoll** stellt in mehr oder weniger formalisierter Weise den Verlauf und/oder die Ergebnisse von Versammlungen, Konferenzen, Vernehmungen usw. dar. Protokolle haben rechtlich oft ein großes Gewicht, v. a. im Konfliktfall. Neben Redeprotokollen und Versuchsprotokollen unterscheidet man **Ergebnisprotokolle** und **Verlaufsprotokolle**.

2 Hinweise zur Analyse von Sachtexten

- **Lies den Text zunächst zweimal** aufmerksam durch. Unterstreiche dann die **Schlüsselbegriffe**, d. h. die Ausdrücke, die immer wieder auftauchen und/oder vom Autor besonders hervorgehoben werden.

  Schlüsselbegriffe suchen

- Die **Analyse von Aufbau und Inhalt** geht Hand in Hand. Grenze die einzelnen inhaltlichen Abschnitte (bei argumentativen Texten jeweils die argumentativen Blöcke) ab und suche nach einer kurzen Überschrift für jeden Abschnitt. Hilfreich für die Analyse von Aufbau und Argumentation sind die Berücksichtigung der Merkmale der Textsorte sowie die Begriffe der Redenanalyse (siehe „Die Rede" im Kapitel Gesprochene Sachtexte). Achte z. B. bei Reportagen auf den „roten Faden" und versuche, diesen auch bei Essays zu entdecken, indem du den gedanklichen Zusammenhang zwischen einzelnen Abschnitten untersuchst. Vgl. hierzu auch das Kapitel Grundlegende Arbeitstechniken.

  Sinnabschnitte und gedanklichen Zusammenhang markieren

- Überprüfe anschließend kritisch die **Qualität der Information bzw. Argumentation**. Leitfragen sind: Ist der Aufbau in sich schlüssig oder enthält er Gedankensprünge, Widersprüche, logische Fehler? Ist die Information bzw. Argumentation vollständig oder fehlen wichtige Aspekte bzw. argumentative Schritte (z. B. Belege, Beispiele).

  Qualität der Aussagen kritisch überprüfen

- Erst auf der Basis dieser Analyse von Inhalt, Aufbau und Argumentation bist du in der Lage, die **Aussageabsicht** des Autors präzise zu benennen.

  Aussageabsicht des Autors benennen

- Bei der Untersuchung der **sprachlichen Gestaltung** des Textes sind die Definitionsmerkmale einer Textsorte hilfreich. Daneben kannst du auf die Liste rhetorischer Mittel zurückgreifen (siehe „Rhetorische Stilmittel" im Kapitel Rhetorik). Zähle Stilmittel und sprachliche Eigenheiten nicht einfach auf, sondern interpretiere sie, indem du zwischen einem sprachlichen Gestaltungsmerkmal und der (möglichen) Absicht des Autors, dem Inhalt oder der Textgattung einen Zusammenhang herstellst.

  Stilmittel untersuchen

Auf einen Blick: Schriftliche Sachtexte

Journalistische Sachtexte

- **Nachricht/Bericht**: rein informativ; Aufbau: **Lead-Stil**: Schlagzeile/Untertitel (für den groben Überblick), Vorspann/Nachrichtenkern (für die etwas genauere Information), Bericht im engeren Sinne (für die Detailinformationen)
- **Reportage**: Verknüpfung von Tatsachenbericht und persönlichen Eindrücken des Journalisten; Gestaltung: Aufhänger am Anfang, dann abwechselnd Sachinformationen und erzählerische Elemente (z. B. Zitate, Szenen), Pointe am Schluss (oft mit Rückgriff auf den Anfang: Zirkelkomposition)
- **Interview**: Befragung eines Entscheidungsträgers, Sachverständigen oder Betroffenen; Möglichkeit für den Einzelnen, sich öffentlich zu äußern, und für den Leser, auch persönliche Sichtweisen kennen zu lernen
- **Kommentar**: Hauptform meinungsbeeinflussender Textsorten; Qualitätskriterien: Klarheit, argumentative Qualität, Sachkenntnis, Ausgewogenheit/Fairness; **Gastkommentar**: Kommentar einer bekannten Persönlichkeit; **Leitartikel**: Hauptkommentar des Chefredakteurs oder Herausgebers
- **Rezension/Kritik**: Sonderform des Kommentars im Kulturteil; Zweck: dem Leser eine Entscheidungshilfe geben, ob er ein Buch kaufen oder ein Theaterstück, eine Ausstellung u. Ä. besuchen soll
- **Glosse**: eher kurzer, satirisch-ironischer Kommentar, oft nicht zu politischen Ereignissen, sondern Einzelnachrichten oder alltäglichen Begebenheiten
- **Leserbrief**: abgedruckte Meinungsäußerung eines Lesers
- **Essay**: stilistisch anspruchsvoller Prosatext mittleren Umfangs, der grundsätzliche Probleme eher unsystematisch und subjektiv behandelt, um Denkanstöße (nicht etwa Lösungen!) zu geben; kritisch-zweifelnde Haltung des Autors

Weitere Formen schriftlicher Sachtexte

- **Abhandlung**: sachlicher, wissenschaftlicher oder Lehrbuchtext
- **Aufruf**: z. B. Demonstrations- oder Spendenaufruf; kurzer Text, plakative Sprache, aufmerksamkeitserregende grafische Gestaltung
- **Bericht**: sachliche Darstellung, für viele Lebensbereiche von Bedeutung, z. T. in Formularform (Unfallbericht für Versicherungen)
- **Beschreibung**: sachliche Darstellung eines Gegenstands oder Vorgangs, z. B. als Gebrauchsanleitung; manchmal nur als Stichpunkte oder in Bilderform
- **Lexikonartikel**: Abhandlung in knappster sprachlicher Form
- **Protokoll**: Darstellung von Verlauf und/oder Ergebnissen von Versammlungen, Vernehmungen usw.; Formen: Rede-, Ergebnis-, Verlaufsprotokoll

Medien und Werbung

Mit dem Begriff „Medien" (aus lat. medium = „Mitte, Öffentlichkeit") bezeichnet man alle Mittel, die der Verbreitung und dem Austausch von Wissen, Meinungen und Stimmungen dienen. Die möglichen Wege sind vielfältig: Zeichen, Bilder, Sprache, Schrift, wie sie in Büchern, Presse, Hörfunk, Fernsehen, Film, Internet, Fotografie und Tonträgern usw. vorkommen. Eine besondere Rolle spielen hierbei die Massenmedien, die sich an ein möglichst großes Publikum richten. Außerdem gehen wir auf die Werbung ein, die unser aller Leben täglich stark beeinflusst.

1 Das Buch

1.1 Der Buchmarkt

Neben dem **herstellenden Buchhandel** (den Verlagen) gibt es den **verbreitenden**, zu dem die einzelnen **Buchläden** genauso gehören wie der **Zwischenbuchhandel**. Dieser hält die meistverlangten Titel in großer Zahl vorrätig, um die Buchläden möglichst schnell beliefern zu können.

Der Buchmarkt besteht nicht nur aus Schriftstellern und Lesern!

Die **Verlage** geben die Bücher heraus und tragen das wirtschaftliche Risiko (falls sich ein Titel schlecht verkauft). Die **Verlagsleitung** entscheidet über das Verlagsprogramm, die **Lektoren** prüfen Manuskripte und beraten die Autoren. Wichtig sind auch die **Werbeabteilung** sowie die Abteilung für **Presse und Öffentlichkeit**.
Auch der **Buchhandel** ist ein riskantes Unternehmen, weil die Händler die Bücher meist vom Verlag kaufen und bereithalten müssen, was viel Kapital bindet. Der **Internet-Buchhandel** ist eine zusätzliche Konkurrenz.
Literaturkritiker in den **Kulturressorts der Medien** beeinflussen das Käuferverhalten durch Rezensionen und somit auch das Schicksal von Autoren und Verlagen.
In **öffentlichen Bibliotheken** kann man Bücher ausleihen. Sie sind nach Autoren und Sachgebieten geordnet.

1.2 Wie entsteht ein Buch?

Am Anfang steht eine Idee, mit der sich ein Verlag an einen Autor wendet oder umgekehrt. Das **Manuskript** des Autors (meist als PC-Datei) wird dann von einem **Lektor** (lat. *lector* = „Leser“) geprüft, der – falls es vom Verlag angenommen wird – den Autor weiter berät und inhaltliche wie sprachliche Veränderungsvorschläge macht. Für das Layout, also die Text- und Bildgestaltung des Buches, wird ein **Grafiker** herangezogen. In der **Setzerei** wird der Text gesetzt und umbrochen, also sinnvoll auf die Buchseiten verteilt, in der **Druckerei** gedruckt. Vom **Buchbinder** gehen die fertigen Bücher über die **Verlagsauslieferung** in den Handel.

2 Das Zeitungswesen

Obwohl in den letzten Jahren viele Zeitungen eingestellt wurden, gibt es immer noch ein riesiges Angebot an **Tageszeitungen**, **Wochenzeitungen** (z. B. „Die Zeit"), **politischen Magazinen** (z. B. „Der Spiegel"), **Fachzeitschriften** selbst zu den abgelegensten Bereichen und Zeitschriften für unterschiedlichste Interessensgebiete (von der TV-Programmzeitschrift bis zum Sexmagazin). Im Folgenden konzentrieren wir uns auf die Tageszeitungen.

2.1 Die Organisation eines Zeitungsverlages

Redaktioneller Bereich

Kernstück ist die **Redaktion**, die Gesamtheit der fest angestellten Journalisten. Sie ist in Abteilungen gegliedert, sog. Ressorts: Außenpolitik, Innenpolitik, Nachrichten, Kultur (auch Feuilleton genannt), Wissenschaft, Wirtschaft, Sport, Lokales. Der **Chefredakteur** leitet die Redaktion und bestimmt zusammen mit dem Herausgeber die politische Grundlinie und die Nachrichtenauswahl. **Herausgeber** sind nicht zwingend Eigentümer des Verlages (der dafür oft auch bekannte Persönlichkeiten aussucht). Große Zeitungen unterhalten außerdem im In- und Ausland ein **Korrespondentennetz.** In der eigenen Region werden zudem **freie Mitarbeiter** beschäftigt, die über Einzelereignisse berichten und nach Zeilen bezahlt werden. Für die Arbeit wesentlich ist auch das manchmal riesige **Bild- und Textarchiv.**

Technischer Bereich

Im technischen Bereich einer Zeitung arbeiten die **Setzer,** die die Artikel und Bilder mit Computerhilfe als Druckvorlage gestalten. Der Druck selbst wird in riesigen **Druckereien** vorgenommen, die meist weit weg von den Zeitungsbüros angesiedelt sind. Große Zeitungen lassen erste Fassungen (**Fernausgabe**, die weltweit ausgeliefert wird) bereits am frühen Abend drucken. Die Exemplare für den näheren Umkreis werden erst um Mitternacht gedruckt; sie enthalten oft noch aktuellere Meldungen, für die andere Nachrichten entfernt wurden. Die **Auslieferung** erfolgt per Post, Spedition und teilweise sogar per Flugzeug.

2.2 Typen von Tageszeitungen und ihre Finanzierung

- **Abonnementzeitungen** werden zwar auch einzeln verkauft, der Hauptvertrieb (ca. zwei Drittel einer Ausgabe) erfolgt jedoch an Abonnenten, die die Zeitung fest bestellt haben und per Post oder durch Träger erhalten. Layout (grafische Gestaltung) und Stil sind zurückhaltend und sachlich.
- **Boulevardzeitungen** (von frz. *boulevard* = „Straße") werden an Automaten, in Kiosken usw. verkauft. Um aufzufallen, sind sie grell und reißerisch aufgemacht. Zugleich konzentrieren sie sich auf für einfach strukturierte Leser besonders interessante Themen (Kriminalität, Sex, Skandale, Sport). Große Boulevardzeitungen (z. B. „Bild") sind freilich politisch bedeutsam, weil sie in pointiert formulierten Mini-Kommentaren die Einstellung breiter Schichten prägen; dabei orientieren sie sich oft an der tatsächlichen oder vermeintlichen Volksmeinung.

Große Bedeutung des Anzeigenmarkts

Keine Zeitung wäre jedoch allein über den Verkaufspreis finanzierbar. Deshalb sind **Anzeigen** (Werbung und private Inserate) eine wesentliche oder auch die Haupt-Finanzierungsquelle. Dabei entsteht natürlich eine Abhängigkeit der Zeitung von den inserierenden Firmen (v. a. bei Lokalzeitungen), die indirekt zu einer Beeinflussung der Berichterstattung führen kann.

2.3 Der Aufbau einer Zeitung

- Auf **Seite 1** stehen die **Top-Nachrichten**.
- Der gesamte **erste Teil** einer Zeitung enthält vor allem **politische Nachrichten**; jede Zeitung weist in diesem Teil eine feste Gliederung auf (bestimmte Seiten zur Außenpolitik, Innenpolitik, für Reportagen und Kommentare).
- Die weiteren Teile der Zeitungen sind bestimmten **Ressorts** zugeordnet (z. B. Wirtschafts-, Sport-, Lokalteil). Manche Ressorts liefern nur einmal pro Woche einen Teil (z. B. Wissenschaftsressort).
- Hinzu kommt der ebenfalls gegliederte **Anzeigenteil** (andere Wörter für Anzeige: Inserat, Annonce).

2.4 Vom Ereignis zur Nachricht

Nachrichtenquellen

Von einem Ereignis erfahren Zeitungen über Augenzeugen bzw. **Informanten**, also Personen, die sich direkt an einen Journalisten wenden, über **Meldungen** durch Behörden (Polizei, Feuerwehr), Politiker oder Unternehmen und vor allem über **Nachrichtenagenturen**. Das sind Firmen, die weltweit Büros unterhalten, in denen Korrespondenten (Berichterstatter) Nachrichten sammeln und über das Internet an Zeitungen, die dafür bezahlen, weitergeben. Bekannte Nachrichtenagenturen: „dpa" (Deutsche Presse-Agentur), „AP" (The Associated Press) oder „Reuters".

Nachrichtenauswahl

Aus der Informationsflut treffen die **Redakteure** eine Auswahl. Zum Teil fassen sie Nachrichten zum selben Ereignis aus verschiedenen Quellen zusammen, zum Teil recherchieren sie noch selbst: indem sie Betroffene kontaktieren, Reporter losschicken oder im Archiv Hintergrundinformationen suchen. **Redaktionssitzungen** bestimmen schließlich über die endgültige Nachrichtenauswahl.

Hürden und Filter

Ob und wie eine Nachricht an die Öffentlichkeit kommt, hängt also von vielen Faktoren ab:

- **Augenzeugen** geben immer nur einen Teil des Erlebten wieder; sie können nicht alles wahrnehmen. Das Gleiche gilt für Journalisten, die zudem auswählen müssen, was sie für berichtenswert halten.
- **Presseagenturen** und **Redaktionen** erhalten viel mehr Nachrichten, als sie weiterleiten. Die Mitarbeiter wählen aus, was die Abnehmer (Zeitungen bzw. Leser) **ihrer eigenen Meinung nach** interessieren könnte.
- **Redakteure** schreiben, kürzen und verteilen Nachrichten, wie **sie** es für richtig halten und unter Berücksichtigung von Vorgaben des Herausgebers, des Chefredakteurs oder des allgemeinen „Stils" der Zeitung.
- Der letzte Filter schließlich ist der **Leser**: Auch er nimmt Informationen nur teilweise und geleitet von seinen eigenen Einstellungen und Meinungen auf.

3 Film, Fernsehen, Rundfunk

Historische Entwicklung

Am Ende des 19. Jh. fand man die technischen Voraussetzungen für diese Medien. Z. B. gäbe es ohne die Entdeckung der elektromagnetischen Wellen 1888 durch den Physiker Heinrich Hertz (die Einheit der Frequenz erhielt seinen Namen) keine Funktechnik. 1920 nahmen die ersten Radiosender ihre Tätigkeit auf. Schon um 1900 gab es erste Stummfilmvorführungen in Berlin und Paris – mit Musikbegleitung durch Klavier. Tonfilme wurden ab 1927 gedreht. Das war auch die Zeit erster Fernsehversuche. Die Übertragung der Olympischen Spiele 1936 in Berlin für einen kleinen Zuschauerkreis stellte einen ersten Höhepunkt dar. Der Zweite Weltkrieg bremste die Entwicklung des Fernsehens zunächst, die danach jedoch einen rasanten Verlauf nahm. 1952 gilt als Geburtsjahr des deutschen Fernsehens.

Die Mittel der Filmsprache

- Die **Großaufnahme** lenkt den Blick auf einen kleinen Ausschnitt, z. B. den Gesichtsausdruck einer Figur und die Gefühle, die sie zeigt. Das Gegenstück, die **Totale,** vermittelt einen sachlichen Überblick über Situation und Ort (Ausnahme: stimmungsvolle Landschaftsaufnahmen). Ein Mittelding stellt die **Halbtotale** oder **Normale** dar. Der Zuschauer ist nahe am Geschehen, behält aber einen Überblick.
- Man unterscheidet drei Kamerasichten: **Normalperspektive** (auf Augenhöhe), **Froschperspektive** (von unten: aus ihr heraus betrachtet, wirkt eine Person bedrohlich) und **Vogelperspektive** (von oben: lässt eine Person klein und verloren wirken).
- In einem Film sieht man normalerweise 24 Bilder pro Sekunde. Man nimmt sie aber nicht einzeln, sondern in einer ununterbrochenen Bewegung wahr. Mehr Bilder bei der Aufnahme ergeben beim Abspielen derselben Bilderzahl 24 eine sog. **Zeitlupe**, weniger bei der Aufnahme beim Abspielen einen **Zeitraffer**.

4 Neue Medien

Computer

Die ersten **Computer** (von engl. *to compute* = „rechnen") wurden zwischen 1940 und 1950 entwickelt. Es handelte sich um riesige Anlagen mit aus heutiger Sicht minimaler Leistung (die z. B. in Sekundenschnelle Zahlen addieren konnten). Erst als die **Speichermedien** immer kleiner wurden (von Röhren über Transistoren zu **Chips**) konnten Computer im heutigen Sinne gebaut werden. Der Durchbruch erfolgte in den 80er-Jahren. Entscheidend war v. a. die Entwicklung der **PCs** (von engl. *personal computer*), also von Kleincomputern, die auch Privatpersonen benutzen können. Zuvor waren die riesigen und teuren Anlagen nur für Großbetriebe und Forschungseinrichtungen geeignet. Inzwischen enthalten zahllose Alltagsgeräte einen Minicomputer.

Internet

Das **Internet** (zu engl. *net* = „Netz") ist ein weltweites Kommunikationsnetz zwischen Computern. Der Zugang erfolgt über einen Computer mit Telefonanschluss und einen **Provider** (die Firma, die den Zugang zum Netz bereitstellt). Das Internet hat sich aus der Verbindung entwickelt, die das amerikanische Verteidigungsministerium zwischen räumlich getrennten Computern von Rüstungsforschungseinrichtungen hergestellt hat.

Heute ist das Internet ein gigantisches, nicht mehr zu überblickendes und kaum zu kontrollierendes System. Praktisch jeder kann mit geringem technischem und finanziellem Aufwand **Sites** (Nachrichtenseiten) ins Netz stellen. Nur durch **Suchmaschinen** kann man sich zurechtfinden (siehe nächste Seite). Eine große Gefahr sind **Computerviren**: Miniprogramme, die von Kriminellen ins Netz gegeben werden und große Schäden anrichten können, indem sie die **Software** (die Programme) des **Users** (Internetnutzers) beschädigen oder sogar die **Hardware** (Computer, Drucker, Bildschirm usw.). Gefährlich sind auch **Spione**, d. h. eingeschleuste Miniprogramme, die z. B. Passwörter oder Kontonummern ausspionieren. Daher sollte man niemals Mails unbekannter Herkunft öffnen – sie könnten Viren und Spione enthalten!

Tipps für die Internetrecherche

Für die **Auswahl der Suchmaschine**, also des Programmes, das in den Internetseiten nach bestimmten Stichwörtern sucht, gilt:

- Erfolgreicher als die Suche über einzelne Suchmaschinen ist die über sog. **Metasuchmaschinen**. Das sind Systeme, die bei der Suche mehrere einzelne Suchmaschinen anzapfen.
- Außerdem gibt es **für spezielle Fachgebiete** darauf spezialisierte Suchmaschinen.
- Frage deinen Informatiklehrer oder den Systembetreuer deiner Schule nach den aktuell besten Suchmaschinen und zur sinnvollen Eingabe der Suchbegriffe. Je genauer du den Suchbegriff eingrenzt, desto schneller wirst du fündig.

5 Vor- und Nachteile der modernen Medien

Alte und neue Medien spielen in jedem Lebensbereich eine große Rolle – mit allen **Vorteilen (+)** und **Nachteilen (–)**!

5.1 Information

Leben im „Informationszeitalter"

+ umfassende, weltweite und immens beschleunigte Informationsmöglichkeiten; besonders nützlich für Wissenschaft, Forschung und Wirtschaft, aber auch für den Einzelnen
– zu viele Informationen, die zu verarbeiten den Einzelnen überfordert

Vorsicht bei Hausaufgabenseiten!

– fehlerhafte Information: Jeder kann in das Internet unkontrolliert den größten Unfug stellen; viele glauben naiv alles, was gedruckt ist oder auf dem Bildschirm steht. Gerade Seiten von und für Schüler sind oft voll von Fehlern und daher für Hausaufgaben- und Referatsvorbereitung wenig geeignet!

5.2 Unterhaltung

+ riesiges und relativ **preiswertes** Unterhaltungsangebot für jeden Geschmack (vom Musiksender bis zum Kulturkanal)
- v. a. im Privatfernsehen **fortlaufender Niveauverlust** und immer extremere Angebote (z. B. „Big Brother" und „Holt mich hier raus!"), weil die Masse gleicher Sendungen die Zuschauer schnell langweilt; Gefahr des Überschreitens von Geschmacksgrenzen und Tabus
- leichte Verbreitung von Angeboten **mit hohem Gewaltanteil** oder kriminellen Inhalten (vgl. Kinderpornografie)
- Verführung zu **passiver Freizeitgestaltung**.

Preiswert – und für jeden was geboten!

Konsum von Gewaltvideos und -spielen stumpft ab!

5.3 Politik

+ **Aufdeckung** von Skandalen und Machtmissbrauch **durch „investigativen" Journalismus**; Zeitungen und Fernsehen als „vierte Macht" im Staate (neben Gesetzgebung, Regierung, Justiz)
- **Massenmedien** werden aber **weder gewählt noch kontrolliert**; aufgrund des hohen Werts der Pressefreiheit müssen sich Journalisten nur selten für problematische Veröffentlichungen (z. B. mit beleidigendem Inhalt oder Aufruf zur Gewalt) verantworten.
- **Fehlerhafte Recherchen**: Nicht jeder Journalist arbeitet gründlich. Fehler, die nur Fachleute entdecken können, werden von Normallesern nicht wahrgenommen.
- **Übertreibungen**: Wegen des hohen Konkurrenzdrucks werden oft Belanglosigkeiten oder private Affären prominenter Personen zu Skandalen aufgebauscht, die Intimssphäre der Betreffenden verletzt und der allgemeine Voyeurismus gefördert.
- **Negativer Einfluss auf die politische Kultur**: Politiker passen sich den Eigenheiten der Medien, v. a. des Fernsehens, immer mehr an (z. B. durch Schlagwortstil und Imagepflege) und reagieren vor allem auf die Veröffentlichungen von Meinungsumfragen, anstatt sich der Analyse der Sachlage zu widmen.

Kontrollfunktion der Medien …

… aber mangelnde Kontrolle der Medien selbst

5.4 Wirtschaft

Wirtschaftsfaktor

+ Medien und Computerindustrie sind mit ihren großen Umsätzen und vielen Arbeitsplätzen von erheblicher **wirtschaftlicher Bedeutung.**

Erleichterung im Alltag

+ **Erleichterung** beim Einkaufen (Internethandel) oder bei Geldgeschäften (Internet-Banking)

– Missbrauch des Internets **für kriminelle Zwecke** (z. B. durch Dialer, die sich von selbst – vom Nutzer unbemerkt – über teure 0190-Nummern neu einwählen)

Diktat der Einschaltquoten

– **Kommerzialisierung der Massenmedien**: betrifft vor allem die Fernsehsender, die vom Verkauf ihrer **Werbezeiten** leben und deshalb ihr Programm an den mutmaßlichen Publikumsgeschmack anpassen, der über die **Einschaltquoten** erfasst wird – mit negativen Folgen für die Programmqualität (siehe oben).

Fazit: Die unbezweifelbaren Vorteile der neuen und alten Medien können nur wirksam werden, wenn man mit ihnen kritisch und vorsichtig umgeht.

6 Die Werbung

Die **Werbung** verfolgt den **Zweck**, einen Adressaten zum Kauf eines Produkts oder einer Dienstleistung zu **überreden.** Ein Werbetext – als mündlicher oder schriftlicher – stellt daher eine ganz bestimmte **rhetorische Textsorte** dar.

6.1 Verschiedene Formen der Werbung

Gegenstand der Werbung

Je nachdem was beworben wird, kann man unterscheiden:

- Werbung für ein **bestimmtes Erzeugnis** (Regelfall)
- Werbung für eine **Firma** als ganze oder eine bestimmte **Marke**
- für einen ganzen **Wirtschafts-** oder **Berufszweig** (*Private Krankenversicherungen retten das Gesundheitssystem!*)
- für eine bestimmte **Warenart** (*Fleisch ist ein Stück Lebenskraft.*).

Zweck der Werbung

Der Stil einer Werbung hängt stark von ihrem **Zweck** ab:

- **Einführungswerbung**: Die Aufmerksamkeit wird – eher aggressiv – auf ein neues Produkt gelenkt.
- **Repräsentationswerbung**: Bereits eingeführte Produkte sollen in Erinnerung gehalten werden; hier steht oft der Produkt- oder Firmennamen zusammen mit dem bekannten Slogan (Leitsatz) im Vordergrund.
- **Imagepflege**: Auf eher einschmeichelnde Weise wirbt man besonders für bestimmte Wirtschaftszweige oder Warenarten, v. a. auch in politisch umstrittenen Bereichen oder dort, wo das Vertrauen des Verbrauchers gefährdet ist (etwa in der Fleischwerbung nach der BSE-Krise).

Werbung und Produktpreis

Der Stil einer Warenwerbung wird auch vom **Preis** des Produktes bestimmt:

- Werbung für **billige Konsumgüter** (die vergleichsweise wenig kosten und immer wieder neu gekauft werden, z. B. Nahrungsmittel, Kosmetika etc.): Sie beschränkt sich oft auf reine Appelle an bewusste oder unbewusste Wünsche; Informationen über das Produkt sind eher selten oder werden pseudowissenschaftlich präsentiert; bei bedenklichen Produkten (z. B. Alkohol oder Zigaretten) wird von Risiken abgelenkt (z. B. *Der Duft der großen weiten Welt* als Slogan einer Zigarettenmarke).
- Die Werbung für **teure Investitionsgüter** (z. B. Waschmaschinen, Autos) enthält dagegen hin und wieder auch Argumente oder technische Daten.

6.2 Merkmale und Techniken

Schwierigkeiten für die Werbung

Bei der Entwicklung der Werbung für ein bestimmtes Produkt haben es die Werbefachleute (der **Werbeabteilung** eines Unternehmens wie der von ihnen beauftragten **Werbeagenturen**) mit folgenden Problemen zu tun.

- Wegen der allgemeinen **Werbeflut** sind viele Bezeichnungen abgegriffen, die Aufmerksamkeit der Adressaten ist gering, die Werbung wird oft als lästig empfunden.
- Die beworbenen Gegenstände sind **oft langweilig** (z. B. Zahnpasta) oder **überflüssig** (die x-te Schokoriegelsorte), vor allem, wenn die Nachfrage gesättigt ist.
- Schließlich ist Werbung sehr **teuer**.

Strategien der Werbung

Deshalb versuchen Werbefachleute, **Aufmerksamkeit mit allen Mitteln** zu erregen. Da optische und akustische Reize direkter wirken, arbeiten sie heute immer weniger mit Worten. Das Hauptgewicht liegt auf der Komposition (Layout) des **Bildes** und – bei Fernseh- oder Radiowerbung – dem Einsatz von **Musik**. Der Textteil beschränkt sich oft nur noch auf einen **Slogan**, der im Unterbewusstsein hängen bleiben soll. Wegen der nur noch sekundenlangen Aufmerksamkeitsspanne der Zuschauer werden inzwischen Miniwerbespots im Rahmen eines Werbeblocks mehrfach wiederholt. Überhaupt ist **Wiederholung** ein Grundmerkmal der Werbung. Dabei wird ausgenutzt, dass Menschen dazu neigen, eine häufig wahrgenommene Botschaft für wahr zu halten.

Aufmerksamkeitsfördernde Techniken

Werbung arbeitet mit ... optischen Reizen

- **Blickfang** („Lockvogeltechnik"): Gerade unauffällige Produkte werden mit auffälligen optischen Reizen gekoppelt. Allerdings darf der Zusammenhang nicht beliebig sein, sondern muss, um wirksam sein zu können, auf die Bedürfnisse des potenziellen Käufers zurechtgeschnitten sein; z. B. will ein „richtiger" Mann hinter dem Steuer eines bestimmten Autos suggerieren, dass man als Käufer dieses Autos ebenfalls ein richtiger Mann ist.

... kleinen Geschichten

- **Storytechnik**: Die Aufmerksamkeit des potenziellen Käufers wird durch einen witzigen Text (z. B. eine Anekdote) oder eine (Schein-)Information erregt. Beispiel für die Werbe-Story, mit der die Fahrwerksstabilität eines bestimmten Autotyps hervorgehoben werden soll: *Fahrer: „Das war meine Lieblingskurve." – Beifahrerin: „Das sagst du seit zwei Stunden."*

... schrägen Blickwinkeln

- **Verfremdungstechnik**: Gewohntes wird in einer unüblichen Umgebung oder Perspektive (Sichtweise) gezeigt. So nutzt man das Grundinteresse am Ungewöhnlichen aus. Beispiel: Außerirdische Wesen betrachten einen neuen Autotyp. (Zugleich wird die Botschaft vermittelt: Die Firma produziert Autos, für die sich sogar hoch entwickelte Außerirdische interessieren – und hoch entwickelt müssen sie sein, sonst hätten sie nicht zur Erde reisen können.)

- **Rätseltechnik**: Auch das Rätselhafte spricht die Neugier an – mysteriöse Gegenstände, Situationen oder widersprüchliche Äußerungen, die erst zum Schluss ihre Auflösung erfahren. Beispiel: Die Überschrift zu einem Bild mit einer Diskotheken-Szenerie lautet: *Keine Nacht ohne Spezialchemie*. Der Zusammenhang ergibt sich dann erst bei der Lektüre der mit abgedruckten Minitexte, die angeben, wie viele Kleidungsstücke der Diskobesucher aus Chemiefasern bestehen.

... Rätselhaftem

- **Understatement-Technik**: Man gesteht eine scheinbare Schwäche des Produkts ein (was in der von übermäßigem Selbstlob gekennzeichneten Werbelandschaft schon einmal positiv auffällt). Indirekt lobt man so natürlich das Produkt – nach dem Motto: Wenn das der einzige Nachteil ist, muss es wirklich gut sein. Beispiel (Reklame für eine Jeans): *„Unser Marketing-Mann wollte ihr eine sechste Tasche verpassen. Aber irgendwas an ihr muss ja auch noch sein wie bei all den anderen."* Die Botschaft: Diese Hose ist in jeder Hinsicht besser als alle anderen; nur in der Zahl der Taschen unterscheidet sie sich nicht, und das ist wahrlich nebensächlich.

... und manchmal sogar mit Untertreibung!

Der Slogan

Im Zentrum jeder Anzeige steht ein Slogan. Er muss vor allem eingängig sein und soll unbewusst die Kaufentscheidung steuern. Auch wenn er ein **Kaufappell** ist, darf er das nicht zeigen. Eine plumpe Aufforderung wie *Kaufen Sie diesen Wagen!* würde den Käufer vor allem darauf hinweisen, dass das Produkt etwas kostet. Deshalb wird das Kaufen allenfalls indirekt thematisiert (*Rosenthal. Die Kunst des Schenkens.*). Generell treten **Imperative eher selten** und verkleidet auf, weil man sie als aufdringlich empfindet. Wenn es z. B. in einer Frischkäse-Reklame *Leichter leben!* heißt, ist die vordergründige Aufforderung in der Hauptsache doch eine Aussage über das Produkt: Mit diesem Käse kannst du leichter leben. Meist **betont** ein Slogan ein (scheinbares) **Hauptmerkmal** des Produkts / der Firma. Die Aussagen sind knapp, oft unbeweisbar, enthalten Superlative und versprechen dem Adressaten Zufriedenheit und Glück im Falle des Kaufs.

Nichts ist unmöglich – Toyota!

Der bekannte, fast schon sprichwörtliche Werbeslogan der japanischen Autofirma betont in knappster Form, dass Toyota alles, sogar das Unmögliche tue, um Käufer glücklich zu machen, und Toyota-Autos deshalb die besten seien. Hier zeigen sich alle typischen Slogan-Merkmale: Knappheit, Unbeweisbarkeit, Superlativformulierungen, Verknüpfung von Produkt und Käuferglück. Die stete, jahrelange Wiederholung dieses Slogans bewirkt, dass jedem, der häufiger Werbeblöcke sieht, bei jedem Toyota bzw. Toyota-Geschäft sofort dieser Spruch einfällt. Andere Automarken arbeiten übrigens ganz ähnlich: *Honda. The Power of Dreams – Mercedes Benz. Die Zukunft des Automobils.* Wenn alle dasselbe tun, verliert dieser Typ von Slogan natürlich schnell viel von seiner Wirkung.

6.3 Sprachliche Mittel der Werbung

Auch hier spielen rhetorische Stilmittel eine Rolle!

Einzelformulierungen werden mithilfe rhetorischer Mittel gestaltet (vgl. die Übersicht „Rhetorische Stilmittel" im Kapitel Rhetorik), um Aufmerksamkeit zu erregen. Daneben kommen zum Einsatz: Mittel der Verknappung des Ausdrucks (wegen des Zwangs zur Kürze), der Wiederholung sowie klangliche Mittel, um die Einprägsamkeit zu erhöhen.

Mittel der Aufmerksamkeitslenkung

Formulierungen sollen einprägsam sein oder vom Üblichen abweichen:

- **Wortspiele**: *Alles außer gewöhnlich.* (Werbung für eine Jeansmarke) Die Jeans ist alles, nur nicht durchschnittlich (gewöhnlich), und damit etwas Besonderes (außergewöhnlich). *Ich bin ein Sächsist.* Wortspiel mit „Sexist" und „sexy". (Werbung für Urlaub in Sachsen)
- **Inversion** (Umstellung des üblichen Satzbaus): *Ich habe der Welt viel zu sagen. Besonders nach 20 Uhr.* Statt: *Ich habe der Welt besonders nach 20 Uhr viel zu sagen.* (Reklame für einen Handy-Billigtarif)

- **Neologismen** (Wortneuschöpfungen; Sing.: Neologismus): *fitline* (Name für einen Frischkäse), *Leben Sie los.* (Slogan einer Autoreklame), *zitrusfrisch* (für den Geruch eines Reinigungsmittels)
- **Apostrophe** (direkte Anrede des Lesers): *Während des Fluges können Sie jetzt online arbeiten.* (Werbung einer Fluggesellschaft)
- **indirekte Leser-Anrede**, bei der man Bezug auf eine von der Zielgruppe positiv bewertete Eigenschaft nimmt: *Die Mobile Generation wechselt zu O2* (Reklame für ein Handynetz). Will der Leser zur „mobilen Generation" gehören und nicht „immobil" sein, muss er zu diesem Anbieter wechseln.
- **Personifikation**: *Jeder unserer Cabernet-Sauvignon ist wie eine Begegnung.* (Werbung für einen Rotwein; im Bildteil eine Frau, die ein Glas mit Wein hält, in dem wiederum ein Mann abgebildet ist. Der Rotwein ist sozusagen wie die Begegnung mit einem attraktiven Mann.)
- **Anglizismen** (Verwendung englischer Ausdrücke), insb., um die Internationalität eines Unternehmens hervorzuheben; allerdings werden nur einfache englische Ausdrücke verwendet, um mehr Leser zu erreichen: *There's no better way to fly. Lufthansa.*
- **Verwendung umgangssprachlicher Modewörter**: *Mega starker Halt, mega schnell.* (Haargel-Reklame).
- **Abweichung von der Rechtschreibung**: siehe vorheriges Beispiel (Getrennt- statt Zusammenschreibung von *mega stark / mega schnell*).

Mittel der Kürze

Man vermeidet lange oder komplizierte Sätze, kurze Sätze sind Trumpf. Denn man versteht und behält sie leichter; sie ahmen die Alltagssprache nach, lassen glauben, dass mit ihnen das Wichtigste gesagt wäre, klingen dramatisch und wirken wie Sentenzen (Sprichwörter, Weisheiten). Weitere Mittel sind:

Werbetexte müssen vor allem kurz und prägnant sein.

- **Ellipse** (Wegfall von Satzteilen), v. a. des Verbums: *Media-Markt – stark* (statt: *Media-Markt ist stark.*)

- **verkürzte Sätze** bis hin zu Ein-Wort-Sätzen, denen ein Punkt folgt (wobei der Punkt betont: So ist das, und nicht anders!): *Leben. Genießen. Apollinaris.* (Mineralwasser-Reklame)
- **Doppelpunkt-Technik** (Doppelpunkt als Hinweis, dass etwas Wichtiges folgt): *Keine Kompromisse: T-DSL von Deutschlands Nr. 1*
- **Asyndeton** (Wegfall der Konjunktion *und* zwischen den einzelnen Sätzen/Satzgliedern): *Genial designt. Perfekt gestylt. Zuverlässig in der Leistung.*
- **Behauptung statt Argumentation**: *Gut zum Himmel. Gut zur Erde. Gut als Licht: unser Erdgas.* (Während die Umweltfreundlichkeit von Erdgas in Wirklichkeit umstritten ist!) Nur bei teuren Investitionsgütern und speziellen Zielgruppen, die verstandesgemäß entscheiden – oder zumindest entscheiden wollen –, streben Werbetexte eher nüchterne Sachlichkeit an: *Wer in der Finanzwelt klar sehen will, braucht Capital.* (Reklame einer Finanzfachzeitung).

Mittel der Wiederholung und des Klanges

- Weniger die wörtliche Wiederholung (Anapher), sondern vielmehr die **variierende Wiederholung** gleicher oder ähnlicher Wörter und von Satzbaumerkmalen sind beliebt. Beispiel: *Geschnitten für ein Leben in Bequemlichkeit. Geschaffen aus hochwertigen Stoffen. Genäht auf Sattlermaschinen.* (Jeans-Werbung)
- **Alliteration** (Anlautgleichheit): *Die Bahn macht mobil.* Oder: *Neue Gläser zum Glück.*
- **Rhythmisierung**: *Asstel schließt die Rentenlücke.* (Trochäus; vgl. „Verslehre: Metrum – Rhythmus – Reim" im Kapitel Literaturgattungen)
- **Reim**: *Billig will ich!* (unreiner Reim, da sich *g* nicht auf *ch* reimt) Oder: *Illegal ist unsozial.* (Slogan gegen die Schwarzarbeit)
- **Trikolon** (Dreiergruppe): *Leben. Genießen. Apollinaris.*

6.4 Tipps zur Werbungsanalyse

Bestimme zunächst **Typ und Hauptabsicht** der Werbung und untersuche dann den **sachlichen Gehalt.** (Welche sachlichen Aussagen über Produkt oder Firma werden getroffen? Werden sie belegt? Wenn ja, ist die Argumentation stichhaltig?)

Bei der **Analyse der Gestaltung** beginnst du mit den **bildlichen** und ggf. **klanglichen Elementen.** Untersuchungskriterien sind: Bildaufbau, Blickfang / visueller Lockvogel, Zusammenspiel zwischen bildlichen und akustischen Reizen sowie die darin enthaltenen Aussagen und Appelle. Als Leitfaden für die Analyse **sprachlicher Elemente** kann dir die Liste der Werbemerkmale und sprachlichen Mittel dienen; ein Schwerpunkt deiner Analyse sollte natürlich dem Slogan gewidmet sein.

Entscheidend ist dabei nicht die Aufzählung möglichst vieler Gestaltungsmittel, sondern ihre jeweilige Deutung (siehe das Beispiel zum Slogan *Nichts ist unmöglich* im Abschnitt „Merkmale und Techniken" dieses Kapitels).

Gestaltungsmittel nicht nur aufzählen, sondern deuten!

Auf einen Blick: Medien und Werbung

Buch

- **Buchmarkt**: Autoren, Leser, Verlage (Verlagsleitung, Lektoren, Werbeabteilung, Vertrieb), Buchhandel, Kulturressorts in den Medien, Bibliotheken

Zeitungswesen

- **Organisation eines Zeitungsverlages**: Redaktion (alle fest angestellten Journalisten), gegliedert in Ressorts (entsprechend dem Inhalt einer Zeitung); Chefredakteur; Herausgeber; Korrespondenten; freie Mitarbeiter; Bild- und Textarchiv; technische Abteilungen (Setzerei, Druckerei usw.)
- **Typen von Tageszeitungen**: Abonnementzeitungen – Boulevardzeitungen; generell: Anzeigen als wesentliche Finanzierungsquelle

Film/Fernsehen/Rundfunk

- **Mittel der Filmsprache**, die den Blick des Zuschauers systematisch lenken: Kameraeinstellung (Großaufnahme, Halbtotale/Normale, Totale), Kameraperspektive (Froschperspektive, Normalperspektive, Vogelperspektive), Filmgeschwindigkeit (Zeitlupe, Normaltempo, Zeitraffer)

Neue Medien

- **Internet**: zentrale Begriffe: Provider (ermöglicht Anschluss ans Internet), Sites (Nachrichtenseiten), Suchmaschinen (Programme, um bestimme Sites zu finden)

Werbung

- **Arten**:
  - beworbener Gegenstand: bestimmtes Erzeugnis, eine Firma im Ganzen, ein Wirtschaftszweig oder eine Warenart
  - Werbezweck: Einführungs-, Repräsentationswerbung, Imagepflege
- **Ziel**: Aufmerksamkeit erregen und die desinteressierten Zuschauer/Leser gewinnen (v. a. bei an sich überflüssigen Produkten)
- **Aufmerksamkeitsfördernde Techniken**: Blickfang (Lockvogeltechnik), witzige Storys, Verfremdung, Rätsel, Understatement (Untertreibung), griffige Slogans
- **Sprachliche Mittel**: alles, was Aufmerksamkeit erregt, einen knappen Ausdruck ermöglicht oder die Einprägsamkeit erhöht

Aufsatzarten

Im Deutschunterricht werden Texte nicht nur gelesen, es werden auch Texte geschrieben. Die Aufgabenstellungen sind vielfältig: Mal ist eine Geschichte zu erzählen oder ein Vorgang zu beschreiben. Mal sind Figuren zu charakterisieren oder Situationen zu schildern. Mal ist über ein Ereignis zu berichten oder ein Protokoll anzufertigen. Mal soll man einen Brief schreiben oder ein Problem erörtern. Immer wieder soll man andere Texte analysieren und interpretieren ... Was man dabei so alles beachten muss, wollen wir in diesem Kapitel behandeln. Zuvor aber noch einige Hinweise zu den grundlegenden Arbeitstechniken.

1 Grundlegende Arbeitstechniken

1.1 Wie lese ich sinnvoll und effektiv?

Lesen stellt eine bewusste geistige Handlung dar, die das Ziel verfolgt, einem Text, also einer schriftlichen Sprachäußerung, Informationen zu entnehmen, um Zusammenhänge zu verstehen. Lesen ist – wie Rechnen und Schreiben auch – eine grundlegende Kulturtechnik.

Lesen heißt einen Text verstehen.

Wir wissen, dass es nicht genügt, beim Lesen eines Textes einfach nur die Buchstaben bzw. Laute aneinander zu reihen, um den Inhalt zu erfassen. Es kommt darauf an, den **Sinn des Textes** zu entdecken, den man beim Lesen auch immer wieder erst neu herstellen muss. Dazu ist unsere **Konzentration** gefordert. Sinnvolles Lesen setzt eine intensive und kritische Auseinandersetzung mit dem Text voraus. Dabei stoßen unser Kopf mit seinen Gedanken und Kenntnissen und eine mehr oder minder umfangreiche schriftliche Äußerung zusammen. Unsere Schwierigkeiten sind dann umso größer, wenn der Text Informationen enthält, die für uns neu sind und die wir noch nicht ein- oder zuordnen können. Wir müssen uns also anstrengen, das, was wir schon wissen, mit dem zu kombinieren, was der Text an Neuem enthält. Dazu müssen wir uns auf den Text überhaupt erst einmal einlassen. In aller Regel verfolgen wir dabei eine bestimmte Absicht. Literarische Texte wie Romane oder Kurzgeschichten lesen wir zum Vergnügen oder, wie wir auch sagen, zur Unterhaltung, was auch bedeuten kann, dass wir uns anschließend – z. B. im Deutschunterricht – darüber austauschen, d. h. unterhalten wollen. Sachtexte lesen wir, weil wir uns zu einem bestimmten Thema informieren wollen.

Fragen vor dem Lesen eines Textes

Bevor ich einen Text lese, muss ich mich fragen:

- Warum lese ich gerade diesen Text?
- Welche Vorkenntnisse habe ich schon zum Thema?
- Was genau erwarte ich von diesem Text?

Fragen während des Lesens eines Textes

Auch wer so vorbereitet ist, wird beim Lesen feststellen, dass ein Text während der Lektüre unaufhörlich Fragen an ihn stellt, und letztlich auch die entscheidende: Verstehst du mich?
Manchmal können es auch bloß einzelne Wörter sein, an denen das Verständnis des Textes scheitert. Um diese Wissenslücken können wir uns sofort kümmern, indem wir in entsprechenden Wörterbüchern nachschauen.

Ein unbekanntes deutsches Wort kann man in einem allgemeinen **Wörterbuch** nachschlagen, z. B. auch in einem Rechtschreibwörterbuch wie dem „Duden", in dem Wörter, die nicht so gebräuchlich sind, auch in ihrer Bedeutung erklärt werden. Außerdem gibt es spezielle **Bedeutungswörterbücher**.
Die Erklärung von Fremdwörtern findet man darüber hinaus auch in einem **Fremdwörterlexikon**; die von Fachbegriffen in **Fach- oder Sachwörterbüchern**.
Häufig bietet es sich jedoch an, einzelne Begriffe, aber vor allem auch Namen von wichtigen Persönlichkeiten oder Stichwörter zur Geschichte in einem sog. **Konversationslexikon** oder einer Enzyklopädie wie dem „Brockhaus" oder „Meyer" nachzuschlagen.
TIPP: Natürlich ist es ratsam, sich die Erklärung eines unbekannten Begriffes zu notieren – entweder am Rand des Textes oder aber in einem eigenen Verzeichnis mit Wörtern, deren Bedeutung du dir erarbeitet hast. Auf diese Weise entsteht eine Art von persönlichem Vokabelheft, das du dir immer wieder vornehmen kannst, um dein Wissen zu überprüfen.

Zusammenhänge erfassen

Mit dem Verstehen der einzelnen Wörter ist es beim Lesen eines Textes aber noch nicht getan. Es kommt vielmehr darauf an, die inhaltlichen Zusammenhänge zu erfassen. Dazu muss man den **Text strukturieren**. Das heißt zunächst **das Wichtige vom Unwichtigen trennen**. Hat man eine Kopie oder ein eigenes Exemplar vor sich, dann kann man den Text entsprechend bearbeiten und Schlüsselbegriffe bzw. wichtige Passagen hervorheben.

Dazu kannst du **mit dem Stift in der Hand lesen**, d.h. den Text bearbeiten, indem du ihn mit **Markierungen und Randnotizen** versiehst. Lies den Text zunächst einmal durch, und zwar am besten abschnittsweise. Unbekannte oder unklare Ausdrücke kannst du dann schon durch **Fragezeichen** am Rand hervorheben und dich gleich anschließend um ihre Klärung kümmern. Beim zweiten Lesen markierst du Schlüsselpassagen durch Unterstreichungen oder mit Textmarkern. Dabei solltest du **nur wirklich wichtige** Begriffe hervorheben. Wenn du ganze Zeilen oder gar komplette Absätze hervorhebst, gewinnst du keinerlei Übersicht; und auch zu viele Farben dienen selten einer raschen Orientierung. Auf besonders Wichtiges kannst du am Rand mit einem **Ausrufezeichen** hinweisen. Um Zusammenhänge zu veranschaulichen, kannst du entsprechende Pfeile (→ für „Ursache – Wirkung" oder ↔ für „Gegensätze") nutzen.

Gegliederte schriftliche Zusammenfassungen

Zur vertieften Erschließung eines Textes bietet sich nun das **Anfertigen einer Gliederung mit Kurzkommentaren** an. Dieses Verfahren sollte man auch immer dann wählen, wenn man die Textvorlage selbst, z. B. in einem Buch, nicht bearbeiten darf. Umfangreichere Texte haben häufig **Zwischenüberschriften**, die man hierfür verwenden kann. Andernfalls muss man zu einzelnen Absätzen oder Abschnitten entsprechende **kurze und prägnante Zusammenfassungen** selbst formulieren. Außerdem kann man zusätzlich Begriffserklärungen ebenso wie eigene Gedanken festhalten, ebenfalls unter Verwendung verschiedener Symbole wie Pfeile oder Ausrufezeichen. Am Ende entsteht dann eine gegliederte Zusammenfassung, und zwar in der Form eines Exzerptes mit wichtigen Ergänzungen.

Unter einem **Exzerpt** (von lateinisch „excerpere" = herausklauben, auslesen) versteht man den schriftlichen Auszug aus einem längeren Text, der wortwörtlich mit der Vorlage übereinstimmt.

Fragen nach dem Lesen eines Textes

Richtig gelesen oder verstanden hat man einen Text erst dann, wenn man seinen Inhalt mit eigenen Worten wiedergeben kann. Nach der aufmerksamen Lektüre eines Textes stellen sich also die Fragen „Welche neuen Informationen habe ich bekommen?" und „Was will ich mir merken?". Die Antwort darauf erhält man mit der Rekapitulation des Textes, d. h., man vergegenwärtigt sich die inhaltlichen Zusammenhänge des Textes noch einmal in Gedanken und formuliert sie dabei mit eigenen Worten. Hierfür nutzt man natürlich die eigene Bearbeitung der Textvorlage mit Markierungen und Notizen.

Beim Wiederholen aufbereiteter Informationen mit eigenen Worten wird bisher Unbekanntes mit Bekanntem verbunden und im Gedächtnis eingeprägt. Deshalb ist das **eigenständige Formulieren** so entscheidend. Um neue Inhalte dauerhafter – für ein Referat, für eine Klassenarbeit oder auch fürs Leben – zu speichern, muss man den Prozess der Rekapitulation allerdings mehrmals wiederholen. Wichtige Inhalte sollte man schriftlich rekapitulieren.

Lesen zum raschen Informationsüberblick

Nicht immer ist es erforderlich, einen Text vom Anfang bis zum Ende vollständig zu lesen. Beim **diagonalen oder kursorischen Lesen** überfliegt man ihn nur, um zu entscheiden, ob sich eine intensivere Beschäftigung mit ihm lohnt und dem Zweck entspricht, den man verfolgt. Vor dieser Situation steht man oft, wenn man in der Bibliothek Literatur zu einem bestimmten Thema sucht, aber auch bei jeder Internet-Recherche: Ähnlich wie beim diagonalen Lesen orientiert man sich auch beim **punktuellen Lesen** an Schlüsselbegriffen; jedoch werden hierbei einzelne Abschnitte oder Absätze detailliert gelesen, auf der gezielten Suche nach bestimmten Informationen. Der Gedankengang des ganzen Textes bleibt dabei unberücksichtigt. Dieser erschließt sich einem nur beim **sequenziellen Lesen**, dem Studium des Textes Wort für Wort und Satz für Satz.

1.2 Wie sammle ich Informationen?

Wann wird eine Materialsammlung erforderlich?

Wie man effektiv liest, wissen wir jetzt. Aber wie gelangt man überhaupt an das Textmaterial, von dem man sich bestimmte Informationen erhofft? Texte, die als Arbeitsgrundlage für den Unterricht dienen, finden sich entweder in deinem Schulbuch oder sie werden von der Lehrerin bzw. dem Lehrer als Kopie verteilt oder man hat sie sich selbst angeschafft wie z. B. die Romane und Dramen, die im Deutschunterricht behandelt werden. Manchmal aber steht man vor der Aufgabe, eine umfangreiche Hausarbeit anzufertigen, und man soll ein Referat ausarbeiten, das Leben und Werk eines Dichters vorstellen, eine Romanfigur unter einem bestimmten Gesichtspunkt beleuchten oder ein aktuelles gesellschaftliches Thema erörtern. Dazu benötigt man dann zusätzliches Material.
Der klassische Fundort für dieses Wissen ist die Bibliothek.

Bibliotheken sind planmäßig angelegte Sammlungen von Veröffentlichungen, also von Büchern, Magazinen, Zeitschriften und Zeitungen. Heute finden sich in Bibliotheken auch moderne Medien wie Videos, DVDs und CD-ROMs. Meistens hat jede Schule eine eigene Schulbibliothek. Zudem findet man in jedem größeren Ort eine öffentliche Bücherei.
Im **Präsenzbestand** einer Bibliothek stehen vor allem Nachschlagewerke und grundlegende Veröffentlichungen, die man nicht ausleihen kann, weil sie ständig möglichst vielen Nutzern zugänglich sein sollen. Präsenzbände kann man also ausschließlich in der Bibliothek studieren, d. h., man ist auf das Verfahren des Exzerpierens angewiesen; häufig darf man aber auch Kopien davon anfertigen.
Zum **Ausleihbestand** zählen die Veröffentlichungen, die man für einen gewissen Zeitraum und in der Regel kostenfrei oder gegen eine geringe Gebühr entleihen kann, um mit ihnen zu Hause zu arbeiten.

TIPP: Den **Umgang mit Bibliotheken** muss man lernen. In die Nutzung der Schulbibliothek führt die dafür zuständige Lehrkraft ein. Auch öffentliche Bibliotheken bieten solche Einführungsveranstaltungen an und zeigen dir, wie du mithilfe eines **Schlagwortkataloges** oder durch **Stöbern im Präsenzbereich** und mithilfe von Literaturangaben in sog. **Bibliografien** Veröffentlichungen findest, die für das Thema, das du zu bearbeiten hast, wichtig sein könnten.
Unverzichtbar ist bei der Bibliotheksarbeit immer, dass du dir die **bibliografischen Angaben**, wie Autor und Titel der Veröffentlichung usw. notierst. Was dabei alles zu beachten ist, stellen wir im Kapitel „Wie zitiere ich aus fremden Texten?" vor.

Internet als Informationsquelle

Natürlich nutzt man heute auch das **Internet** zur Informationsbeschaffung, z. B. Suchmaschinen (wie unter www.google.de und www.altavista.de) oder Informationsportale (wie unter www.wissen.de). Das ist oft mühsam und kann auf Irrwege führen, wenn man auf einmal vor mehreren hundert Webseiten steht und über verschiedene Links zu Texten gelangt, die dann nur von zweifelhafter Qualität sind. Wichtig sind genaue Suchkriterien: Wenn du etwa Material zu Hermann Hesses „Glasperlenspiel" suchst, solltest du *Hermann Hesse* und *Glasperlenspiel* eingeben, nicht etwa *Hermann Hesse* oder gar nur *Hesse*.

Qualitätsprüfung – aber wie?

Wie kann man überhaupt überprüfen, ob Informationen zutreffend und seriös sind? Wer sich zunächst über allgemein anerkannte Nachschlagewerke und Sachwörterbücher kundig macht, ist auf der sicheren Seite. Manchmal stößt man auch auf Verfassernamen, die man im Unterricht schon einmal gehört hat. (Schüler, die ihre Aufsätze z. B. unter www.hausaufgaben.de ins Netz stellen, sind dagegen kaum als kompetente Fachleute anzusehen.) Wer unsicher ist, wird seine Lehrerin oder seinen Lehrer um Rat fragen. Auch auf das Veröffentlichungsjahr eines Werkes sollte man immer achten und möglichst neue Literatur berücksichtigen (wenn man nicht gerade ein geschichtliches Thema bearbeitet).

Wir kennen alle die Redensart „sich ein Bild von etwas machen". Tatsächlich läuft unsere Informationsverarbeitung hauptsächlich über das Sehen. Deshalb ist die **Veranschaulichung** oder Visualisierung gerade von theoretischen Zusammenhängen so wichtig. Das **Mindmapping** ist eine geeignete Methode, die sich auch in der Phase der Stoffsammlung sinnvoll einsetzen lässt.

Eine **Mindmap** – wörtlich übersetzt: „Gedächtnis-Landkarte" – ist die grafische Darstellung von Beziehungen, in denen Begriffe zu einem bestimmten Thema untereinander stehen, wobei logische Zusammenhänge erkennbar werden.

Beim Mindmapping schreibt man das Thema bzw. die Fragestellung in die Mitte und ordnet weitere Begriffe, auf die man während der Stoffsuche stößt, um diesen Kern herum an, sodass nach und nach ein Gesamtbild entsteht. Dabei werden über- und untergeordnete Gesichtspunkte deutlich und eine spätere Gliederung bereits vorbereitet.

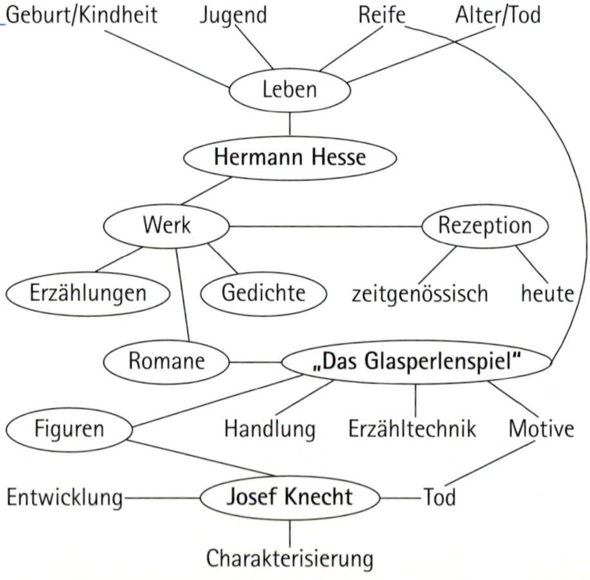

Beispiel für eine Mindmap: Hermann Hesses Roman „Das Glasperlenspiel"

1.3 Wie gliedere ich meinen Aufsatz?

Gedanken brauchen Gliederung. Wer einen Aufsatz anfertigen will, muss sich eine Gliederung überlegen, bevor er mit dem eigentlichen Schreiben beginnt. Die Gliederung schließt sich also an die Phase der Stoffsammlung an und kann, wie wir gerade gesehen haben, mit einer Mindmap gut vorbereitet werden. Oft fallen einem allerdings auch noch beim Ausformulieren neue Ideen ein, die die ursprüngliche Planung verändern. Wer dagegen überhaupt ohne genaueren Plan drauflosschreibt, darf sich am Ende nicht wundern, wenn er „den Faden verloren" hat.

Erst gliedern, dann schreiben

Allgemein bekannt und bestens bewährt ist die Dreiteilung in Einleitung, Hauptteil und Schluss. Dieses Aufbauprinzip ist je nach Art des Aufsatzes unterschiedlich auszugestalten. In der Einleitung zur **Interpretation eines literarischen Textes** beispielsweise müssen – neben der Textart wie „Roman" oder „Ballade" – der Titel des Werkes und der Name des Schriftstellers genannt werden; außerdem muss die Thematik kurz angesprochen werden. Bei einer **Erörterung** wird erwartet, dass man in der Einleitung zur Problematik hinführt, indem man z. B. einen aktuellen Bezug herstellt. Die Anforderungen an den Hauptteil der verschiedenen Aufsatzarten sind ganz unterschiedlich. Wir klären diese auf den folgenden Seiten ausführlich. Der Schluss eines Aufsatzes sollte eine Abrundung darstellen: Man formuliert ein Fazit oder äußert seine persönliche Einschätzung zum Thema, das man zuvor bearbeitet hat.

Einleitung – Hauptteil – Schluss

Wenn der Leser eines Aufsatzes dem Gedankengang folgen können soll, dann muss dieser sinnvoll aufgebaut sein. Außerdem müssen die einzelnen Schritte des Gedankengangs klar erkennbar sein. Auch im Schriftbild soll die inhaltliche Gliederung klar zum Ausdruck kommen – vor allem durch das Einfügen von Absätzen. Reiht man einfach Satz an Satz, dann ist es, als rede man, ohne Luft zu holen. Absätze grenzen Leseeinheiten voneinander ab, signalisieren, dass etwas Neues beginnt, und der Leser kann eine kurze Pause einlegen, um das bisher Gelesene zu überdenken.

Einzelne Schritte des Gedankengangs verdeutlichen

Absätze einfügen

Zwischen den großen Abschnitten Einleitung, Hauptteil und Schluss lässt man eine Zeile frei; aber auch innerhalb des Hauptteils immer dann, wenn man mit der Entwicklung eines neuen Gedankens oder der Behandlung eines größeren Gesichtspunktes beginnt.

Gliederung umfangreicher Texte nach dem numerischen System

Bei einer umfangreicheren Arbeit, z. B. einem Referat oder einer Fach- oder Projektarbeit, gliederst du deinen Text weiter in Haupt- und Unterabschnitte, die jeweils eine Überschrift erhalten. Allgemein üblich ist dabei die Verwendung des numerischen Systems, bei dem jede Gliederungsebene mit Zahlen bezeichnet wird, die durch Punkte getrennt werden. Hier ein Beispiel, das die Mindmap zu „Hermann Hesses Roman ‚Das Glasperlenspiel'" von vorhin aufgreift:

1	Der Autor Hermann Hesse
1.1	Die wichtigsten Lebensdaten
1.2	Das Gesamtwerk im Überblick
2	Der Roman „Das Glasperlenspiel"
2.1	Die Handlung
2.2	Erzähltechnische Beobachtungen
2.3	Die Hauptfigur Josef Knecht
2.3.1	Charakterisierung
2.3.2	Die Deutung des Todes
3	Hesses Aktualität zu Beginn des 21. Jahrhunderts

Prinzipiell können so beliebig viele Gliederungsebenen bezeichnet werden. Man sollte das Untergliedern jedoch auch nicht übertreiben.

Gliederung nach dem Buchstaben-Ziffern-System

Daneben gibt es auch noch die Möglichkeit, nach dem Buchstaben-Ziffern-System zu gliedern:

A)	Lateinische Großbuchstaben: Teile der Arbeit
I.	Römische Zahlen: Kapitel
1.	Arabische Zahlen: Abschnitte
a)	Lateinische Kleinbuchstaben: Unterabschnitte
b)	...
α)	Griechische Kleinbuchstaben: Absätze
β)	...

1.4 Wie zitiere ich aus fremden Texten?

Werke der Literatur, der Wissenschaft und der Kunst sind nach dem Urheberrechtsgesetz (UrhG) geschützt. Wenn man also einen fremden Text wörtlich oder sinngemäß übernimmt, dann muss man das auch entsprechend kennzeichnen und die jeweilige Quelle angeben (vgl. § 63 UrhG). Tut man das nicht, begeht man einen Betrug, indem man das geistige Eigentum eines anderen stiehlt.

Das direkte und das indirekte Zitat

Das **direkte Zitat** ist die wortwörtliche, d. h. die buchstaben- und zeichengetreue Übernahme eines fremden Textes. Ein solches Zitat wird in Anführungszeichen gesetzt.

Direktes Zitat

Bei einem direkten Zitat dürfen **keinerlei Veränderungen** vorgenommen werden, es sei denn, sie werden entsprechend angezeigt. Auslassungen innerhalb eines Zitates, die aber den ursprünglichen Sinn nicht entstellen dürfen, werden durch drei Auslassungspunkte in eckigen Klammern gekennzeichnet. Ebenfalls in eckigen Klammern stehen eigene Zusätze, also Erklärungen, Ergänzungen oder grammatische Änderungen, die der übergeordnete eigene Text erfordert. Doppelte Anführungszeichen des Originaltextes werden im Zitat zu einfachen.

Hier ein Beispiel:

Der Tyrann in Schillers Ballade „Die Bürgschaft" „lächelt [...] mit arger List" (III, 1) und entgegnet Damon, der vor seiner Hinrichtung noch seine Schwester verheiraten und deshalb seinen Freund als Bürgen zurücklassen will, „nach kurzem Bedenken: ‚Drei Tage will ich dir schenken. [...] Wenn sie verstrichen, [...] muß er statt deiner erblassen [...].'" (III, 2–7)

Von einem **indirekten Zitat** spricht man bei der bloß sinngemäßen, nicht wörtlichen Wiedergabe eines fremden Textes. Also immer dann, wenn man sich gedanklich auf die schriftlichen oder auch mündlichen Ausführungen einer anderen Person stützt.

Indirektes Zitat

Auch beim indirekten Zitieren ist streng darauf zu achten, dass man den Sinn des Originals nicht verfälscht. Um zu verdeutlichen, dass man die Meinung oder Äußerung eines anderen wiedergibt, nutzt man die indirekte Rede mit dem Konjunktiv. Auch dafür ein Beispiel:

Der Tyrann in Schillers „Bürgschaft" räumt Damon für die Verheiratung seiner Schwester voller Hinterlist eine Frist von drei Tagen ein. Wenn die Frist verstrichen sei, müsse Damons Freund an seiner Stelle sterben (vgl. III).

Die Quellenangabe

Damit der Leser die Originalstelle auch selbst nachschlagen kann, muss die jeweilige Quelle genau angegeben werden. Wenn du dich in einem Aufsatz beispielsweise immer nur auf einen bestimmten Text beziehst, der allen gemeinsam

Einfache Quellenangabe

vorliegt, dann kannst du dich auf die **einfache Quellenangabe** beschränken. Dabei gibst du unmittelbar hinter dem direkten Zitat nur die Seiten- bzw. Zeilenangaben in runden Klammern an. Nach indirekten Zitaten fügst du diese Angaben am Schluss des Satzes oder Absatzes an, also:

- *(vgl. S. 8f.)* = (vergleiche Seite 8 und folgende)
- *(vgl. Z. 25–31)* = (vergleiche Zeile 25 bis 31).

Sonderfälle: Gedicht und Drama

Bei Gedichten werden die Strophen mit römischen, die einzelnen Verse mit arabischen Ziffern bezeichnet. Ebenso wird auf die Akte (Aufzüge) eines Schauspiels mit römischen und auf die Szenen (Auftritte) mit arabischen Ziffern verwiesen.

Also bedeutet:

- *III, 2* bei einem Gedicht: 3. Strophe, 2. Vers
- *V, 3* bei einem Drama: 5. Akt, 3. Szene.

Ausführliche Quellenangabe

Bei der Ausarbeitung eines Referates oder einer Facharbeit bezieht man sich dagegen in aller Regel auf mehrere verschiedene Texte. Hierfür muss man die Quellen alle **ausführlich** in einem Literaturverzeichnis am Ende der Arbeit auf-

Literaturverzeichnis

führen, und zwar alphabetisch nach dem Nachnamen des Verfassers geordnet.

Selbstständige und unselbstständige Publikationen

Für die vollständige Quellenangabe muss man zwischen verschiedenen Veröffentlichungsformen unterscheiden. Als selbstständige Publikationen (Monografien) bezeichnet man Veröffentlichungen, die in Buchform vorliegen. Dagegen sind unselbstständige Publikationen Aufsätze oder Artikel, die in Sammelbänden, Zeitschriften oder Magazinen, in Wochen- oder Tageszeitungen erschienen sind.

Selbstständige Publikationen werden ausführlich nach folgender Grundform notiert: Nachname des Autors, Vorname (Namen weiterer Autoren): Titel des Werkes. (Untertitel.) Auflage (falls nicht die erste Auflage) Verlagsort(e): Verlagsname Erscheinungsjahr. Also z. B.:
Schiller, Friedrich: Kabale und Liebe. Ein bürgerliches Trauerspiel. Stuttgart: Reclam 2001.

Verschiedene Formen unselbstständiger Publikationen

Bei unselbstständigen Publikationen werden zunächst immer der Verfasser und der Titel der Veröffentlichung genannt, dann erfolgen – eingeleitet mit „In:" – je nach Erscheinungsform entsprechende zusätzliche Angaben:

- Bei **Veröffentlichungen in Sammelbänden** (auch in Fachlexika) werden nach dem Verfasser und dem Titel (und Untertitel) des Bandes auch der Herausgeber mit dem Zusatz „Hg. v." oder „Hrsg. v." genannt; dann die weiteren Angaben (Auflage, Verlagsort, Verlagsname, Erscheinungsjahr) sowie die erste und letzte Seitenzahl des Artikels oder Aufsatzes, z. B.:
  Bauer, Matthias: Spiel. In: Metzler Lexikon Literatur- und Kulturtheorie. Ansätze, Personen, Grundbegriffe. Hg. v. Ansgar Nünning: Stuttgart, Weimar: Metzler 1998. S. 495f.
- Bei einem **Aufsatz in einer Zeitschrift oder einem Magazin** werden außer Autor und Aufsatztitel der Name der Zeitschrift, Jahrgang, Erscheinungsjahr, Heftnummer sowie die Seiten angegeben:
  Dawidowski, Christian: Literatur als Traum oder Was hat Gedichtinterpretation mit Psychoanalyse zu tun? In: Literatur im Unterricht 3 (2002), Heft 2. S. 123–133.

- Die Angabe von **Artikeln aus Wochen- und Tageszeitungen** ist einfacher: Man nennt den Titel der Zeitung und das Erscheinungsdatum. Auf Seitenangaben kann in der Regel verzichtet werden:
  Oswald, Bernd: Die EU – ein Chamäleon. In: Süddeutsche Zeitung, 8. Juni 2004.
- Texte, die dem **Internet** entnommen sind, werden mit der vollständigen URL-Adresse und dem Datum des Tages, an dem man die Internetseite aufgerufen hat, angegeben:
  Anonym: Hermann Hesse/Das Werk/Das Glasperlenspiel. Online im Internet: URL: http://www.hhesse.de/werk.php (Stand: 08.06.2004)

Sonderfälle

Wenn, wie hier im letzten Beispiel, der Name des Verfassers unbekannt ist, setzt man dafür „Anonym" ein. In den Printmedien, also allen gedruckten Texten, schreibt man bei fehlendem Verlagsort oder Erscheinungsjahr *„o. O."* (= „ohne Ortsangabe") bzw. *„o. J."* (= „ohne Jahresangabe").

Wenn man ein eigenes Literaturverzeichnis erstellt hat, dann erfolgt der Quellenbeleg eines Zitates innerhalb des eigenen Textes jedes Mal entweder in Klammern oder als Fußnote, und zwar jeweils in einer Kurzform. Im Beispiel von oben:
Dawidowski 2002, S. 123 (also Nachname des Verfassers, Erscheinungsjahr und – außer bei Zeitungsartikeln – Seitenangabe).

TIPP: Achte beim Zitieren aus fremden Texten auf größte Sorgfalt. Die Quellenangaben müssen vollständig sein und du solltest ein möglichst präzises und einfaches System konsequent anwenden.

1.5 Wie gestalte ich meinen Aufsatz?

Die äußere Form

Natürlich kommt es entscheidend auf den Inhalt deines Aufsatzes an, aber auch **die äußere Textgestaltung** ist von Bedeutung. Welches Papierformat du verwenden sollst, mit welchem Seitenrand, ob liniertes oder unliniertes Papier, wird dir deine Lehrerin oder dein Lehrer sagen.

Handschriftliche Texte

Bei handschriftlichen Texten ist selbstverständlich auf größtmögliche Lesbarkeit zu achten. Die saubersten Schreibbilder erzielt man übrigens mit einem Füller oder Tintenroller, nicht mit einem Kugelschreiber. Wenn man ein Wort oder einen Textteil löschen möchte, dann streicht man diese Passage mit einem geraden Strich einfach durch (nicht einklammern, denn in Klammern stehen Ergänzungen).

Seite einrichten am PC

Verfasst man seinen Aufsatz mithilfe eines **Textverarbeitungsprogramms am PC**, wählt man unliniertes weißes Papier im DIN-A4-Format und lässt einen 1,5fachen Zeilenabstand. Als **Schriftart** verwendet man „Times New Roman" oder „Arial" mit einem **Schriftgrad** von 12 pt, in Blocksatz oder mit linksbündiger Ausrichtung. Als **Seitenränder** sind rechts und links mindestens 2,5 cm einzurichten, wenn man keine anderen Hinweise erhält. Längere Texte erhalten am oberen Rand rechts oder in der Mitte eine durchgehende **Seitenzählung**. Für umfangreichere Fach- oder Projektarbeiten ist ein Deckblatt mit verschiedenen Angaben (Schule, Verfasser, Thema, Abgabetermin) nötig, außerdem erhalten diese Arbeiten ein Inhalts- sowie ein Literaturverzeichnis. Näheres hierzu erfährst du aber immer auch von deiner Lehrerin oder deinem Lehrer.

Die sprachliche Gestaltung

Eine wichtige Rolle spielt **die sprachliche Gestaltung** eines Aufsatzes. **Rechtschreibung, Zeichensetzung und Grammatik** müssen natürlich stimmen. Wenn du dir unsicher bist, schlage in einem Rechtschreibwörterbuch wie dem Duden bzw. in einer Grammatik nach.

In Zweifelsfällen nachschauen!

Sprachstil

Neben der Korrektheit der sprachlichen Form ist auch der Sprachstil wichtig. Einfachheit, Klarheit und Verständlichkeit sind Trumpf. In der Regel ist ein **neutraler und eher gehobener Stil** verlangt, der auf umgangssprachliche Ausdrücke verzichtet.

Hier ein Beispiel:

poetisch: *in Morpheus' Armen zubringen*
gehoben: *nächtigen*
neutral: *schlafen*
umgangssprachlich: *pennen, pofen*

Beim Verfassen von Aufsätzen geht es auch darum, die eigene **Sprachfähigkeit** zu erweitern. Deshalb findet sich in vielen Aufgabenstellungen die Aufforderung „Formuliere mit eigenen Worten!". Beim Abschreiben fremder Texte übt man seinen Ausdruck nicht und lernt nichts dazu. An sog. Stilbrüchen merkt der Leser dann außerdem schnell, ob jemand etwas abgeschrieben hat, was er nicht selbstständig durchdacht und verstanden hat.

Fremdwörter und Fachbegriffe

Gefährlich ist es auch, klüger scheinen zu wollen, als man ist: Bei der Verwendung von **Fremdwörtern oder Fachbegriffen** sollte man sich sicher sein. Ansonsten ist auch gegen ein deutsches Wort nichts einzuwenden: *Ergebnis* beispielsweise klingt oft mindestens genauso gut wie *Fazit*.

Satzbau

Vermeide unnötige Schachtelsätze, wo ein einfacher **Satzbau** ausreicht und der Verständlichkeit dient. Die vielen verschiedenen Nebensatzarten sollten der Darstellung komplexer Sachverhalte vorbehalten bleiben, die sich anders auch nicht angemessen ausdrücken lassen.

Füllwörter und Wiederholungen vermeiden

Wörter wie *eben, einige, häufig, ja, möglichst, selten* u.a. sollten nur da verwendet werden, wo sie wirklich der Differenzierung dienen, nicht als bloße **Füllwörter**. Letztere sind ebenso zu vermeiden wie **Wortwiederholungen**.

Nominalstil und Passivkonstruktionen vermeiden

Nominalstil und Passivkonstruktionen, die uns häufig im Amtsdeutsch begegnen, wirken schnell ermüdend. Anstatt *Die Hinzuziehung von Experten wird erwogen* kann es auch schlicht heißen: *Man denkt daran, Fachleute zu fragen.*

Aussagekräftige und dynamische Verben machen einen Text lebendig und ansprechend. Auch dabei kommt es wieder auf die treffende Formulierung an. Die blassen Verben *sagen* und *meinen* können – je nach inhaltlichem Zusammenhang – ersetzt werden durch *aussagen, ergänzen, erklären, erwägen, fordern, kritisieren, plaudern, schildern, schwätzen, warnen* etc.

TIPP: Es lohnt sich, Worte zu suchen, die den Sachverhalt, den du ausdrücken willst, exakt wiedergeben. Dabei kannst du auf sog. **Synonymwörterbücher** zurückgreifen, die dir zu jedem Oberbegriff eine Auswahl verschiedener Wörter mit ähnlichen bzw. verwandten Bedeutungen anbieten. Im Textverarbeitungsprogramm Word auf dem PC hat diese Funktion der Befehl „Thesaurus“ im Menü „Extras“ unter dem Register „Sprache“.

Kreatives Schreiben

In der Sprachwissenschaft versteht man unter **Kreativität** die Kompetenz des Menschen, persönliche Erfahrungen und Erlebnisse auf eine neue Art und Weise in Sprache umzusetzen und so sein Verhältnis zu Welt und Wirklichkeit auszudrücken und mitteilbar zu machen.

Ziel des Schreibens

Zwar eignen sich nicht alle schulischen Aufsatzarten dazu, sich in seiner sprachlichen Originalität auszuleben und seine schöpferische Formulierungsgewalt zu demonstrieren. Immer solltest du es aber vermeiden, auf abgegriffene Standardfloskeln zurückzugreifen und die Worte zu wählen, die schon tausend andere benutzt haben. Gegen langweilige und uninteressante Texte hilft nur konzentriertes Schreiben, bei dem das oberste Ziel aller Kommunikation im Blick behalten wird: **Verständigung**, die immer **Verständlichkeit** voraussetzt.

1.6 Wie überarbeite ich meinen Aufsatz?

Geschriebenes selbst korrigieren

„Nobody is perfect!" – dieser Spruch ist nicht neu, aber zutreffend. Deshalb ist es notwendig, dass man das, was man selbst geschrieben hat, noch einmal kontrolliert. Wenn man alle Fehler des eigenen Textes selbst entdecken will, sollte zwischen Schreiben und erneutem Lesen ein gewisser Zeitabstand liegen.

TIPP: Bei längeren Texten sollte man jemanden, von dem man weiß, dass er die deutsche Sprache gut beherrscht, um ein sog. Korrekturlesen bitten.
Am Monitor überliest man übrigens so manchen Fehler; deshalb sollte man am Computer geschriebene Texte in der Druckfassung korrigieren.

Checkliste für schriftliche Arbeiten

- ☐ Habe ich alle Vorgaben zur äußeren Form beachtet?
  - ☐ Papierformat
  - ☐ Seitenränder
  - ☐ Zeilenabstand
  - ☐ Schriftart
  - ☐ Schriftgrad
  - ☐ Seitenzahlen
- ☐ Habe ich Rechtschreibung, Zeichensetzung sowie Grammatik beachtet?
- ☐ Ist der Text form- und sachgerecht gegliedert?
- ☐ Sind die direkten und indirekten Zitate korrekt?
- ☐ Sind alle Quellenangaben vollständig?

Bei **umfangreicheren** Ausarbeitungen muss außerdem geprüft werden:

- ☐ Stimmen die Überschriften im Text und im Inhaltsverzeichnis überein?
- ☐ Sind die Angaben der Seitenzahlen im Inhaltsverzeichnis korrekt?
- ☐ Sind alle Werke, die ich verwendet habe, im Literaturverzeichnis aufgeführt?
- ☐ Sind alle Bestandteile vorhanden?
  - ☐ Titelblatt
  - ☐ Inhaltsverzeichnis
  - ☐ Einleitung, Hauptteil, Schluss
  - ☐ Literaturverzeichnis

2 Die Erlebniserzählung

Mit einer **Erlebniserzählung** will man seine Leser oder Zuhörer unterhalten, indem man eine wahre Begebenheit erzählt, die man entweder selbst erlebt oder beobachtet hat. Dabei versucht man, Spannung entstehen zu lassen und dem Leser oder Zuhörer das Gefühl zu vermitteln, das Geschehen selbst mitzuerleben.

Von welchen Erlebnissen kannst du erzählen? Natürlich sind nicht die gewöhnlichen Ereignisse interessant, die sich jeden Tag wiederholen und die jeder kennt. Erzählenswert ist **das Besondere**, also das, was aus unserem Alltag herausfällt und deshalb unsere Aufmerksamkeit verdient.

Außergewöhnliches als Thema

Die **Situationen**, in denen Überraschendes geschehen kann, sind dabei ganz verschieden: in den Ferien, auf Reisen, auf dem Schulweg, im Unterricht, beim Spielen, während der Mahlzeiten, im Wald, im Straßenverkehr, auf dem Jahrmarkt, im Zoo, beim Arzt und beim Sport, während einer Geburtstagsfeier oder Hochzeit usw.

Und **was** überrascht uns? Auch da gibt es viele Möglichkeiten: z. B. ein unerwarteter Besuch, ein Wiedersehen nach langer Zeit, die Begegnung mit einem außergewöhnlichen Menschen oder einem seltsamen Tier, die Entdeckung von etwas Schönem oder Gruseligem, eine Verwechslung, eine Verdächtigung, ein plötzlicher Streit, das Verlieren oder Wiederfinden eines wichtigen Gegenstandes etc.

So verschieden die Situationen sind, in denen wir mehr oder minder Ausgefallenes erleben, so verschieden können auch die **Grundstimmungen** sein, die dazugehören. Die Bandbreite dabei reicht von positiven Empfindungen, also Spaß, Freude, Heiterkeit und Begeisterung, bis zu negativen wie Enttäuschung, Ernüchterung, Trauer, Angst und Ärger, Wut, Zorn oder Hoffnungslosigkeit und Verzweiflung.

> **TIPP:** Um etwas Interessantes erzählen zu können, brauchst du einen **Erzählplan**, d. h., Inhalt und Erzählziel müssen dir bereits zu Beginn des Schreibens klar sein. Du bereitest dich am besten vor, indem du dir die berühmten **W-Fragen** stellst: **„Was** passiert **wem, wann, wo, wie** und **warum?"** Beantworte diese in Stichworten und ordne die einzelnen Ereignisschritte nach zeitlichen und/oder logischen Gesichtspunkten. So erhältst du das **Handlungsgerüst** deiner Erlebniserzählung und kannst den **Spannungsbogen** mit seinem **Höhepunkt** herausarbeiten.

Wer erzählt in welcher Zeitform?

Eine Erlebniserzählung wird aus der Sicht eines Icherzählers oder eines berichtenden Beobachters im Präteritum verfasst. Den Höhepunkt kann man dann aber – im Interesse der Eindringlichkeit – auch im Präsens erzählen.

Die **Einleitung** muss in die Situation einführen. Die Personen sowie Ort und Zeit der Handlung werden genannt und die Neugier des Lesers wird geweckt, indem man das weitere Geschehen andeutet.

Aufbau der Erlebniserzählung

Der **Hauptteil** enthält als wichtigstes Element den **Höhepunkt**, auf den die ganze Handlung zusteuert. Er steht in der zweiten Hälfte des Hauptteils, ihm folgt nur noch die Auflösung der Situation. Aufregende Lösungen ergeben sich, je größer der Überraschungseffekt ist.

Der **Schluss** kann kurz sein: Oft reicht ein Satz, um die Spannung abklingen zu lassen oder einen Rückblick auf die Geschichte zu formulieren.

Besonders wichtig ist die **sprachliche Gestaltung** der Erlebniserzählung: Der Leser muss sich als Beteiligter empfinden und von dem Geschehen gefangen sein.

> Verwende **treffende Adjektive** und **anschauliche Verben.** Als Vorübung hierfür kannst du entsprechende Wortfelder erstellen. Neben der **wörtlichen Rede** beleben auch **Ausrufesätze** wie *Endlich war Weihnachten!* (oder Ein-Wort-Sätze wie *Chaos!*) und **Fragen** an den Leser (*Was sollte ich jetzt tun?*) die Erzählung.

3 Die Fantasieerzählung

In einer **Fantasieerzählung** kann man seiner Kreativität freien Lauf lassen. Man **gestaltet** entweder einen vorgegebenen Erzählkern **aus**, verfasst eine **Fortsetzungsgeschichte** oder schreibt **völlig frei** eine Erzählung zu einem Thema, das nur knapp umrissen ist.

Ein bekanntes Geschehen reizvoll aufbereiten

Beim **Ausgestalten eines Erzählkerns** muss man auf der Grundlage einer kurzen Notiz, die das Wesentliche der Erzählung enthält, sein eigenes Vorstellungsvermögen einsetzen und eine Geschichte entwickeln, die die vorgegebenen Informationen sinnvoll berücksichtigt und weiter ausmalt. Du erhältst z. B. eine Zeitungsmeldung zu einem Geschehen, das durch das mutige Eingreifen eines zufällig vorbeikommenden Passanten ein glückliches Ende nimmt, und schmückst diese Handlung durch weitere Details aus.

Eine Geschichte weitererzählen

Wird dir der Beginn einer Erzählung vorgelegt, musst du eine **Fortsetzungsgeschichte** um die bereits genannten Personen erfinden. Meist geht es um eine Alltagssituation, die eine unerwünschte oder bedrohliche Wendung nimmt: Jemand verpasst sein Flugzeug und kommt zu spät zu einem Treffen, von dem für ihn vieles abhängt, usw.

Eine Geschichte völlig neu erfinden

Das **Schreiben einer freien Fantasiegeschichte** verlangt viel Kreativität: Du verfasst z. B. eine Zauber- und Traumgeschichte mit märchenhaften Zügen oder eine Science-Fiction-Geschichte, die in der Zukunft spielt. Dabei können Fabelwesen, Tiere und Gegenstände z. B. durchaus sprechen. Mögliche Themen sind: „Eine Nacht im Spukschloss", „Ein Tag im Paradies", „Die Lebensgeschichte einer alten Taschenuhr" usw.

Für **Fantasiegeschichten** gelten ähnliche Regeln wie für Erlebniserzählungen: Du entwickelst auf der Basis der vorgegebenen Informationen ein plausibles Handlungsgerüst (ohne Brüche und Widersprüche). Auch hier sind Überraschungseffekte und Spannung wichtig.

4 Die Beschreibung

4.1 Die Personenbeschreibung

Personenbeschreibungen im Alltag

Wenn wir uns über andere Menschen unterhalten, beschreiben wir sie. Personenbeschreibungen kennen wir vor allem aus der Arbeit der Polizei: Wenn eine vermisste Person gesucht oder ein Straftäter zur Fahndung ausgeschrieben wird, dann gehört dazu ein Steckbrief.

Die **Personenbeschreibung** dient der Identifizierung eines Menschen durch möglichst exaktes Darstellen seines äußeren Erscheinungsbildes. Die Beschreibung muss sachlich-neutral sein, sie darf keine persönlichen Werturteile enthalten und sollte klar gegliedert sein.

Präzise Wortwahl

Diese Definition der Personenbeschreibung macht schon deutlich, dass es darauf ankommt, die äußerlich wahrnehmbaren Eigenschaften eines Menschen mithilfe von entsprechend **treffenden Adjektiven** zu benennen. Ausdrücke wie *gut aussehend* helfen ebenso wenig weiter wie andere wertende Begriffe, z. B. *eklig, nett* oder *sympathisch*, da darunter jeder etwas anderes versteht. Für die Polizei mögen allein die unveränderlichen Kennzeichen – z. B. Körperbau, Haarfarbe etc. – von Bedeutung sein, für eine Personenbeschreibung, wie sie im Unterricht verlangt wird, spielen auch die veränderlichen Merkmale wie Frisur und Kleidung eine wichtige Rolle.

Eine Personenbeschreibung wird im **Präsens** verfasst.

Allgemeine Personenangaben

Man beginnt mit den **allgemeinen Angaben zur Person**, soweit man sie kennt: Name, Geschlecht, Alter (entweder das genaue bzw. geschätzte Lebensalter in Jahren oder Bezeichnungen wie *Kleinkind, Schüler, Jugendlicher, junger Erwachsener, älterer Herr / ältere Dame* etc.) Außerdem gehören Größe und Gewicht zu den persönlichen Angaben. Dann folgt die Beschreibung der einzelnen Körperteile: Siehe dazu den Merkmalkatalog auf der nächsten Seite. Auch kann man am Ende typische Verhaltensweisen beschreiben, ohne sie jedoch zu bewerten (das wäre die Aufgabe einer Charakteristik).

Merkmalliste für eine Personenbeschreibung

Körperbau, Statur: *dürr, dünn, schmal, schlank, vollschlank, dick; kräftig, gedrungen, untersetzt, schwächlich*
Körperhaltung: *aufrecht, gebeugt, schief, beweglich, steif*
Kopf-/Gesichtsform: *oval, rund, eckig, kantig, länglich, breit, unsymmetrisch, hohlwangig, vorstehende Backenknochen*
Haut: *glatt, faltig, frisch, blass, gebräunt, fahl, pickelig*
Haare: *Haarfarbe* (echt oder gefärbt); *voll, schütter, lockig, Dreadlocks, Glatze; glatt, gewellt, kraus, kurz, lang, gescheitelt, zurückgekämmt*
Bart: *Vollbart, Oberlippenbärtchen, Spitzbart, Schnauzbart, Dreitagebart; glatt rasiert, unrasiert*
Stirn: *hoch, niedrig, zurückweichend, vorspringend, platt*
Augen: *hell, dunkel, blau, grau, grün, braun; tief liegend, vorstehend, eng zusammenstehend, weit auseinander liegend; schielend, blind, kurzsichtig, weitsichtig; Brille*
Augenbrauen: *buschig, schmal, gezupft, an der Nasenwurzel zusammengewachsen*
Nase: *groß, klein, schmal, breit, gebogen, gradlinig, schief, spitz; Adler-, Boxer-, Haken-, Knollen-, Stupsnase*
Ohren: *groß, klein, schmal, spitz, eckig, rund, oval; abstehend, eng anliegend*
Ohrläppchen: *rund, eckig, frei hängend, angewachsen*
Mund: *groß, klein, schief, breit; lachend, ernst*
Lippen: *schmal, aufgeworfen; vorstehende Ober- oder Unterlippe*
Zähne: *gerade, unregelmäßig, künstlich, schräg stehend, vollständig, lückenhaft; weiß, gelblich; Über-/Unterbiss*
Kinn: *fliehend, zurückweichend, vorspringend, spitz, breit; Doppelkinn, Kinnspalte*
Arme: *kurz, lang, kräftig, dürr, muskulös*
Hände/Finger: *lang, kurz, behaart; gepflegt, abgearbeitet*
Beine: *kurz, lang; O-Beine, X-Beine; Gehfehler (Hinken, Nachschleppen), Gehweise (Hüpfen, Schreiten, Stolzieren)*
Füße: *klein, zierlich, groß; Plattfüße*
Sprache/Sprechweise: *Dialekt; Lispeln; Nuscheln, Stottern; hohe, tiefe Stimme, heiser, klar, monoton, lebhaft*
Besondere Kennzeichen: *Narben, Fehlbildungen* etc.

4.2 Die Gegenstandsbeschreibung

In einer **Gegenstandsbeschreibung** werden die Merkmale und Eigenschaften eines Gegenstandes anschaulich und übersichtlich dargestellt, sodass die Funktionsbeziehung der einzelnen Teile zueinander deutlich wird.
Beim **Aufbau** der Gegenstandsbeschreibung sollte man der natürlichen menschlichen Wahrnehmung folgen: In der Regel schauen wir uns Objekte zunächst von außen an, bevor wir uns für ihr Innenleben interessieren. Kirchen, Hochhäuser und Bäume betrachten wir von unten nach oben, während unser Blick bei Denkmälern und Skulpturen von oben nach unten wandert. Wir nehmen zunächst wahr, was im Vordergrund steht, dann erst betrachten wir den Hintergrund. Die gewöhnliche Blickrichtung verläuft von links nach rechts. Häufig orientieren wir uns aber von der Mitte hin zu den Seiten. Und Großes fällt uns vor Kleinem auf.

Gegenstandsbeschreibungen gibt es vor allem in naturwissenschaftlichen und technischen Fächern. In jedem Fall sind

Präzise Angaben

möglichst **exakte Angaben** notwendig. Die Beschreibung eines Buches könnte z. B. so beginnen:
Das Buch „mentor Grundwissen Deutsch" hat die Maße 12,5 x 19 cm und umfasst 288 Seiten. Sein Einband aus einer flexiblen PVC-Decke ist abwaschbar und sehr strapazierfähig. Die Grundfarbe des Einbands ist Orange, die Schriften sind in Schwarz und Weiß gehalten …

Bildbeschreibung

Bei einer **Bildbeschreibung** wird ein Gemälde, eine Grafik oder Fotografie gleichsam mit Worten nachgezeichnet. Dabei soll die **Bildkomposition** verdeutlicht und gezeigt werden, wie sich die Einzelheiten zum Ganzen fügen. Man achtet also auf Linienführungen, Größenverhältnisse und Formen sowie auf Farbabstufungen und die Behandlung von Licht und Schatten. Natürlich kannst du dabei dein Wissen über die Maltechnik, den Künstler und seine Epoche nutzen.

4.3 Die Vorgangsbeschreibung

Prozesse, die sich in gleicher Weise wiederholen, werden in **Vorgangsbeschreibungen** dargestellt, die über die wesentlichen Merkmale einer Tätigkeit, einer Bewegung oder Veränderung so informieren, dass das zeitliche und logisch-funktionale Zusammenspiel der einzelnen Teilvorgänge erkennbar wird.

Zusammenhang von Ursache und Wirkung

In jedem Vorgang sind die einzelnen Schritte immer als **Ursachen und Wirkungen** so aufeinander bezogen, dass eine Veränderung ihrer Abfolge zu jeweils einem anderen Ergebnis führen würde. Die Bedienung einer Kaffeemaschine z. B. ist nur erfolgreich, wenn man das Gerät erst einschaltet, nachdem man Kaffeepulver und Wasser eingefüllt hat, nicht umgekehrt.

Vorgangsbeschreibungen im Alltag

Neben Bedienungs- und Gebrauchsanweisungen zählen Bau- und Bastelanleitungen sowie Kochrezepte und die Regeln für Gesellschaftsspiele zu den Vorgangsbeschreibungen, die ansonsten auch in wissenschaftlichen Abhandlungen häufig vorkommen.

Zur Vorbereitung einer Vorgangsbeschreibung stellst du dir folgende Fragen:

- Welche verschiedenen Schritte sind zu unterscheiden?
- Welche Reihenfolge ist erkennbar?
- Was läuft nacheinander und was zeitgleich ab?

Nummeriere nun die einzelnen Teilvorgänge durch; damit ist die Gliederung deiner Vorgangsbeschreibung schon vorgegeben und du kannst mit der Ausformulierung beginnen. Dabei solltest du monotone Satzanfänge vermeiden und nicht immer mit *dann* beginnen. Wie wäre es mit *daraufhin, nachdem, im Anschluss daran, zur gleichen Zeit* usw.?

Zeitform und Stil

Wie alle Beschreibungen wird auch die Vorgangsbeschreibung im **Präsens** verfasst. Der **Stil** ist sachlich, kurz und prägnant. Auf diese Weise kannst du zeigen, dass du die Realität genau beobachten und logische Zusammenhänge erkennen sowie präzise sprachlich umsetzen kannst.

5 Der Brief

Auch im Zeitalter der Telekommunikation hat die alte Form des **schriftlichen Austausches von Informationen** und Gedanken zwischen Personen, die voneinander räumlich getrennt sind, noch ihre Bedeutung: das Briefeschreiben. So unterschiedlich die Formen sind, so verschieden sind auch die Zwecke, die ein Brief erfüllen kann.

5.1 Der private Brief

Formale Vorgaben

Für Briefe, die wir den Menschen schicken, mit denen wir befreundet oder verwandt sind, die wir schätzen und lieben, gelten keine festen Regeln. Dennoch ist es sinnvoll, sich auch hier an ein paar formale Vorgaben zu halten.

Papier

Für private Briefe verwendet man, sofern vorhanden, sein eigenes Briefpapier, auf dem Name und Anschrift gedruckt sind; ansonsten ein in der Regel weißes unliniertes DIN-A4-Blatt.

Schrift

Persönlicher Ausdruck ist natürlich die **Handschrift**, die leserlich und ordentlich sein muss. Wessen Handschrift nur schwer zu enträtseln ist, kann auf **Maschinenschrift** ausweichen (aber ein Liebesbrief z. B. wird seine Wirkung so leichter verfehlen).

Anrede

Rechts oben gibt man Ort und Datum an. Dann folgt links oben die Anrede mit Komma, nach der man in einer neuen Zeile mit dem Text beginnt.

Stil

Der Stil darf individuell sein, die Regeln der Rechtschreibung, Zeichensetzung und Grammatik muss man jedoch beachten. Ein Brief ist ein **Dokument**, das auch nach längerer Zeit noch wichtig sein kann, weshalb man sich seine Formulierungen gut überlegen sollte.

Schluss

Am Ende des Briefes steht linksbündig nach einer Leerzeile eine Grußformel, darunter die eigenhändige Unterschrift:

Meppen, 17. September 2004

Liebe Katharina,
zu deinem morgigen Geburtstag wünsche ich dir alles Gute. Ich hoffe, du wirst eine schöne Feier haben und ...

Nochmals herzlichste Glückwünsche und beste Grüße
dein Patenonkel Dietmar

5.2 Der Geschäftsbrief

Geschäftsbrief: die wichtigsten Bestimmungen

Briefe von einer Privatperson an einen Betrieb oder eine Behörde und Briefe zwischen Betrieben bzw. Behörden sind **Geschäftsbriefe**, für die das „Deutsche Institut für Normung" (DIN) einige Gestaltungsregeln festgelegt hat (nach DIN 676 und 5008).

Wo?	Was?
links oben:	Adresse des Absenders mit Anschrift, Telefon, Fax, E-Mail
rechts oben:	Orts- und Datumsangabe
nach 6 Leerzeilen:	Anschrift des Empfängers (zwischen Straße und Ort 1 Leerzeile)
nach 4 Leerzeilen:	Betreff (kurzer Hinweis auf den Inhalt)
nach 2 Leerzeilen:	Anrede mit Titel, Dienstbezeichnung (z. B. *Sehr geehrter Herr Dr. Hillers,*)
nach 1 Leerzeile:	Text, gegliedert in Abschnitte (dazwischen jeweils 1 Leerzeile)
nach 1 Leerzeile:	Grußformel (in der Regel: *Mit freundlichen Grüßen*)
nach 3 Leerzeilen:	handschriftliche Unterschrift
darunter:	Namensnennung in Maschinenschrift
nach 1 Leerzeile:	Auflisten der Anlage (z. B.: *Vertrag*)

5.3 Die E-Mail

Sprache

Betreffzeile ausfüllen

Briefe werden heute oft von E-Mails verdrängt, die zwang- und formloser zu sein scheinen. Ein **präziser Stil**, ein **höflicher Ton** und ein gutes, **fehlerfreies Deutsch** sind aber auch hier gefragt. Die Betreffzeile ist informativ auszufüllen, da die E-Mail sonst womöglich ungelesen gelöscht wird. Am Ende gibt man in der sog. Signatur weitere Kontaktmöglichkeiten an: Man nennt seinen Namen (Firma), Anschrift, Telefon- und Faxnummer.

Bei wichtigen Nachrichten sollte man den Empfang der E-Mail kurz bestätigen.

6 Das Protokoll

In einem **Protokoll** wird festgehalten, was in Verhandlungen, Konferenzen, Diskussionen oder Vorträgen thematisiert wurde. Zweck und Funktion eines Protokolls ist es, den Teilnehmern eine Gedächtnisstütze zu bieten und Abwesende zu informieren. Es gibt zwei Arten: Während **Verlaufsprotokolle** die wesentlichen Schritte des Geschehens in ihrem Nacheinander wiedergeben, stellen **Ergebnisprotokolle** nur die Resultate wie z. B. Vereinbarungen und Beschlüsse einer Veranstaltung zusammen.

Für die Anfertigung eines Protokolls gibt es **formale Vorschriften**, vor allem, was den Anfang, den sog. **„Kopf"** betrifft, der wesentliche Angaben enthalten muss. Hier ein Beispiel:

Protokoll über die 7. Mitgliederversammlung des Klubs „Leseratten und Bücherwürmer" (LUB)

Ort:	*Heine-Schule, Ulrichstraße 33, Hamburg*
Datum:	*8. März 2005*
Zeit:	*18:00 Uhr bis 19:45 Uhr*
anwesend:	*12 Mitglieder, s. Anwesenheitsliste*
entschuldigt:	*Caroline Stein*
Vorsitz:	*Dr. Anneliese Lange*
Protokoll	*Cord Middendorf*

Tagesordnung:
TOP 1: Teilnahme am Vorlesewettbewerb im Juni
TOP 2: Anschaffung des Gesamtwerks von Astrid Lindgren
TOP 3: Verschiedenes

Zu TOP 1: Frau Dr. Lange berichtet, dass wir auch dieses Jahr wieder zum Vorlesewettbewerb eingeladen seien. Sie habe …

Zu TOP 2: Über die Anschaffung des Gesamtwerks von Astrid Lindgren entwickelt sich eine lebhafte Debatte. Herr Schulte äußert …

Zu TOP 3: Die 8. Mitgliederversammlung ist am …

Protokolle erfordern einen sachlichen und nüchternen Stil, sie enthalten keine Bewertungen. Verlaufsprotokolle werden im Präsens verfasst, für Ergebnisprotokolle kann auch die Zeitform des Präteritums gewählt werden. Die Gliederung erfolgt sinnvollerweise entsprechend den Ablaufphasen der Veranstaltung. Wenn eine Tagesordnung vorliegt bzw. vereinbart wurde, dann orientiert man sich an den einzelnen Tagesordnungspunkten (abgekürzt: „TOP").

Stil

Zeitform und Gliederung

Die **Wiedergabe von Wortbeiträgen** erfolgt meist nicht als direktes Zitat, sondern in der Form der **indirekten Rede** unter Verwendung des Konjunktivs (s. Beispiel oben).

Redewiedergabe

Anträge und Beschlüsse müssen jedoch **im exakten Wortlaut** festgehalten und die Abstimmungsergebnisse mit Ja- und Nein-Stimmen sowie Enthaltungen genau wiedergegeben werden.

TIPP: Das Protokollführen ist eine verantwortungsvolle Aufgabe. Weil man natürlich die Inhalte, die während einer Sitzung oder eines Vortrags thematisiert werden, nicht alle im Gedächtnis behalten kann, muss man konzentriert mitschreiben. Am besten du notierst fortlaufend **Stichwörter und Stichpunkte**. Spielen statistische Daten, korrekt wiederzugebene Zitate u. a. eine Rolle, so kannst du in der Regel den jeweils Referierenden um eine Kopie seiner Unterlagen bitten. Zwischen den einzelnen Einträgen solltest du einen großen Zeilenabstand lassen, um später Ergänzungen einfügen zu können. Je schneller du mit der Ausformulierung des Protokolls beginnst, desto geringer ist die Gefahr, dass du bei deinen eigenen Notizen nicht mehr „durchblickst"!

Eine Sonderform stellen **Versuchsprotokolle** dar. Naturwissenschaftliche Experimente werden so dokumentiert. Die konkrete Aufgabenstellung, alle benötigten Geräte und Hilfsmittel, der Versuchsaufbau, evtl. auch als Skizze mit entsprechenden Beschriftungen, werden ebenso festgehalten wie der Versuchsverlauf mit den Beobachtungen bzw. Messwerten und natürlich die Versuchsauswertung.

Protokollieren von Experimenten

7 Der Bericht

In einem **Bericht** wird die Beobachtung eines tatsächlichen Geschehens objektiv und präzise zusammengefasst, d. h., der Berichterstatter vermittelt dem Leser ausschließlich das, was zum Verständnis des Ereignisses nötig ist, und zwar ohne eigene Bewertungen und in der sachlogischen, in der Regel chronologischen Abfolge.

Berichte in unserem Alltag

Prinzip: Zweck bestimmt Inhalt

In unserer Alltagswelt begegnen uns immer wieder Berichte verschiedenster Art, deren Inhalt jeweils durch ihren Zweck bestimmt wird. So müssen z. B. in einem Zeitungsbericht über einen Verkehrsunfall alle personenbezogenen Daten, also die Namen der Beteiligten, die Autokennzeichen usw., aus Datenschutzgründen weggelassen werden, während sie in einem Polizeibericht auf keinen Fall fehlen dürfen.

Polizeibericht

In einem **Polizeibericht** werden alle Einzelheiten zum Verlauf des Geschehens, die durch Zeugenbefragung und exaktes Aufnehmen der zeitlichen und räumlichen Gegebenheiten, z. B. auch in einer Skizze, ermittelt werden können, detailgenau dargestellt. Der Polizeibericht dient der Beweisaufnahme und damit gegebenenfalls als Grundlage für eine Gerichtsverhandlung, in der Schuldfragen und Schadensersatzansprüche geklärt werden. Deshalb ist eine lückenlose Angabe aller Tatbestände notwendig.

Berichte in den Medien

Dagegen will der **Zeitungsbericht** allgemeiner informieren. Berichte – etwa aus den Bereichen Politik, Wirtschaft und Sport – versehen aktuelle Meldungen mit Hintergrundinformationen, stellen also eine Erweiterung der Nachricht dar, aber kommentieren die Ereignisse nicht, d. h., sie verzichten auf Wertungen und Deutungen.

Auch in **Rundfunk und Fernsehen** werden Berichte gesendet, z. B. der **Wetterbericht**. In sog. **Korrespondentenberichten** wird über ein Geschehen vor Ort berichtet, häufig auch live. Informationsquellen sind nicht nur eigene Beobachtungen des Korrespondenten, sondern vor allem auch Augenzeugenberichte.

Berichte in der Arbeitswelt

Auch in der Vereins- und Wirtschaftswelt sind Berichte anzutreffen. In sog. **Rechenschaftsberichten** müssen z. B. Vorstände Auskunft über ihre Leistung erteilen und so über ihre Arbeit Rechenschaft ablegen. **Arbeitsberichte** dienen entweder dazu, eine Arbeit, die noch zu leisten ist, im Vorhinein zu beschreiben oder aber einen Arbeitsvorgang nachbereitend darzustellen. Letzteres ist ebenfalls die Aufgabe eines **Praktikumsberichts**, den man auch als Schüler anfertigen muss, wenn man über einen längeren Zeitraum die Abläufe in einem Wirtschafts-, Verwaltungs- oder gewerblichen Betrieb kennen gelernt hat. Auch umfangreichere **Gruppenarbeitsprozesse** können in Berichtsform festgehalten werden.

W-Fragen

Was ist nun das Wesentliche beim Berichten? Auch dafür sind die W-Fragen zu beantworten: **Was** ist geschehen? **Wann** und **wo** ist es geschehen? **Wer** war beteiligt? **Wie** ist es geschehen? **In welcher Reihenfolge** haben sich die Ereignisse zugetragen? **Was** ist das Ergebnis?

Aufbau

Der **Aufbau** des Berichts folgt den Antworten auf diese Fragen: Nachdem in der Einleitung alle Voraussetzungen für das Verständnis der speziellen Situation geklärt werden, bietet der Hauptteil ausführlich die weiteren Informationen. Der Schluss kann dann einen Überblick über eventuelle Folgen bieten. Berichte werden im **Präteritum** verfasst, weil es ja um ein einmaliges, abgeschlossenes Ereignis geht.

Sprachliche Form

Der **Stil** muss sachlich, also **knapp, klar und verständlich** sein. Schmückende Adjektive haben in einem Bericht nichts zu suchen. **Fachbegriffe** sollten verwendet werden. Du musst aber darauf achten, dass der Leser auch alles verstehen kann, deshalb sind manchmal Erklärungen sinnvoll. Auf wörtliche Rede wird verzichtet, man nutzt die Möglichkeiten der **indirekten Rede** wie beim Protokoll.

TIPP: Es kommt vor allem darauf an, dass du den Ablauf plausibel darstellst. Das kannst du sicherstellen, indem du in der Vorbereitung alle Einzelheiten z. B. auf Karteikarten notierst, die du dann in eine logische bzw. chronologische Reihenfolge bringst. Dabei kannst du auch Nebensächliches erkennen und aussortieren.

In der Schule werden neben Berichten von Sportfesten und Familienfeiern häufig **Unfallberichte** verlangt. Deshalb stellen wir dir die klassischen Elemente eines Polizeiberichtes zu einem Autounfall vor:

Gliederung eines Unfallberichts

1. Name des aufnehmenden Beamten
2. Datum/Uhrzeit des Unfalls
3. Unfallort
4. Unfallbeteiligte:
   - Personen (Name, Anschrift)
   - Fahrzeuge (Typ, Kennzeichen)
5. Darstellung des Unfallhergangs
6. Entstandener Schaden (Personenschaden/Sachschaden)
7. Zeugen (Name, Anschrift) und ihre Aussagen

TIPP: Denke daran, dass Berichte – anders als Erlebniserzählungen – nicht spannend oder unterhaltend, sondern **nur informativ** sein sollen. Sie enthalten keine Vermutungen oder Bewertungen. Ebenso spielen die Empfindungen und Gefühle der Beteiligten keine Rolle.

8 Die Schilderung

Schilderungen veranschaulichen ein wirkliches Ereignis oder Erlebnis, indem sie es aus einer persönlichen Sicht bildhaft darstellen und dem Leser dabei Empfindungen und Atmosphäre vermitteln.

Stimmungen vermitteln

Die Schilderung will nicht nüchtern informieren, sie setzt auf **Unterhaltung** durch atmosphärische Wirkung, die ganz unterschiedlich sein kann: Mal wird packende Dramatik erzeugt, mal Idylle oder Rührseligkeit, mal zielt die Schilderung auf Nachdenklichkeit und Betroffenheit, mal auf humorvolle Distanz. Erreicht werden diese **Stimmungen** durch die Verknüpfung der dargestellten Situationen und Ereignisse mit Gedanken und Gefühlseindrücken der Handelnden, die es dem Leser ermöglichen, sich in die Lage der Betroffenen hineinzuversetzen, **mitzuempfinden** und Anteil zu nehmen.

Stil · Satzbau · Wortwahl · Sprachliche Bilder

Um dies zu erreichen, ist eine **abwechslungsreiche sprachliche Gestaltung** notwendig. Der Stil einer Schilderung, die meistens aus der Perspektive eines Icherzählers geschrieben ist, muss unverwechselbar und kurzweilig-spannungsreich sein. Kurze, einfache Sätze (Parataxen) und Satzgefüge (Hypotaxen) stehen nebeneinander. Fragen und Ausrufesätze werden eingestreut. Schmückende Adjektive und dynamische Verben (also Verben der Bewegung und Aktion), machen die Eigenheit einer Schilderung ebenso aus wie Sprachbilder (Metaphern) und griffige Vergleiche. Allerdings muss sich auch die Schilderung vor Übertreibungen hüten, die lächerlich wirken könnten.

> **TIPP:** Meide Allerweltswörter wie *schön, schlecht, toll, super.* Bilde **Wortfelder**, suche z. B. nach lautmalenden Verben wie *rascheln, rumpeln, zischen, plätschern*, die Stimmungen einfangen und sprachlich umsetzen.

Zeitform · Aufbau

Die **Zeitform** der Schilderung ist die Vergangenheit, aber auch die Gegenwart ist möglich, sie wirkt unmittelbarer. Man kann auch beide Zeiten kombinieren, wobei die einprägsamen und gefühlsbetonten Passagen des Geschehens im Präsens geschildert werden sollten. Häufig wird auch die Schilderung mit der Erlebniserzählung gemischt. Ähnlich wie bei dieser braucht man für die Schilderung einen **Erzählplan**, für den man sich an den W-Fragen orientieren kann; nicht so entscheidend ist hierbei, was geschieht, sondern **wie** es geschieht. Die kurze Einleitung weckt die Neugier des Lesers, stellt Personen, Ort und Zeit vor. Der Schluss rundet das Geschehen in einem Satz ab.

> Die Themen für Schilderungen kreisen um **intensive Gefühlszustände** wie Angst, Freude, Hoffnungslosigkeit, Liebe, Sehnsucht. Mögliche Überschriften könnten sein: *Glück gehabt! Hilfe, ein Unwetter! Das tat gut!*
> TIPP: Erinnere dich an eigene Erlebnisse, spüre auf diese Weise der emotionalen Situation der Menschen in deiner Geschichte nach. So wirst du die richtigen Worte treffen und die innere Beteiligung der Leser erreichen.

9 Bewerbung und Lebenslauf

Um einen Praktikumsplatz, um einen Ausbildungsplatz und später um einen Arbeitsplatz muss man sich bewerben. Eine solche **Bewerbung** geschieht **in schriftlicher Form**. Auf jeden Fall muss man ein Anschreiben, das sog. Bewerbungsschreiben, formulieren und einen Lebenslauf verfassen.
Mit einer Bewerbung wirbst du für dich selbst. Wir wissen alle, dass der erste Eindruck, den ein Mensch auf uns macht, zählt, sogar entscheidend sein kann. Deshalb musst du **größte Sorgfalt** auf das Anfertigen einer Bewerbung legen. Wer bei einer Bewerbung nachlässig ist, hat schon verloren.

Äußere Form

Das fängt bei der **äußeren Form** an: Wähle ausschließlich weißes, unliniertes Papier im DIN-A4-Format für alle Schreiben. Beschreibe die Blätter nur einseitig und achte auf eine saubere Schrift. Fehler in Rechtschreibung, Zeichensetzung und Grammatik wären sehr peinlich. Der Stil ist sachlich und höflich.

9.1 Das Bewerbungsschreiben

Bewerbungsschreiben sind offizielle Schreiben mit Briefcharakter. Sie haben das Ziel, den Adressaten darüber zu informieren, wer man ist und welche Fähigkeiten man hat, und ihm zu zeigen, dass man für die ausgeschriebene Position bestens geeignet ist. Im Hinblick auf die Form gelten also die **Regeln** für das Verfassen von **Geschäftsbriefen**.
Ein Bewerbungsschreiben beinhaltet:

1. Hinweis zum Anlass der Bewerbung
2. Kurzinformation zu bisherigen Tätigkeiten
3. Darstellung von Fähigkeiten und Kenntnissen
4. Bitte um einen Vorstellungstermin
5. Hinweise auf beigefügte Anlagen wie Lebenslauf mit Lichtbild, Zeugniskopien, Praktikumsbescheinigungen, sonstige Beurteilungen

Bewerbung um einen Ausbildungsplatz als Kauffrau für Bürokommunikation

Sehr geehrte Damen und Herren,

mit Interesse habe ich Ihre Anzeige vom 18. September 2... im „Stadtblatt" gelesen. Ich möchte mich um den ausgeschriebenen Ausbildungsplatz bewerben.
Ich werde im Juli die Riedemann-Realschule in Hasloch mit dem Erwerb des Realschulabschlusses verlassen. Eine beglaubigte Kopie meines letzten Zeugnisses füge ich meinen Bewerbungsunterlagen bei. Meine schulischen Leistungen in den Fächern Deutsch und Mathematik waren immer gut. Kaufmännische Themen im Unterrichtsfach Arbeit und Umwelt haben mich stets besonders interessiert.

Ich würde mich freuen, wenn Sie mir einen Termin für ein persönliches Vorstellungsgespräch mitteilen könnten. Gerne stehe ich Ihnen auch für einen Eignungstest zur Verfügung.

Mit freundlichen Grüßen

Inhalte des Bewerbungsschreibens im Einzelnen

In einem Bewerbungsschreiben bezieht man sich also zunächst auf das Angebot. Meistens wird es eine Zeitungsanzeige sein, in der ein Unternehmen oder eine Behörde eine Stelle anbietet. (Lediglich bei einer unaufgeforderten **Initiativbewerbung** – auch freie oder blinde Bewerbung genannt – bewirbt man sich um eine Stelle, ohne zu wissen, ob diese überhaupt besetzt werden soll.) In jedem Fall geht man näher auf die Tätigkeit ein, die man ausführen möchte, um ein tatsächliches Interesse zu bekunden. Die persönliche Eignung für die ausgeschriebene Position stellt man heraus, indem man auf bisherige Erfahrungen und Zusatzqualifikationen in diesem Bereich verweist. Mit der höflichen Bitte um ein Vorstellungsgespräch rundet man das Schreiben dann ab.

Man sollte sich grundsätzlich auf wesentliche Angaben beschränken. Die ausführlichen Informationen zum Schul- und Ausbildungsweg sind dem Lebenslauf zu entnehmen. Wenn man seine Lohn- oder Gehaltsvorstellungen nennt, muss man sich unbedingt vorher erkundigen, welche Zahlungen allgemein üblich sind. Zu geringe Forderungen blamieren einen genauso wie zu hohe.

- Das Anschreiben einer Bewerbung fertigst du am besten am PC an. In keinem Fall solltest du es von jemand anderem schreiben lassen; das fällt bald auf und bringt dir nur Nachteile. Wenn du weißt, wer für die Stellenbesetzung verantwortlich ist, dann solltest du dein Schreiben gezielt an diese Person schicken und die entsprechende persönliche Anrede wählen, also: *Sehr geehrte Frau Müller* bzw. *Sehr geehrter Herr Schulze.*
- Verschicke grundsätzlich niemals die Originale deiner Unterlagen, sondern immer nur Kopien. Die Kopien wichtiger Dokumente wie Zeugnisse kannst du beglaubigen lassen; das macht die Schule, die Stadt- oder Gemeindeverwaltung oder ein Notar.

9.2 Der Lebenslauf

Der **ausführliche** oder **gebundene Lebenslauf** bietet einen

> Der **Lebenslauf** gehört notwendig zu einer vollständigen schriftlichen Bewerbung. Er informiert über den bisherigen schulischen und beruflichen Werdegang des Bewerbers, über seine Fähigkeiten und Vorzüge.

Lebenslauf in Aufsatzform

Lebensbericht in Aufsatzform. Er dient zugleich als Nachweis der schriftlichen Ausdrucksfähigkeit seines Verfassers und wird in der Regel auch handschriftlich angefertigt. Oben links stehen Name und Adresse des Schreibers, daneben das Datum. Unter der Überschrift „Lebenslauf" folgt dann der chronologisch gegliederte Text mit entsprechenden Absätzen. Die Unterschrift des Verfassers schließt den ausführlichen Lebenslauf ab.

Lebenslauf in tabellarischer Form

Die heute übliche Form stellt der **tabellarische Lebenslauf** dar, weil er mit seinen stichwortartigen Einträgen und seiner Übersichtlichkeit eine rasche Information erlaubt. Er wird mit der Maschine oder am PC geschrieben. Ein Passfoto wird in die obere rechte Ecke geheftet.

TIPP: Zu jedem Lebenslauf gehört ein **Lichtbild**. Es muss aktuell sein und sollte nicht aus dem Automaten, sondern vom Fotografen stammen. Du solltest auf dem Foto einen seriösen, freundlichen Eindruck machen. Eine angemessene Kleidung ist selbstverständlich. Auf der Rückseite des Passbildes stehen Name und Anschrift des Bewerbers. Es wird auf der ersten Seite des Lebenslaufes befestigt.

Europäische Richtlinien

Die EU-Kommission hat für die systematische, chronologische und flexible Darstellung der Qualifikationen und Kompetenzen von Einzelpersonen eine „Empfehlung über ein gemeinsames europäisches Muster für Lebensläufe" herausgegeben (vgl. Amtsblatt der Europäischen Gemeinschaften vom 22. März 2002). Drei Informationsblöcke werden dabei unterschieden:

1. Informationen zur Person, über Sprachkenntnisse, Arbeitserfahrung sowie Bildungs- und Ausbildungsniveau;
2. Hinweise zu zusätzlichen Kompetenzen der Person unter Hervorhebung von technischen, organisatorischen, künstlerischen und sozialen Fähigkeiten;
3. zusätzliche Informationen, die dem Lebenslauf in Form eines Anhangs bzw. mehrerer beigefügt werden können.

Heute gilt folgende **Grundregel**: Man nimmt für jeden abgeschlossenen Schulbildungs- und Ausbildungsgang bzw. für jede Arbeitserfahrung getrennte Eintragungen vor und beginnt jeweils mit dem am kürzesten zurückliegenden Ereignis. Die aktuelle Situation steht also jeweils am Anfang und man geht von da aus zurück.

Angaben zur Person

Name	*Kaiser, Felix Maria*
Adresse	*Königsallee 12*
	12345 Hasloch
Telefon	*01234/4040*
Fax	*01234/5050*
E-Mail	*femakai@t-online.de*
Staatsangehörigkeit	*deutsch*
Geburtstag	*25. November 1987*

Ergänzende Hinweise

Unter „Angaben zur Person" kannst du bei der Bewerbung um einen Praktikums- oder Ausbildungsplatz auch deine Eltern und deren Beruf sowie deine Geschwister nennen. Auf die Angabe zum Familienstand („ledig", „verheiratet", „verwitwet" oder „geschieden") verzichtet man heute meist. Die Religionszugehörigkeit (z. B. „evangelisch", „römisch-katholisch") musst du auch nicht angeben, es sei denn, du bewirbst dich um eine kirchliche Stelle.

Arbeitserfahrung

Mai bis Juli 2004	*Berufspraktikum in der Vertriebsabteilung des Udo Schmid Verlags, Ulm*

Schul- und Berufsbildung

1998 bis 2004	*Riedemann-Realschule, Hasloch (Erweiterter Sekundarabschluss I)*
1994 bis 1998	*Alexander-Grundschule, Uelzen*

Persönliche Fähigkeiten und Kompetenzen

Hier beschreibst du deine Eignungen, die direkt oder indirekt mit der Stelle zu tun haben, um die du dich bewirbst. Du kannst kurz angeben, wo du sie erworben hast.

Sprachkenntnisse
Deutsch: Muttersprache
Englisch: Lesen, Schreiben, Sprechen: gut
Französisch: Grundkenntnisse

Weitere Fähigkeiten und Kompetenzen können sein:

- **künstlerische Fertigkeiten** aus den Bereichen Musik, Kunst, Design, Schriftstellerei
- **soziale Fähigkeiten und Kompetenzen**, wie Leben und Arbeiten mit anderen Menschen, in einem multikulturellen Umfeld, in Situationen, in denen Kommunikationsbereitschaft und Teamwork wesentlich sind (z. B. in Kultur, Kirche, Sport); hierher gehören auch Auslandsaufenthalte wie Schüleraustausch, Studienreisen und entsprechende Praktika
- **organisatorische Fähigkeiten und Kompetenzen** wie Planung und Durchführung von Projekten, Mitarbeit in Vereinen oder gemeinnützigen Einrichtungen
- **technische Fähigkeiten und Kompetenzen** wie IT- und Computerkenntnisse; solche im Umgang mit speziellen Arten von Geräten und Maschinen (z. B. beim Technischen Hilfswerk oder der Feuerwehr); sowie dein(e) **Führerschein(e)**.

Zusätzliche Angaben und Anhänge

Hier kannst du Kontaktpersonen nennen, die über deine Begabungen sog. **Referenzen** (Beurteilungen) geben können. Außerdem finden sich hier die Anhänge in der Reihenfolge, in der auf sie in den ersten beiden Teilen verwiesen wird.

Typische Fehler

Du siehst, dass sich fast alles, was du in deinem Leben bisher unternommen hast, in deinem Lebenslauf unterbringen lässt. Vieles aber solltest du auch weglassen; Hobbys z. B. haben hier nichts verloren (es sei denn, auch sie haben mit besonderen Fähigkeiten und Kompetenzen zu tun).
Achte darauf, dass keine Lücken in deinem Lebenslauf entstehen, und schreibe nur das, was du gegebenenfalls auch mit schriftlichen Nachweisen dokumentieren kannst. Du musst immer damit rechnen, dass du in einem Vorstellungsgespräch auf die einzelnen Einträge angesprochen wirst. Bereite dich darauf vor. Und auch für schlechte Noten solltest du eine plausible Erklärung haben.

10 Die Nacherzählung

Märchen und Sagen sind eigentlich klassische Nacherzählungen: Ein bekannter Stoff wird ursprünglich nur mündlich weitergegeben. Wir kennen ähnliche Situationen auch aus unserem Alltag, wenn wir nämlich Freunden oder Angehörigen von Büchern oder Filmen erzählen, die uns besonders beeindruckt haben.

Unter einer Nacherzählung versteht man die Wiedergabe einer vorgegebenen Geschichte mit eigenen Worten. Der Ablauf und das Ergebnis des Geschehens müssen mit der Vorlage ebenso übereinstimmen wie die handelnden Personen. Eine Nacherzählung hat unterhaltende Funktion. Sie steht grundsätzlich im Präteritum.

Strikte Orientierung an der Vorlage

Bei einer Nacherzählung im Deutschunterricht gilt es vor allem, sich möglichst genau am **Originaltext** zu orientieren. Du darfst also weder Figuren hinzuerfinden noch einzelne Ereignisse innerhalb des Geschehensablaufs verschieben oder gar neue hinzufügen.

Konzentration auf das Wesentliche

Auch wenn die Handlungsabfolge erhalten bleiben soll, kann man sich auf das Wesentliche konzentrieren und Nebenhandlungen ausblenden. Wie ausführlich bzw. umfangreich die Nacherzählung sein soll, gibt die Lehrkraft in der Regel vor. Du bist insofern prinzipiell flexibel, als du bedeutende Passagen der Vorlage ausdehnen und andere kürzen kannst. Wenn du daran denkst, dass die Nacherzählung **Unterhaltungsfunktion** haben soll, wirst du dich natürlich vor langatmigen Ausschmückungen hüten.

Sprache und Stil

Beim Schreiben von Nacherzählungen kannst du deinen eigenen Wortschatz erweitern und die sprachlichen Mittel, die du kennst, ausprobieren. Gefragt ist eine lebendige und abwechslungsreiche Wortwahl mit beschreibenden Adjektiven und anschaulichen Verben. Dabei ist die Stilebene dem Gegenstand anzupassen. Wenn eine stimmungsvolle und romantische Atmosphäre wiedergegeben werden soll, eignen sich dazu kaum umgangssprachliche Ausdrücke.

TIPP: Wie findest du die richtigen Ausdrücke? Wenn du **Übungen zum Wortfeld und zur Wortfamilie** machst, kannst du mithilfe entsprechender Ersatzproben das treffende Wort und die geeignete Formulierung entdecken. Dabei erkennst du nämlich immer **Bedeutungsunterschiede**, die manchmal mehr, manchmal weniger gravierend sind. Überlege doch einmal, wo die Unterschiede liegen: *ärgerlich, aufgebracht, böse, erbost, tobend, wütend, zornig, blind vor Wut, rasend vor Wut, wutentbrannt, wuterfüllt, wutschnaubend ...*

Vorbereitung einer Nacherzählung

Wie geht man nun im Einzelnen vor, wenn man eine Nacherzählung schreiben muss? Wenn man die Geschichte, die man nacherzählen soll, vorgelesen bekommt, dann sollte man sich schon während des Vortrages, auf jeden Fall aber unmittelbar danach schriftliche Notizen machen und in Stichworten wesentliche Informationen und Inhalte festhalten, die auf folgende Fragen antworten: Wer ist Hauptfigur, wer ist Nebenfigur? In welcher Reihenfolge trägt sich das Geschehen zu? Wo und wann spielt die Handlung? Was ist das Ergebnis?
Hat man das Original schriftlich vorliegen, dann bearbeitet man den Text, indem man ihn in Sinnabschnitte einteilt, um den Handlungsverlauf zu erkennen. Personen- und Ortswechsel sind immer wichtige Anhaltspunkte für neue Ereignisschritte. Dazu kann man auch eine schematische Darstellung nach folgendem Raster anfertigen:

Abschnitt	Zeit/Ort	Inhalt/Geschehen
Zeilen- bzw. Seitenangaben	Tageszeiten, Ortsangaben	kurze, stichpunktartige Information

Aufbau einer Nacherzählung

Wichtig ist, dass man den oder die **Höhepunkte** des Geschehens sowie die **Spannungskurve** erkennt.
Dann kann man die Nacherzählung ausformulieren: In der **Einleitung** führt man in das Geschehen ein, indem man einen kurzen Überblick über die Ausgangssituation, die Hauptfiguren, über Ort und Zeit der Handlung gibt. Im **Hauptteil** werden dann die einzelnen Ereignisse in ihrem Spannungsverlauf sprachlich angemessen nachgezeichnet.

11 Die Inhaltsangabe

Die **Inhaltsangabe** bietet in knapper Berichtsform das Wesentliche eines Textes. Während die Inhaltsangabe einer **literarischen Vorlage** die wichtigsten Stationen des Geschehens zusammenfasst, legt die zu einem **Sachtext** den Schwerpunkt auf Begründungszusammenhänge. Die Inhaltsangabe gibt einen Gesamtüberblick, der frei ist von persönlichen Wertungen, und hat ausschließlich **informierende Funktion**. Sie steht immer im Präsens.

Inhaltsangabe zu literarischen Texten

Der Sinn der Inhaltsangabe zu einem **fiktionalen** Text – zu einer Fabel, Kurzgeschichte oder Erzählung, zu einem Roman oder Theaterstück (oder auch zu einem Kinofilm oder Fernsehspiel) – ist es, jemandem, der das Original nicht kennt, alle notwendigen und wichtigen Informationen zum Handlungszusammenhang mitzuteilen. Eine Inhaltsangabe muss also folgende **Fragen** beantworten:

Zentrale Fragen

- Wer sind die Hauptfiguren?
- Wann und wo spielt das Geschehen?
- Welche Stationen durchläuft die Handlung?
- Welches Ergebnis steht am Ende des Handlungsablaufs?

Da die Inhaltsangabe – ganz anders als die Nacherzählung – **keine unterhaltende** Wirkung erzeugen will, verzichtet sie z. B. auf Mittel, die den Text stimmungsvoll oder spannend machen. Die Inhaltsangabe zu einem Krimi verrät natürlich den Täter, ebenso klärt die zu einem Liebesroman die Frage nach dem Happy End. Dabei beschränkt sie sich auf das Hauptgeschehen, Nebenhandlungen werden ausgelassen.

Umfang

Das ergibt sich schon aus der Vorgabe, dass eine Inhaltsangabe nicht mehr als eine oder maximal zwei Seiten Umfang haben soll.

Sprache und Stil

Entsprechend **knapp und sachlich** ist der Stil. Für Ausschmückungen und ausgedehnte Beschreibungen von Gefühlen und Stimmungen ist kein Platz. Man sucht nach abstrakten Oberbegriffen. Auch muss man auf wörtliche Rede verzichten und greift deshalb auf die indirekte Rede zurück.

Zitate kennt die Inhaltsangabe nicht. **Eigene Formulierungen** sind also konsequent gefragt.

Nicht fiktionale Texte – auch „expositorische Texte" oder einfach „Sachtexte" genannt – sind journalistische Texte wie Nachricht, Bericht, Kommentar, Kritik, Interview und Reportage sowie wissenschaftliche Texte, z. B. Abhandlungen und Lexikonartikel, oder auch Reden und Essays.

Inhaltsangabe zu Sachtexten

Die Inhaltsangabe zu einem **Sachtext** nennt zunächst das Thema oder das Problem, das behandelt wird, und fasst dann zusammen, welche Sachaussagen und Argumente dazu formuliert werden. Dabei kommt es wesentlich darauf an, die Begründungszusammenhänge zu durchschauen und die logischen Verknüpfungen herauszuarbeiten.

Zentrale Fragen

Die zentralen Fragen sind also:

- Worum geht es im Text? Was ist das Thema? Welches Problem steht im Vordergrund?
- Welche Sachaussagen finden sich?
- Wie wird argumentiert? Wie sieht der logische Aufbau aus? Werden Ursachen, Folgen, Bedingungen, Einschränkungen, Gegensätze, Zwecke, Ergebnisse benannt?

TIPP: Um **logische Verknüpfungen** herauszustellen, braucht man **Konjunktionen** wie *daher, deshalb, weil, obwohl, wenn – dann, aber* und *damit*. D. h., du erkennst an den Konjunktionen im Text, wie argumentiert wird, und kannst umgekehrt selbst durch ihren gezielten Einsatz die jeweiligen logischen Verhältnisse präzise verdeutlichen. Gehe immer vom Ergebnis aus und frage dann nach den Ursachen, Folgen etc. Nutze die verschiedenen Konjunktionen, nicht immer nur *dann* oder *deshalb*. Im Abschnitt „Die Erörterung" geben wir weitere Hinweise zur Entwicklung eines Gedankenganges.

Erarbeitungsstrategien

Auch bei Sachtexten muss man also das Unwichtige vom Wichtigen trennen und ebenfalls alles mit eigenen Worten ausdrücken. Am besten ist es, wenn du dir zu den einzelnen Textabschnitten Stichpunkte notierst, die treffende Konjunktion dazuschreibst und dann mit dem selbstständigen Formulieren beginnst.

Aufbau einer Inhaltsangabe

Aber wie baut man eine Inhaltsangabe auf? Freilich bietet sich auch hier das Schema von Einleitung, Hauptteil und Schluss an. Auf die **Einleitung** ist besondere Sorgfalt zu legen. Gibt man den Inhalt eines literarischen Textes wieder, dann nennt man immer die Textart, also Fabel, Kurzgeschichte, Erzählung, Roman, Trauer- oder Lustspiel etc., den Titel des Werkes, den Autor, die Thematik, Ort und Zeit der Handlung sowie die Hauptfiguren, eventuell auch die Aussageabsicht des Verfassers. Hier ein Beispiel:

Die 1947 erschienene Kurzgeschichte „Die Küchenuhr" von Wolfgang Borchert handelt von einem 20-jährigen Mann, der sich nach einem Bombenangriff mit einer defekten Küchenuhr zu anderen auf eine Parkbank setzt. Er erzählt ihnen, dass das Einzige, was ihm von seinem Zuhause geblieben sei, die Uhr sei – deren Zeiger auf halb drei, dem Zeitpunkt des Angriffs, stehen geblieben sind – und dass ihm nachts zu dieser Zeit seine Mutter immer das Essen bereitet habe, wenn er von der Arbeit zurückgekommen sei ...

Auch die Wiedergabe eines Sachtextes beginnt man, indem man den Autor und den Titel des Textes nennt. Außerdem stellt man kurz die Thematik vor:

In seiner Rede „Aufbruch ins 21. Jahrhundert" vom 26. April 1997 beschäftigt sich der damalige Bundespräsident Roman Herzog mit den Anforderungen, vor die die Zukunft die deutschen Bürger in den verschiedenen gesellschaftlichen und privaten Bereichen angesichts der weit reichenden Krisen stelle ...

Im **Hauptteil** werden dann die entscheidenden Ereignisse des im literarischen Text geschilderten Geschehens im Zusammenhang dargestellt bzw. die wesentlichen Schritte des Gedankengangs in einem Sachtext nachgezeichnet. Dabei

Neutrale Perspektive

bleibst du einer rein informativen, neutralen Perspektive verpflichtet, deine persönlichen Ansichten und Meinungen dürfen keine Rolle spielen.

Hier liegt der entscheidende Unterschied zur Nacherzählung, die durchaus innere Anteilnahme am vorgestellten Geschehen erlaubt, auch das Gefühl der Leser ansprechen und sie ins Geschehen hineinziehen kann. Die Inhaltsangabe darf das nicht.

Auf Meinungen und Gefühle, die dagegen der Autor des Sachtextes zum Ausdruck bringt, musst du natürlich schon eingehen, aber wiederum nur **informativ**, nicht kommentierend. Beispiel:
Der Autor beurteilt die Lage als sehr ernst. (Falsch wäre: *Völlig zu Recht beurteilt der Autor die Lage als sehr ernst.*)

Schluss

Halten wir nochmals fest: Deine eigene Meinung oder auch Vermutungen, die du anstellen könntest, gehören nicht in eine Inhaltsangabe. Mit einer Ausnahme: Der **Schluss** kann eine kurze persönliche Deutung oder Bewertung enthalten. Er kann aber auch ganz entfallen.
Wann muss man überhaupt eine Inhaltsangabe anfertigen? Wir haben schon gesehen, dass Inhaltsangaben eine gute Übung sind, umfangreichere Texte sinnvoll zu kürzen. Als Vorform kann das Précis angesehen werden.

Ein **Précis** (aus französisch „précis" = genau, klar) ist eine besonders kurze und präzise Inhaltsangabe, in der man sich auf die wichtigsten Aussagen konzentriert.

Inhaltsangaben sind darüber hinaus immer notwendig, wenn man einen Text schriftlich analysieren und interpretieren muss. Denn ohne klare Informationen über den Inhalt des Textes bleibt jede Interpretation unverständlich.

Sonderformen

Sonderfälle der Inhaltsangabe sind **Rezensionen**, also Buchbesprechungen, und sog. **Klappentexte** zu längeren Erzählungen oder Romanen. Denn durch sie soll der Leser zum Kauf angeregt werden und daher muss man gut überlegen, ob man hier den Schluss einer Liebesgeschichte oder den Täter in einem Krimi verraten soll oder nicht.

12 Die Analyse eines Sachtextes

Christian Freiherr von Wolff (1679–1754), ein Philosoph der Aufklärungszeit, schreibt in einer Abhandlung aus dem Jahr 1713: *Wir lesen Bücher, damit wir erkennen lernen, was darinnen stehet. Also wird dazu erfordert, 1) daß wir den Urheber recht verstehen, 2) daß wir die vorgetragene Sachen wohl fassen.* Dies hat auch heute noch Gültigkeit: Wir lesen Texte, um ihren **Inhalt zu verstehen**. Das klingt einfach, scheint aber immer dann, wenn wir einen bestimmten Text in einer Hausaufgabe oder Klassenarbeit bzw. Klausur bearbeiten müssen, irgendwie schwierig zu sein. Warum eigentlich? Meistens lassen wir uns ganz unnötig abschrecken, denn jeder Text – sei es ein Bericht oder eine Nachricht, eine Kritik oder ein Kommentar, ein Leserbrief oder eine Rezension, ein Essay oder ein Leitartikel – lässt sich „knacken", oder korrekt ausgedrückt: Jeder Text kann verstanden werden! Wie das geht, haben wir im Kapitel zu den grundlegenden Arbeitstechniken schon im Allgemeinen vorgestellt. Das solltest du dir noch einmal aufmerksam durchlesen. Auf den folgenden Seiten geben wir dir genauere Hinweise zu den gängigen Aufgaben, die dir im Zusammenhang mit Sachtexten gestellt werden. Was genau aber ist ein Sachtext?

Jeder Text lässt sich verstehen.

Sachtexte sind nicht fiktionale Texte, d. h., sie vermitteln Inhalte, die nicht erdacht und erfunden sind, sondern der Wirklichkeit entsprechen, mit der sie sich jeweils auf spezifische Art auseinander setzen. Sie legen Zusammenhänge dar, bieten Erklärungen an, teilen Meinungen zu allgemeinen oder aktuellen Problemen mit etc. Sachtexte kommen in den verschiedensten Medien vor. Sie werden zu unterschiedlichen Anlässen und Zwecken verfasst.

Textanalyse – zwischen Inhaltsangabe und Interpretation

Die Analyse eines Textes geht immer über die Aufnahme oder Wiedergabe seines Inhaltes hinaus. Wer einen Text analysiert, betrachtet und untersucht auch seine Gestaltung, um dann sagen zu können, wie man ihn verstehen kann.

Die Analyse ist also die Zwischenstufe zwischen der Inhaltswiedergabe und der Deutung, der sog. Interpretation.

TIPP: Entscheidend für das Gelingen einer Textanalyse ist es, dass du die **Frage- bzw. Aufgabenstellung genau erfasst**, unter der du den Text untersuchen sollst. Du fragst dich also: Was soll ich erarbeiten? Soll ich einzelne Aspekte analysieren? Welche? Gibt es entsprechende Zusatzfragen? Oder soll ich eine Gesamtinterpretation leisten und durch meine Analyse vorbereiten?

Zusammenspiel von Inhalt und Form

Was genau aber kann man an der Gestaltung eines Sachtextes untersuchen? Als Grundsatz gilt, dass man **Inhalt und Form** eines Textes **als Einheit** begreift. Sie sind wie die beiden Seiten einer Medaille, die untrennbar zusammengehören. Zentrale Fragen sind also: Warum ist etwas so formuliert, wie es formuliert ist? Und wie unterstützt die äußere und sprachliche Gestaltung die inhaltliche Aussage?

Äußere Aufmachung eines Textes

Zunächst betrachtet man **den äußeren Aufbau** des Textes:

- Gibt es eine Überschrift oder eine Schlagzeile, ist ein Untertitel oder sind Zwischenüberschriften formuliert?
- Ist der Text in Absätze gegliedert? Gibt es einen vielleicht fett gedruckten Vorspann als Einleitung?
- Sind einzelne Wörter oder Abschnitte hervorgehoben durch Kursiv-, Fett- oder Farbdruck? Wechseln die Schriftarten?
- Sind Besonderheiten wie Bilder oder Zitate zu erkennen?
- Wo ist der Text überhaupt platziert? Steht er an auffälliger oder an unauffälliger Stelle? Z. B. auf der ersten oder auf der letzten Seite einer Zeitung? Steht er am Rand?

Wirkung der äußeren Strukturelemente

Solche **Strukturelemente** erfüllen immer einen **Zweck**. Eine außergewöhnliche Gestaltung erregt Aufmerksamkeit. Durch die äußere Aufmachung können Schwerpunkte festgelegt und Zusammenhänge veranschaulicht werden. Es kommt also darauf an, dass du die Formmerkmale nicht nur benennst, sondern auch in ihrer **Funktion und Wirkung** treffend beschreibst. Dabei kannst du dich von dem Eindruck leiten lassen, den der Text auf dich macht. Wirkt er interessant oder langweilig? Warum wirkt er so?

Argumentationsgang des Textes

Sachtexte bieten Informationen an, sie entwickeln einen **Gedankengang**, den es zu analysieren gilt. Das ist die Frage nach dem **inneren Aufbau**. Auf Anhieb kommt einem die Grobgliederung in Einleitung, Hauptteil und Schluss in den Sinn. Folglich fragt man sich:

- Führt eine **Einleitung** direkt zum Thema? Wird am Anfang ein Problem benannt? Oder wird eine Behauptung aufgestellt?
- Wird im **Hauptteil** sachlich informiert und argumentiert? Werden die Behauptungen bewiesen? Werden Beispiele eingebunden? Erscheint die Gedankenfolge logisch? Steigert sich die Argumentation zu einem Höhepunkt? Gibt es überraschende Wendungen oder Brüche?
- Rundet der **Schluss** das Thema ab? Bleiben am Ende Fragen offen? Wird eine Bewertung oder ein Appell formuliert?

Wir wollen es an dieser Stelle mit diesen kurzen Hinweisen zur Analyse des Gedankenganges, also der Verbindung der einzelnen begründenden Aussagen zu einer Hauptaussage des Textes, bewenden lassen. Ausführlicher widmen wir uns diesem Aspekt im Abschnitt „Die Erörterung".

Sprachliche Gestaltung des Textes

Besonderes Augenmerk verdient natürlich die **sprachliche Gestaltung** eines Textes. Schon in der Antike hat sich mit der **Rhetorik** eine eigene Wissenschaft herausgebildet, die sich damit intensiv beschäftigt. Die Rhetoriker wissen genau, wie man formulieren muss, um bestimmte Wirkungen zu erzielen. Das ist keine Geheimwissenschaft, das kann man lernen. Denn es gibt viele sog. stilistische Figuren, die man je nach dem Zweck, den man verfolgt, gezielt einsetzen kann. Wer diese rhetorischen Mittel beherrscht, tut sich bei der Analyse eines Textes viel leichter. Sieh dir deshalb noch einmal im Kapitel zur Rhetorik die gängigsten Figuren zur Wortwahl, also zur Lexik, und zum Satzbau, also zur Syntax, an. Hier formulieren wir nun einige Leitfragen zur Textanalyse (s. nächste Seite). Die Ergebnisse einer solchen sprachlichen Untersuchung erlauben uns dann – natürlich unter Berücksichtigung des Inhalts des Textes –, die Absicht des Autors zu ermitteln, die sog. **Intention**, die sein Schreiben im Hinblick auf den Leser steuert.

Im Folgenden wollen wir die für die Analyse eines Sachtextes wichtigsten Aspekte bei der Wortwahl, dem Satzbau und dem Stil benennen.

12.1 Die Untersuchung der Wortwahl

- Welches sind die Schlüsselwörter des Textes?
- Werden Schlagwörter eingesetzt? Welche?
- Werden Leerformeln oder Floskeln verwendet?
- Begegnen Mode- oder Reizwörter?
- Welche Wörter sollen positive, welche negative Assoziationen (Gedankenverbindungen) hervorrufen?
- Welche Wortart dominiert? Herrscht sachlich-nüchterner Nominalstil (Substantive, Adjektive, Partizipien) oder dynamisch-lebendiger Verbalstil vor?
- Erfüllen die Adjektive überwiegend eine beschreibende, wertende oder schmückende Funktion?
- Kommen vor allem Zustands-, Vorgangs- oder Tätigkeitsverben vor?
- Treten Fremdwörter und Fachbegriffe auf?
- Finden sich pathetische Redewendungen wie Superlative, Wörter mit superlativischer Bedeutung (sog. Hochwertwörter), Komparative, Wiederholungen, Worthäufungen?
- Begegnen Gruppen-, Jargon- oder Dialektausdrücke?
- Kommen Wortneubildungen, sog. Neologismen, vor?
- Sind die sprachlichen Vergleiche und bildhaften Ausdrücke originell oder abgenutzt?
- Ist die Wortwahl einfach, normal- oder umgangssprachlich, gewählt, gehoben, feierlich, pathetisch, geschwollen oder geschraubt und gestelzt?

12.2 Die Untersuchung des Satzbaus

- Sind die Sätze einfach und kurz oder länger? Begegnen Parataxen (Satzreihen) oder Hypotaxen (Satzgefüge)?
- Herrschen Aktiv- oder Passivkonstruktionen vor?
- Welche Hauptsatzarten dominieren: Aussage-, Frage-, Befehls- oder Ausrufesatz?
- Sind die Wortverbindungen asyndetisch (unverbunden) oder syndetisch (verbunden) bzw. polysyndetisch (mehrfach durch dieselbe Konjunktion verbunden)?

- Welche Satzverknüpfungen treten auf? Sind die Verbindungen koordinierend, also beiordnend (vgl. die Konjunktionen *und, auch, außerdem, sowohl – als auch, zudem*) oder subordinierend, also unterordnend?
- Erscheinen Gegensätze (Antithesen) oder Widersprüchlichkeiten (vgl. Paradoxon)?
- Kommen echte, rhetorische oder suggestive Fragen vor?

12.3 Die Untersuchung des Stils

- Ist der Stil mehr nüchtern und sachlich oder eher emotional und spannend gehalten? Ist er ironisch (also hintergründig, spöttisch) oder gar sarkastisch (also bissig, gehässig), abwechslungsreich oder monoton?
- Ist der Stil gehoben? Sind Wortwahl (z. B. Fremdwörter) und Satzbau (z. B. viele Nebensätze) anspruchsvoll? Richtet sich der Text an gebildete Leser?
- Hat der Text eine mittlere Stilebene? Sind Wortwahl und Satzbau normalsprachlich? Ist die Zielgruppe das breite Publikum?
- Ist die Stilebene eher niedrig? Sind Wortwahl und Satzbau schlicht und umgangssprachlich? Sind Dialekte oder Gruppensprachen erkennbar? Richtet sich der Text an eine bestimmte, sozial eher benachteiligte Gruppe?
- Gibt es Stilbrüche? Warum?

12.4 Die Interpretation

Interpretation eines Sachtextes

An die differenzierte Textanalyse schließt sich die Deutung des Textes an, die eigentliche **Interpretationsarbeit**. Du deckst auf, wie du den Text verstehst. Erinnere dich dabei daran, dass sich die verschiedenen Gestaltungselemente, die du eng am Text nachgewiesen hast, unter einer Leitidee zusammenfügen lassen müssen. Kurz: Die Frage nach dem **Sinn** des Textes ist die nach dem Zusammenspiel von Inhalt und allen äußeren, argumentativen und sprachlichen Merkmalen, verbunden mit der Frage nach dem Zweck, den der Autor dabei verfolgt. Schon der antike Denker Quintilian wusste: Texte sprechen **Gefühl und Verstand** an, sie können belehren und beweisen (docere/probare), gewinnen und erfreuen (conciliare/delectare), bewegen und aufstacheln (movere/concitare).

Was Texte alles leisten können!

Welche **Absicht** oder **Intention** kann mit einem Sachtext verbunden sein? Er kann appellieren, also zu einem bestimmten Verhalten aufrufen und Regeln aufstellen. Er kann informieren, bewerten, kritisieren, verharmlosen, neugierig machen oder beeinflussen. Er kann auch schlicht unterhalten wollen oder Ausdruck von Kreativität und Nachdenklichkeit sein.

Zusatzinformationen einbeziehen

Manchmal ist es hilfreich, zur Interpretation eines Textes weitere Informationen heranzuziehen. So können z. B. Angaben zur Person des Autors wie zu seinem Alter, seinem Beruf, seinem Lebensweg oder seinen Arbeitsschwerpunkten das Verstehen eines Sachtextes erleichtern. Dazu müsstest du dann im Internet oder in Bibliotheken bzw. Mediotheken recherchieren. Immer aber muss deine Deutung durch inhaltliche und formale sowie sprachliche Analyseergebnisse am Text abgesichert sein.
Nach einer solch gründlichen Auseinandersetzung mit einem Sachtext kannst du nun auf der Grundlage deiner Notizen eine Gliederung anfertigen.

Gliederungsmuster für eine Sachtextanalyse

1 Einleitung
2 Hauptteil
2.1 Textanalyse
2.1.1 Kurze Inhaltsangabe
2.1.2 Bestimmung der Textart
2.1.3 Analyse des äußeren Aufbaus des Textes
2.1.4 Untersuchung der Gedankenführung
2.1.5 Sprachanalyse
2.1.6 Bestimmung der Stilebene
2.1.7 Hinweise zu Intention und Wirkung des Textes
2.2 Behandlung von Zusatzfragen
3 Schluss

Regeln zum Verfassen von Textanalysen

Dann kann das eigentliche **Formulieren** beginnen.
Es gelten folgende **Grundregeln**: Wir schreiben Textanalysen immer im Präsens, formulieren mit eigenen Worten und schreiben sachlich. Wir belegen unsere Ausführungen durch

korrektes Zitieren. Und am Ende lesen wir unseren Aufsatz nochmals kritisch auf Fehler durch.
Häufig wird die Aufgabenstellung einer Sachtextanalyse erweitert, indem verlangt wird, dass man zusätzliche Thesen zum Text formuliert, die Textaussagen eingehender erörtert oder persönlich Stellung zu ihnen nimmt. Wie man dabei vorgehen muss, stellen wir im nächsten Abschnitt vor.

13 Die Erörterung

In einer **Erörterung** befasst man sich mit einem komplexen Sachverhalt, indem man ihn argumentativ durchleuchtet. Das Thema einer Erörterung lässt immer mehrere Möglichkeiten der Stellungnahme zu. Das Ziel ist die Begründung eines eigenständigen differenzierten Urteils, das auch andere überzeugen kann. Deshalb müssen Einseitigkeiten und Vorurteile unbedingt vermieden werden. Häufig steht am Ende eine sinnvolle Kompromisslösung.

Erörtern im Alltag

Das Verfahren der Erörterung kennen wir aus vielen **Alltagssituationen**: aus Auseinandersetzungen mit Freunden oder Eltern über ganz persönliche Ansichten, aber auch aus Politik, Wirtschaft oder Wissenschaft, wo um angemessene Lösungen für gesellschaftliche Probleme gerungen wird. Dabei kommt es immer auf die Überzeugungskraft der Argumentation an.

Erörtern in der Schule

In der Schule werden schriftliche Erörterungen von der 8. Klasse an bis zum Abitur verlangt, und zwar nicht nur im Deutschunterricht, sondern auch in Fächern wie Geschichte, Politik und Religion.
Bevor wir uns mit den unterschiedlichen Aufgabenstellungen einer Erörterung beschäftigen, müssen wir einige grundsätzliche Zusammenhänge klären. Wer etwas erörtert,

Dreischritt: These – Argument – Beleg

muss argumentieren. Dabei vollzieht er einen **Dreischritt**: Er stellt eine Behauptung – auch **These** genannt – auf, d. h., er formuliert eine zunächst noch nicht abgesicherte Annahme, die er dann mithilfe weiterer Überlegungen, den eigentlichen **Argumenten**, begründet.

Diese Argumente wiederum stützt man schließlich durch **Belege** oder Beispiele, indem man konkrete Einzelfälle heranzieht.
Um eine Erörterung glaubwürdig und erfolgreich aufzubauen, hast du verschiedene Möglichkeiten, wie dir die folgende Zusammenstellung von Fachbegriffen zeigt. Sie hilft dir, abwechslungsreiche Erörterungen zu verfassen und natürlich auch die Argumentationsweise anderer kritisch und kompetent zu beurteilen.

Wichtige Begriffe zum Aufbau einer Argumentation und ihre Erklärung

- **Tatsachenaussage**: eine Aussage, deren Wahrheitsgehalt mit den Methoden der Informationsbeschaffung eindeutig feststellbar ist und die sich als richtig herausstellt, z. B.: *Die Mehrheit der Jugendlichen besitzt ein Handy.*
- **Beweis / rationales Argument**: eine Begründung, die auf Verstandesgründen (Logik) basiert und deshalb nicht angezweifelt werden kann:

a) **der deduktive Beweis** (Herleitung des Besonderen aus dem Allgemeinen)
z. B.: *(1) Alle Menschen sind sterblich.*
(2) Sokrates ist ein Mensch.
also: *(3) Sokrates ist sterblich.*

b) **der induktive Beweis** (Schluss von einer endlichen Anzahl von Beobachtungen auf alle weiteren)
z. B.: *(1) Gold, Silber, Eisen sind Metalle.*
(2) Gold, Silber, Eisen sind schwerer als Wasser.
also: *(3) Metalle sind schwerer als Wasser.*
(Vorsicht: Induktive Beweise können sich auch als falsch erweisen! Beachte: Das Metall Kalium ist leichter als Wasser.)

- **Faktenargument**: eine Wirklichkeitsaussage, die sich auf Daten, Verträge, Gesetze usw. beruft und keiner weiteren Absicherung bedarf, z. B.: *Gold ist schwerer als Wasser.*

- **Plausibilitätsargument**: eine plausible Begründung, die auf Gewohnheit, gesundem Menschenverstand, allgemeinen Erfahrungen gründet, z. B.: *Mit dem Handy telefoniert man öfter als mit dem klassischen Telefon.*
- **normatives Argument**: eine Begründung, die sich auf allgemein akzeptierte Instanzen wie menschliche Verpflichtungen, Vorbilder, Anstand, Alltagsmoral oder Gerechtigkeitsprinzipien beruft, z. B.: *Man sollte nicht unnötig lange mit einem fremden Handy telefonieren.*
- **Autoritätsargument**: eine Begründung, die die Ansicht einer anerkannten Persönlichkeit oder Kapazität anführt, z. B. die eines herausragenden Politikers oder Wissenschaftlers, des Chefs oder der Eltern, z. B: *Bereits Einstein sagte …*

Verschiedene Arten von Erörterungen

Die Voraussetzung für eine gute Erörterung ist freilich, dass man über genügend Material, d. h. über möglichst viele Ideen verfügt. Zunächst erschließt man sich das Thema, indem man alles notiert, was einem dazu einfällt. Dies ist vor allem bei der sog. **freien Erörterung** wichtig. Hierbei bieten sich die Verfahren Brainstorming und Mindmapping an, die wir bei den grundlegenden Arbeitstechniken schon vorgestellt haben. Leichter tut man sich in der Regel mit einer **textgebundenen Erörterung**, bei der man ein Thema oder Problem im Rückgriff auf eine Textvorlage darstellen soll, denn hier kann man schon dem Text einige Informationen oder Meinungen zum Sachverhalt entnehmen.

Beim Anfertigen von Erörterungen zahlt es sich immer aus, wenn man am **aktuellen Zeitgeschehen** teilnimmt, also regelmäßig Zeitung liest, im Fernsehen auch einmal Dokumentationen und politische Informationssendungen ver-

TIPP: Für die Stoffsammlung ist es sinnvoll, wenn du dir die W-Fragen zum Thema stellst: Wer ist betroffen? Wann, wo und warum stellt sich dieses oder jenes Problem? Wie kann es gelöst werden? Wohin könnte es sonst führen? Welche Wirkung hat es auf bestimmte Gruppen? Welche Absichten verfolgt jemand hierbei?

folgt und sich mit anderen, die zu einem Thema viel wissen und kompetent sind, austauscht.

Verschiedene Formen der Themenvorgabe für Erörterungen

Zur Vorbereitung einer Erörterung gehört unbedingt, dass man sich über den **Typ der Aufgabenstellung** klar wird, denn Erörterungsthemen können in verschiedener Form vorgegeben sein:

- **als stichwortartige Überschrift** (z. B. *Ausländerfeindlichkeit; Bildungsverfall; Klimaerwärmung*): Hier musst du jeweils verschiedene Erscheinungsformen, Ursachen, Folgen, Chancen und Risiken sowie Veränderungsmöglichkeiten darstellen;
- **als Zitat** (z. B. *„Man **darf** in der Demokratie eine Meinung haben, man **muss** nicht." (Dieter Nuhr)*): Hier gilt es, die Zitat-Aussage zu erläutern und kritisch zu überprüfen;
- **als Sachfrage** (z. B. *Durch welche Maßnahmen kann die Gewaltbereitschaft Jugendlicher abgebaut werden?*): Hier musst du verschiedene sinnvolle Lösungsantworten finden und zusammenhängend mit Beispielen darstellen;
- **als Definitionsaufgabe** (z. B. *Was ist Allgemeinwissen heute? Was bedeutet Medienkompetenz?*): Auf der Grundlage einer klaren Begriffsvorstellung musst du ein allgemeines Phänomen beschreiben und erläutern. Dabei helfen oft Abgrenzungen zu ähnlichen Wörtern aus dem gleichen Wortfeld oder aus der Wortfamilie weiter.

Lineare oder sukzessive Erörterung

Diese genannten Formen zählen zum Typ der **linearen** oder **steigernden Erörterung**. In ihr geht es darum, mit Sachkenntnis und Hintergrundwissen einen nachvollziehbaren Gedankengang zu entwickeln, der verschiedene Aspekte so aneinander reiht, dass sich eine Steigerung vom Unwichtigeren zum Wichtigsten ergibt.

Strukturmuster für eine lineare Erörterung

1. *Zunächst steht fest, dass ...*
2. *Hieraus ergibt sich, dass ...*
3. *Das kann nur bedeuten, dass ...*
4. *Daraus lässt sich folgern, dass ...*
5. *Für das Thema / die Frage heißt das, dass ...*

Formulierungshilfen für die Reihung von Themenaspekten: *außerdem, darüber hinaus, ebenso, ferner, weiterhin, zusätzlich*
Formulierungshilfen für die Steigerung von Themenaspekten: *(noch) bedeutender ist, dass ...; bedenklicher ist, dass ...; klarer erkennbar ist, dass ...; schwerer wiegt, dass ...; weitaus schwieriger/wichtiger/überzeugender erscheint, dass ...*

Dialektische Erörterung

Das Gegenstück zur linearen Erörterung ist der Typ der **dialektischen** oder **Pro-und-Kontra-Erörterung.** Dabei geht man nach dem dialektischen Schema zur Entwicklung von Gedanken vor, d. h., man formuliert eine These, stellt die Antithese gegenüber und führt beide zu einer Synthese (der Vermittlung der beiden Positionen) zusammen.

Erörtern einer Entscheidungsfrage

Die typische Form einer solchen dialektischen Erörterung liegt vor, wenn wir eine **Entscheidungsfrage** klären sollen. Mögliche Fragen könnten lauten: *Sollen Mädchen und Jungen in getrennten Klassen unterrichtet werden? Soll in der Öffentlichkeit ein generelles Rauchverbot gelten? Internet – Segen oder Fluch?* Bei solchen Entscheidungsfragen ist die Darlegung von Argumenten der einen wie der anderen Antwortmöglichkeit verlangt. Also musst du überlegen, was für ein Ja und was für ein Nein spricht. Das ist ganz wichtig: Immer musst du auch die Gegenposition argumentativ vorstellen. Nachdem du das Für und Wider, also Pro und Kontra, gegenübergestellt hast, schließt du eine solche Erörterung mit einem Kompromissvorschlag ab.

Persönliche Stellungnahme

Ebenso ist die **persönliche Stellungnahme** zu einem Thema, einem Problem oder auch zu einem Text grundsätzlich als dialektische Erörterung anzulegen. Beispiele wären: *Nimm Stellung zum Freizeitverhalten unserer Gesellschaft. Wie beurteilst du die Chancen für eine Literaturzeitung an deiner Schule?* Hier musst du zunächst das jeweilige Phänomen ausführlich und abwägend darstellen, indem du sowohl positive als auch negative Aspekte benennst. Das kann bedeuten, dass du nicht nur die Position mit Argumenten vertreten musst, der du zustimmst, sondern auch die, die du ablehnst.

Erst am Ende einer Stellungnahme ist deine eigene klare Bewertung als Schlussfolgerung gefordert, die meistens in einer eingeschränkten Zustimmung bzw. Ablehnung bestehen wird.
Nimm bei der Stoffsammlung immer wieder dir selbst gegenüber die Rolle eines Querkopfes ein, der unbequeme, lästige Fragen stellt, und versuche, die Argumente eines möglichen Gegners vorwegzunehmen. Auf Argumente, die allzu leicht widerlegt werden können, solltest du verzichten.

Gliederungsarbeit

Für das Gelingen einer Erörterung ist es entscheidend, dass du nach der Phase der Stoffsammlung eine klare Gliederung erstellst. Denn die Hauptaufgabe einer Erörterung besteht in der geschickten Ordnung der Gedanken.

Bei der Gliederung zu einer Erörterung kannst du in drei Schritten vorgehen:

1. Unterscheiden zwischen These, Argument und Beispiel. Denke daran: Beispiele müssen plausibel und dürfen nicht zu lang sein. Drei Sätze müssen reichen.
2. Zusammenhänge festlegen, indem du eine Zuordnung von Ober- und Unterpunkten triffst. Denke daran: Oberpunkte bringen verschiedene Aspekte auf einen gemeinsamen Nenner.
3. Eine entsprechende Gewichtung der einzelnen Gesichtspunkte vornehmen und sie steigernd oder dialektisch, also gegensätzlich, anordnen. Sortiere deine Argumente nach ihrer Schlagkraft und füge sie möglichst geschickt zu einer Beweiskette zusammen.

Einleitung

In der **Einleitung** einer Erörterung muss man natürlich das Thema benennen. Dazu sollte man auf einen aktuellen Anlass, auf eigene Erfahrungen, auf ein passendes Zitat oder Sprichwort verweisen.

Anordnung der Argumente im Hauptteil

Für die Anordnung der Argumente im **Hauptteil** kannst du zwischen **zwei Varianten** wählen: Du kannst all die Begründungen, die für die eine Auffassung sprechen, als eine Gruppe vorstellen und dann alle Argumente gegen diese Auffassung ebenfalls im Block folgen lassen. Diese Methode ist übersichtlich, aber nicht sehr abwechslungsreich.

Viel lebendiger wird die Erörterung, wenn du die unterschiedlichen Argumente für und gegen die Ausgangsthese im Wechsel präsentierst, weil dies realen Kommunikationssituationen entspricht.

Muster für dialektische Erörterungen

a) Pro und Kontra im Block

1. Vorstellung der These
2. Verschiedene Argumente, die **für** die These sprechen
3. Verschiedene Argumente, die **gegen** die These sprechen
4. Vergleich der beiden Positionen
5. Folgerung: eigene Stellungnahme

b) Pro und Kontra im Wechsel

1. Vorstellung von These (und Gegenthese)

2a)	erstes Argument **für** die These	2b)	erstes Argument **gegen** die These
3a)	zweites Argument **für** die These	3b)	zweites Argument **gegen** die These
4a)	drittes Argument **für** die These	4b)	drittes Argument **gegen** die These
	usw		usw.
...)	letztes Argument **für** die These	...)	letztes Argument **gegen** die These

... Vergleich der beiden Positionen

... Folgerung: eigene Stellungnahme

Schluss

Bei dialektischen Erörterungen ziehst du zum **Schluss** eine zusammenfassende Bilanz der verschiedenen Aspekte oder Argumente und formulierst deine persönliche Einstellung. Lineare Erörterungen können mit einem Ausblick auf künftige Entwicklungen ausklingen. Sie können am Ende auch eine Hoffnung, eine Befürchtung, eine Warnung oder einen Appell ausdrücken. Sogar ein offener Schluss, der z. B. eine weiterführende Frage aufwirft, ist denkbar. Gewarnt sei jedoch vor allzu floskelhaften Wendungen.

Bevor wir dir noch ein paar Formulierungstipps für Erörterungen geben, stellen wir ein Gliederungsbeispiel vor, das dem Muster folgt, in dem die Pro- und Kontra-Argumente jeweils im Block vorgestellt werden.

Gliederungsbeispiel für eine Erörterung:

Sollen Schüler während der Schulferien jobben?

A. *Die geltenden rechtlichen Bestimmungen für arbeitende Minderjährige – Das Jugendschutzgesetz* (Einleitung)

B. *Was spricht für, was gegen einen Ferienjob?* (Hauptteil)

I. *Argumente für einen Ferienjob:*

1. *Das Taschengeld wird aufgebessert.*

a. *Der Schüler kann sich Wünsche erfüllen.*

b. *Er hat Geld für Geschenke.*

2. *Der Jugendliche lernt, mit Geld richtig umzugehen.*

3. *Er wird etwas unabhängiger von den Eltern.*

4. *Er erhält Einblick in die Arbeitswelt.*

a. *Er lernt neue Leute kennen.*

b. *Er erhält einen Vorgeschmack aufs spätere Erwerbsleben.*

II. *Argumente gegen einen Ferienjob:*

1. *Es gibt nur wenige Jobs, die für Jugendliche geeignet sind.*

2. *Ferien sollten der Erholung dienen.*

3. *Die schulischen Leistungen können sich verschlechtern.*

4. *Das Geld verführt zum unüberlegten Ausgeben.*

III. *Bei Wahl des richtigen Jobs und der Einhaltung der Jugendschutzbestimmungen überwiegen die Argumente für einen Ferienjob.*

C. *Meine persönliche Entscheidung für einen Job in den Sommerferien* (Schluss)

Formulierungsarbeit

Selbstverständlich kommt es beim Abfassen einer Erörterung auch auf die klare und treffende sprachliche Gestaltung an. Du schreibst grundsätzlich im **Präsens** und dein Stil ist **sachlich, präzise und hochsprachlich**. Aber er darf durchaus abwechslungsreich sein. Viele Schülerinnen und Schüler leiten in ihren Erörterungen die begründenden Sätze ausschließlich mit *weil* oder *denn* ein. Dabei gibt es so viele verschiedene Möglichkeiten, **Gedanken logisch zu verbinden.** Das kann man an der Vielzahl der Konjunktionen ablesen, die uns im Deutschen zur Verfügung stehen. Die folgende Übersicht macht deutlich, dass man eine Erörterung sprachlich abwechslungsreich und inhaltlich differenziert anlegen kann.

Überblick über die Konjunktionen zur logischen Verknüpfung von Gedanken

- **temporale Verknüpfungen** geben zeitliche Verhältnisse an: *dann, darauf; danach; während; als; nachdem*
- **kausale** benennen Gründe: *denn; deshalb; weil; da*
- **adversative** formulieren Gegensätze: *aber; doch; dagegen; hingegen; jedoch; dennoch; während; anstatt, dass; einerseits – andererseits*
- **finale** geben Zweck und Absicht an: *dazu; darum; dass; damit; auf dass*
- **konsekutive** benennen Folgen: *also; daher; folglich; sodass*
- **konditionale** führen Bedingungen an: *sonst; wenn; falls; sofern*
- mit **konzessiven** werden Ausnahmen eingeräumt: *trotzdem; dennoch; obschon; obwohl; obgleich; wenn auch; zwar – aber*
- **modale** geben die Art und Weise an: *wie; indem; als ob; wie wenn; je nachdem; anders als; ohne dass; insofern als; je – desto*
- **instrumentale** benennen Mittel: *indem; dadurch, dass*
- und **disjunktive Verknüpfungen** formulieren Ausschlüsse: *entweder – oder; oder*

14 Die literarische Charakteristik

Die **literarische Charakteristik** stellt eine fiktive Person vor, die in einem literarischen Text präsentiert wird. Neben äußeren Merkmalen werden dabei schwerpunktmäßig ihre typischen Verhaltensweisen in den Blick genommen.

Informationsquelle ist der Text.

In der Regel sind Figuren aus Dramen oder epischen Texten zu charakterisieren. Während du sonst bei Personenbeschreibungen selbst die Beobachterrolle einnimmst, ist deine Informationsquelle bei einer fiktiven Figur lediglich der Text. Du kannst also nur die Informationen verwenden, die dir dort – und zwar auf zwei verschiedene Arten – geboten werden. Eine literarische Figur wird **direkt charakterisiert** durch eigene Aussagen oder die anderer Figuren, ebenso durch die Erzählfigur bzw. Regieanweisungen (z. B.: *H. ist ein heiterer Mensch.*). Eine **indirekte Charakterisierung** erfolgt über die Art und Weise, wie die Figur denkt und fühlt, oder durch das, was sie tut (z. B.: *H. lächelte vor sich hin.*). Du erhältst so eine Fülle von Informationen, die du entsprechend ordnen musst.

Aspekte für die Charakterisierung einer literarischen Figur

- **äußere Erscheinung**: Geschlecht, Alter, Körperbau, Aussehen, Kleidung (vgl. Personenbeschreibung)
- **soziale Situation**: Beruf, gesellschaftliche Stellung, soziale Beziehungen (Familie, Freunde etc.)
- **äußeres Verhalten**: Eigenarten, Gewohnheiten, Verhaltens-, Handlungsweisen, Sprache und Sprechweise
- **psychisches (geistig-seelisches) Verhalten**: Interessen, Gefühle, Denkweisen, Einstellungen, Neigungen, Problemorientierungen, Weltanschauung
- **gesellschaftliche Bedingtheit und Wirkung**: Inwiefern sind äußeres und psychisches Verhalten gesellschaftlich bedingt? Wie wirkt die Figur auf die Umwelt?
- **emotionale und soziale Beziehungen**: Wie geht die Person mit anderen und wie gehen andere mit ihr um?

Formulierungshinweise

Diese Auflistung der verschiedenen Gesichtspunkte gibt dir auch die **Gliederung** für eine literarische Charakteristik an die Hand. Diese wird grundsätzlich im **Präsens** verfasst. Die Aussagen zum Charakter der Figur müssen jeweils **am Text belegt** werden. Deine wichtigste Aufgabe ist es nämlich, die Charaktereigenschaften der Figur nicht nur möglichst klar zu benennen, sondern auch nachvollziehbar auf der Grundlage des Textes zu machen. Denke daran, dass deine Ausführungen auch für jemanden verständlich sein müssen, der das Drama, den Roman oder die Erzählung, aus der die Person stammt, nicht kennt.

Formulierungsbeispiele

- *Die Figur ist gewissenhaft, denn sie hält Verabredungen ein und ist immer pünktlich. Das erkennt man, wenn sie ...*
- *Die Figur erweist sich als hinterhältig, wenn sie ...*
- *Die Treue der Figur zeigt sich, wenn sie ...*

Anfertigen einer Rollenbiografie

Selbstbild einer fiktiven Figur

Häufig wird von dir verlangt, statt einer Charakteristik eine Rollenbiografie zu einer literarischen Figur zu verfassen. Dann musst du **in die Rolle der Figur schlüpfen** und sie aus dieser Perspektive vorstellen: Die Figur erzählt von sich selbst. Du schreibst eine Rollenbiografie also in der Ichform. Dabei musst du den **Zeitpunkt** beachten, zu dem die Figur dieses Selbstbild formuliert. Meistens wird dieser in der Aufgabenstellung vorgegeben, indem ein Ereignis der Handlung genannt wird, von dem aus die Figur auf ihr Leben zurückblickt und ihre augenblickliche innere Situation reflektiert.

Reflexion des Lebens und der momentanen Lage

Anders als bei einer Charakteristik musst du dabei nicht unbedingt auf eine streng logische Gedankenführung achten, denn im Selbstgespräch darf man ruhig zwischen verschiedenen Gedanken hin und her springen, Erinnerungen an Personen können ganz plötzlich auftauchen usw. Jedoch musst du genau beachten, was die Figur bisher überhaupt aus eigenem Erleben oder aber von anderen Personen erfahren hat. Wesentlich kommt es auch darauf an, der Figur eine angemessene Sprache zu verleihen.

15 Analyse und Interpretation eines literarischen Textes

Nicht nur Sachtexte, auch literarische Werke wollen verstanden werden. Den Weg dazu bieten Analyse und Interpretation.

Analysieren heißt, die Merkmale und Auffälligkeiten eines literarischen Textes zu erkennen und zu benennen. **Interpretieren** meint die Deutung dieser Kennzeichen und Besonderheiten in ihrer Gesamtheit. Auf diese Weise erfasst man den **Sinn von Literatur** als Zusammenspiel von Form und Inhalt wie auch ihren künstlerischen Wert.

Textimmanente Interpretation

Zunächst betrachtet man den literarischen Text an und für sich. Die Wissenschaft spricht von einem **textimmanenten** Zugriff. Dabei werden Inhalt und Problemgehalt des Textes, seine Struktur, sein Stil, also die Wortwahl (Lexik) und der Satzbau (Syntax), in den Blick genommen, um die mehr oder minder klar erkennbare oder doch vermutliche Absicht des Autors, die sog. **Intention**, zu erschließen.

Struktur und literarische Gattung

Die **Struktur** des Textes ist natürlich davon abhängig, zu welcher der **drei literarischen Gattungen** er zählt:
Handelt es sich um ein **episches** Werk wie Anekdote, Epos, Erzählung, Fabel, Kalendergeschichte, Kurzgeschichte, Legende, Märchen, Novelle, Parabel oder Roman?
Geht es um ein **dramatisches** Werk, um traditionell-aristotelisches oder modern-episches Theater, um eine Tragödie, Komödie, Tragikomödie, um absurdes Theater, ein bürgerliches Trauerspiel, Dokumentartheater, Geschichtsdrama, Ideendrama, soziales Drama oder Volksstück?
Oder haben wir es mit einem **lyrischen** Text zu tun, mit Stimmungs-, Erlebnis-, Gedankenlyrik, mit einem Dinggedicht oder mit Liebes-, Natur-, Alltags-, politischer Lyrik, mit Ballade, Elegie, konkreter Poesie, Lied, Ode oder Sonett?
Je nach Gattungszugehörigkeit sind entsprechende formale Aspekte zu untersuchen.

Wir können an dieser Stelle nur stichwortartig die wesentlichen Merkmale aufgreifen und eine allgemeine Auflistung von möglichen Untersuchungspunkten bieten. Im Kapitel über die Literaturgattungen sind die verschiedenen Aspekte detaillierter dargestellt, sodass auch die Zusammenhänge und Abhängigkeiten zwischen den verschiedenen Kennzeichen deutlich werden.

15.1 Zur Struktur eines epischen Textes

- **Äußerer Aufbau**: Wie umfangreich ist das Werk? Ist eine Gliederung in Teile und/oder Kapitel mit Überschriften bzw. Nummerierung vorhanden? Ergeben sich Erzählabschnitte durch die Zeitgestaltung oder durch verschiedene Erzählformen bzw. Erzählfiguren?
- **Erzählsituation**: Wie lassen sich Erzählform, Erzählverhalten, Erzählhaltung, Erzählperspektive und Standort der Erzählfigur im Einzelnen beschreiben?
- Welche **Erzählweisen** und welche Formen der Figurenrede sind anzutreffen?
- Wie sieht das Verhältnis von erzählter Zeit und Erzählzeit aus? Wie werden die Techniken der Zeitraffung, Zeitdehnung oder Zeitdeckung genutzt?

15.2 Zur Struktur eines dramatischen Textes

- **Äußerer Aufbau**: Liegt eine Gliederung in Aufzüge und Auftritte bzw. Akte und Szenen vor? Werden Einzelszenen bzw. einzelne Bilder aneinander gereiht?
- **Handlungsverlauf**: Hat das Drama eine geschlossene Form mit Exposition, steigender Handlung, Höhe- und Wendepunkt, fallender Handlung und Schluss als Katastrophe oder Lösung des Konflikts? Oder zeigt das Drama eine offene Episodenstruktur?

15.3 Zur Struktur von lyrischen Texten

- **Äußerer Aufbau**: Gibt es Strophen? Wird eine traditionelle Form wie das Sonett gewählt? Wie lassen sich Metrum, Rhythmus, Reimstruktur genau beschreiben?

15.4 Übergreifende Aspekte

- **Handlungsführung und Spannungsaufbau**: Gibt es Haupt- und Nebenhandlungen? In welchem Verhältnis stehen äußere Handlung (Worte und Taten der Figuren) und innere (Gefühle, Gedanken, Träume der Figuren)? Gibt es Rahmen- und Binnenhandlung? Wo sind Höhe- und Wendepunkte erkennbar? Wird die Handlung vollständig oder lückenhaft dargeboten?
- **Figurenkonzeption**: Lassen sich Haupt- und Nebenfiguren unterscheiden? Erscheinen sie als Individuen oder als Typen? Ist die Figurenzeichnung dynamisch oder statisch, komplex oder eindimensional, offen oder geschlossen?
- **Figurenkonstellation**: Wie lassen sich die Figuren zueinander in Beziehung setzen? In welchem Verhältnis stehen sie? Gibt es Blockbildungen und/oder Außenseiter? Welches Kommunikationsverhalten zeigen die Figuren?
- **Figurendarstellung**: Werden die Figuren eher direkt oder indirekt charakterisiert? (Vgl. hierzu auch den Abschnitt zur literarischen Charakteristik.)
- **Raum- und Zeitgestaltung**: Liegt ein chronologischer oder diskontinuierlicher Aufbau vor? Wird ein kurzer oder langer Zeitraum dargeboten? Gibt es viele oder nur wenige Raumwechsel? Sind Zeit und Ort überhaupt bestimmbar? Haben die erkennbaren Zeiten und Orte eine spezifische Bedeutung, haben sie Symbolgehalt?
- **Sprachliche Gestaltung**: Wie sehen Wortwahl (Lexik), Satzbau (Syntax) und Stil aus? Welche stilistisch-rhetorischen Mittel werden eingesetzt und was sollen sie bewirken? Wie sprechen die Figuren?
- Schließlich noch eine wichtige Frage: Welche Motive werden eingesetzt, um die Einheit oder **Kohärenz des Textes** zu gewährleisten? Gibt es Leitmotive?

Ein **Leitmotiv** ist eine einprägsame, oft gleich oder ähnlich lautende Aussage, die einer Figur, Situation, Gefühlslage oder Stimmung, aber auch einem Gegenstand, einer Idee oder einem Geschehen zugeordnet wird. Ein Leitmotiv wirkt durch seine Wiederholung gliedernd und hervorhebend, vor allem stellt es Zusammenhänge her.

Wenn man ein literarisches Werk textimmanent analysiert hat, ist es in vielen Fällen für die Interpretation nützlich, weitere Informationen einzubeziehen:

Die sog. **textexterne Interpretation** berücksichtigt folgende Faktoren außerhalb des Textes:
- die **Biografie** des Autors, aus psychoanalytischer Sicht auch den Zusammenhang von psychischen Triebkräften des Autors und seinem Werk;
- die **Zeit bzw. Epoche** der Entstehung des Werkes, also allgemeine geistesgeschichtliche und politische sowie literaturwissenschaftliche Sachverhalte, die in der Literaturgeschichte eine wichtige Rolle spielen;
- den **Stoff**, die **Quelle** sowie **gattungsgeschichtliche Zusammenhänge**
- und schließlich die **Wirkung** des Textes auf seine Leser bzw. Rezipienten im Laufe der Zeiten.

Quellen für Zusatzinformationen

Um an die entsprechenden Informationen zu gelangen, kannst du in Lexika, in Fachbüchern oder im Internet recherchieren. Hinweise zur Literaturgeschichte erhältst du auch im entsprechenden Kapitel dieses Bandes.

Ziele der Interpretation

Was leistet nun eine Interpretation? Du formulierst auf der Basis der Ergebnisse deiner Analysen dein Verständnis des literarischen Werkes. Dabei erklärst du, was der Autor mit seinem Text beabsichtigt, wen er worüber belehren will, was er warum kritisiert, wie er es mit welchen künstlerischen Mitteln erreicht, den Rezipienten zu unterhalten.

Konzentration auf die Aufgabenstellung!

Verliere aber bei der Interpretationsarbeit nicht die exakte **Aufgabenstellung** aus dem Blick. In der Regel werden dir Teilaufgaben gestellt. Das können auch **kreative Schreibübungen** sein wie das Verfassen eines Tagebucheintrages oder eines inneren Monologes zu einer Person oder das Formulieren eines themengebundenen Gesprächs zwischen Figuren, die aus ganz verschiedenen literarischen Werken stammen. Dann kommt es darauf an, dass du möglichst in der Sprache der jeweiligen Figur und der Situation angemessen eine lebendige und stimmige Fassung schreibst, die zeigt, dass du den Text bzw. die Texte verstanden hast.

Auf einen Blick: Aufsatzarten

Grundlegende Arbeitstechniken

- Sinnvolles und effektives Lesen:
  - Vorbereitung: die eigenen Vorkenntnisse überprüfen
  - Durchführung: unbekannte Wörter nachschlagen, Text bearbeiten durch farbiges Markieren, Unterstreichen, Notieren von Randbemerkungen und Zeichen
  - Nachbereitung: Rekapitulieren des Inhalts
  - Sonderformen: einen Text diagonal lesen, einen Text überfliegen
- Stoffsammlung:
  Quellen: Bibliotheken, Mediotheken, Internet
  Veranschaulichung z. B. durch Mindmapping
- Gliederung: Einleitung – Hauptteil – Schluss
- Zitieren: direktes und indirektes Zitat; Quellenbeleg; Literaturverzeichnis
- äußere Form: Sauberkeit und Einheitlichkeit
- sprachliche Form: Rechtschreibung; Zeichensetzung; Grammatik; Stil
- Grundregel: Kreativität im Ausdruck ist sinnvoll, wenn sie der Klarheit und Präzision der Darstellung dient!
- Überarbeiten von Aufsätzen: Sind die Anforderungen an Inhalt, Form und Sprache alle eingelöst?

Erlebniserzählung

- Erzählen einer wahren Begebenheit mit Unterhaltungsfunktion
- Es kommt darauf an, Stimmung aufzubauen und Spannung zu erzeugen!

Fantasieerzählung

- kreatives Erfinden oder Fortspinnen einer Geschichte
- Gefragt sind zwar originelle, aber auch folgerichtige Ideen für eine interessante Handlungsentwicklung!

Beschreibung

- drei Typen: Personen-, Gegenstands- und Vorgangsbeschreibung
- Ziel ist die sachliche und möglichst präzise Darstellung!

Brief

- Unterscheidung: privater und Geschäftsbrief (sowie E-Mail)
- Bei Geschäftsbriefen sind DIN-Vorschriften zu beachten. Immer gilt es, inhaltlich und sprachlich klar, korrekt und angemessen zu formulieren!

Protokoll

- zwei Formen: Verlaufs- und Ergebnisprotokoll
- Protokolle geben in präziser und neutraler Form das wieder, was sich tatsächlich ereignet hat!

Bericht

- verschiedene Formen: Berichte in den Medien, Berichte in der Arbeitswelt
- Große Bedeutung haben die sog. W-Fragen, die neutral beantwortet werden!

Schilderung

- Darbieten eines wirklichen Geschehens mit Unterhaltungsfunktion
- Wichtig ist es, durch eine angeregte, abwechslungsreiche sprachliche Gestaltung eine emotionale Stimmung zu vermitteln!

Bewerbung und Lebenslauf

- Formulieren eines aussagekräftigen Bewerbungsschreibens
- Anfertigen eines Lebenslaufes (nach europäischem Muster)

Nacherzählung

- Wiedergabe eines vorgegebenen Textes mit Unterhaltungsfunktion

Inhaltsangabe

- Wiedergabe wesentlicher Punkte eines Textes zur reinen Information

Analyse eines Sachtextes

- Untersuchen von Form, Gedankenentwicklung und Sprache eines Textes
- Es kommt darauf an, den Text differenziert zu verstehen!

Erörterung

- Entwicklung überzeugender Gedanken zu einem Thema, Problem oder Text
- Formen: lineare oder dialektische Erörterung

Literarische Charakteristik

- Bestimmen des Wesens einer literarischen Figur; Sonderform: Rollenbiografie

Analyse und Interpretation eines literarischen Textes

- Untersuchen der zahlreichen Strukturelemente eines literarischen Werkes
- Es gilt vor allem, textinterne, aber auch textexterne Informationen zu nutzen, um so zu einer umfassenden und interessanten Interpretation zu gelangen!

Literaturgattungen

Es gibt eine Vielzahl von literarischen Werken: Erzählungen, Romane, Bühnenstücke, Gedichte u. a. Vergleicht man diese Texte miteinander, so erkennt man viele Gemeinsamkeiten, aber auch viele Unterschiede. Sie alle schaffen eine eigene fiktive Welt, in der Figuren in Handlungen verstrickt sind, die mehr oder weniger eindeutig in Raum und Zeit verankert sind. Die Art und Weise, wie uns in den verschiedenen literarischen Texten erdachte Welten oder Ausschnitte daraus präsentiert werden, lässt sich genauer beschreiben.
Auf den folgenden Seiten wollen wir uns auf Entdeckungsreise begeben und einige Wege in den Dschungel der Literaturbetrachtung schlagen.

1 Überblick: literarische Texte

Unterscheidung in literarische und nicht literarische Texte

Es gibt unzählig viele verschiedene Textarten. Eine erste Einteilung ergibt die Unterscheidung von **literarischen** Texten einerseits und **nicht literarischen** andererseits.

Nicht literarische Texte werden auch nicht fiktionale genannt, weil sie sich auf etwas tatsächlich Geschehenes und nichts Erfundenes beziehen. Dies gilt für journalistische Texte (Nachricht, Bericht, Reportage, Kommentar etc.), rhetorische (politische Rede, Anklage, Verteidigung usw.), normierende und appellierende (Gesetz, Rechtsvorschrift, Verhaltensregel, Sprichwort, Werbung) und auch für informierende Texte (wissenschaftliche Abhandlungen).

Wesen literarischer Texte

Der Leser eines Textes, in dem Fakten mitgeteilt werden, hat andere Erwartungen als der Leser eines dichterischen Textes. Während man durch Zeitungsmeldungen, Gebrauchsanweisungen oder Beipackzettel zu Arzneimitteln zuverlässig informiert werden will, rechnet man als Leser eines Märchens oder Romans oder auch als Besucher einer Theateraufführung damit, etwas Erfundenes, Fiktives mitgeteilt zu bekommen. Man widmet sich solchen Texten mit dem Bedürfnis nach **Unterhaltung** und **Anregung**.

Literarische Texte erzeugen eine Wirklichkeitsillusion, indem sie Elemente aus der Realität mit Erfundenem kombinieren und auf diese Weise dem Leser einen neuen Sinn vermitteln. Dabei gibt es Abstufungen: realitätstreue Texte wie den dokumentarischen Roman und eher realitätsferne wie z. B. in der Science-Fiction-Literatur.

Literarische Gattungen und Formen

Die literarischen oder fiktionalen Texte werden weiter unterteilt. Schon bei Aristoteles (384–322 v. Chr.) finden sich erste Ansätze, **Ordnung** in die **Vielfalt** literarischer Werke zu bringen und sie nach festen Kriterien zu klassifizieren. Im 18. und 19. Jahrhundert bildet sich in der wissenschaftlichen Auseinandersetzung mit der Literatur eine Dreiteilung

Epik, Dramatik, Lyrik

heraus: Man unterscheidet die Gattungen **Epik**, **Dramatik** und **Lyrik**.

Goethe spricht in diesem Zusammenhang von den drei „Naturformen der Dichtung" und erkennt zusätzlich verschiedene „Dichtarten". Wir kennen diese Unterformen aus dem Deutschunterricht:

- Zur **Epik** (Gattung der erzählenden Literatur) gehören Formen wie Sage, Märchen, Fabel, Kurzgeschichte, Erzählung, Roman u. a.
- Zur **Dramatik** (Gattung der Schauspiele) gehören Formen wie Tragödie und Komödie, Geschichtsdrama, Volksstück, aristotelisches und episches Theater, absurdes Theater etc.
- Zur **Lyrik** (Gattung der Gedichte) gehören Formen wie Naturlyrik, Liebeslyrik, Sonett, Hymne, Ode usw.

Wer eine Unterscheidung vornimmt, braucht **Richtlinien und Maßstäbe**, nach denen er differenziert, damit andere diese Abgrenzung nachvollziehen und überprüfen können. Man muss also definieren, was einen epischen, dramatischen oder lyrischen Text ausmacht. Und man muss ebenso bestimmen, was einen Roman von einer Erzählung, was eine Tragödie von einer Komödie und was ein Liebesgedicht von einer Ode unterscheidet.

Notwendige Fachbegriffe

Im Laufe der Jahrhunderte haben Literaturwissenschaftler zur präzisen Beschreibung der Gattungen und Formen eine Fülle von **Fachbegriffen** entwickelt. Auf den folgenden Seiten wollen wir gemeinsam die wichtigsten dieser Begriffe und ihre Zusammenhänge erarbeiten, die notwendig sind, um einen literarischen Text exakt analysieren und interpretieren zu können, also Literatur überhaupt erst zu verstehen.

TIPP: Wir empfehlen dir, die einzelnen **Fachbegriffe** wie Vokabeln zu lernen. Denn im Deutschunterricht ist es nicht anders als in Fächern wie Englisch, Latein oder Spanisch: Man kann nur mitreden und sich verständigen, wenn man über einen entsprechenden Wortschatz verfügt.

2 Die Figuren in literarischen Texten

2.1 Haupt- und Nebenfiguren

Wesen literarischer Figuren

Im Zentrum literarischer Texte stehen Figuren, die mehr oder weniger aktiv in ein Geschehen eingebunden sind und also **Handlungsträger** sind. Dabei ist zwischen **Haupt-** und **Nebenfiguren** zu unterscheiden, je nachdem ob sie im Vordergrund des Geschehens stehen und sich die Handlung auf sie konzentriert oder ob sie diese nur als Randfiguren begleiten bzw. nur in bestimmten Situationen vorantreiben.

Charakterisierung literarischer Figuren

Hauptfiguren sind **Individuen**. Sie besitzen einen Namen, eine persönliche Lebensgeschichte und ein spezifisches soziales Umfeld. Sie haben eine bestimmte äußere Erscheinung und sprechen ihre eigene Sprache. Sie weisen ganz individuelle Eigenschaften und Eigenheiten auf. Wie sie agieren oder auch nicht, hängt einerseits von ihrem Charakter ab; andererseits ist dieser durch das Umfeld geprägt und sie selbst werden durch die Ereignisse und Handlungen der anderen Figuren beeinflusst. Das ist bei literarischen Figuren nicht anders als bei dir und deinen Mitmenschen.

Direkte und indirekte Charakterisierung

- Die **direkte Charakterisierung** einer literarischen Figur geschieht entweder durch andere Figuren der fiktiven Welt, die sie bewerten, einschätzen, kritisieren. In epischen Texten leistet dies häufig auch die Erzählfigur. In Dramen kann der Autor entsprechende Regieanweisungen anmerken. Auch Selbstäußerungen der Figur können sie direkt charakterisieren, entweder indem sie sich einer anderen Figur gegenüber selbst beschreibt oder in Form der Gedankenrede.
- Die **indirekte Charakterisierung** ergibt sich aus dem Verhalten der Figur und ihren einzelnen Handlungen, wobei sie ihre politisch-sozialen und moralischen Einstellungen ganz ungewollt verrät. Eine indirekte Charakterisierung ergibt sich auch durch das äußere Erscheinungsbild der Figur, durch Gestik, Mimik, Sprechweise sowie auffällige Gewohnheiten.

2.2 Figurenkonzeptionen

Verschiedene Figurenkonzeptionen

Figuren können ganz unterschiedlich angelegt sein:
Eine Figur kann **dynamisch oder statisch** konzipiert werden, d. h., sie kann sich verändern und weiterentwickeln, sie kann aber auch in ihrem Charakter und Verhalten stets gleich bleiben.
Eine Figur kann **komplex oder eindimensional** angelegt werden, d. h., sie kann mit vielen Merkmalen ausgestattet und ein wirklicher **Charakter** sein, was in der Regel nur auf Hauptfiguren zutrifft. Nebenfiguren haben oft nur wenige Merkmale und stellen eher einen bloßen **Typus** dar (wie z. B. „der Doktor" und „der Hauptmann" in Georg Büchners Drama „Woyzeck". Typen haben keine wirkliche Individualität und oft nicht einmal einen Eigennamen.
Eine Figur kann **offen oder geschlossen** dargestellt werden, d. h., sie kann in ihrem Charakter rätselhaft mehrdeutig oder aber auch von ihrem Wesen her verständlich und berechenbar sein.

2.3 Figurenkonstellationen

Beziehungsgeflecht der Figuren

Literarische Figuren stehen in aller Regel in einem **sozialen Netz**. Sie unterhalten Beziehungen und pflegen Kontakte auf ganz unterschiedlichen Ebenen. Für das Verständnis eines literarischen Textes ist es wichtig, herauszufinden, in welchem **Verhältnis** die Figuren zueinander stehen.
Figuren lassen sich nach verschiedenen Merkmalen gruppieren, z. B. nach Geschlecht, Alter, Generation, Gesellschaftsschicht, Beruf und Wertorientierungen.
Wichtig sind die Arten ihrer Beziehungen untereinander: Handelt es sich z. B. um eine familiäre Beziehung oder um ein Liebesverhältnis, eine Freundschaft, eine Interessen- oder Wertegemeinschaft oder eine Geschäftsbeziehung?
Schließlich ist für die Figurenkonstellation ganz entscheidend, ob sich die Figuren freundlich oder feindlich gesonnen sind. Stehen sie auf der Seite des Helden, des **Protagonisten**, oder auf der Seite der Gegenspieler, der **Antagonisten**? Gibt es zwischen den Figuren ein hierarchisches Geflecht mit bestimmten Abhängigkeiten? Ist jemand der Überlegene, Dominante, jemand anderes der Unterlegene?

3 Die Handlung in literarischen Texten

Zwar gibt es literarische Texte, in denen ausgesprochen wenig geschieht, z. B. in manchen Gedichten, in Kurzgeschichten oder bisweilen auch in Theaterstücken. Vor allem in umfangreicheren Werken aber geschieht in aller Regel vieles. Und auch hier wollen wir unterscheiden:

Die **Geschichte** (oder die Fabel, die Story) eines literarischen Textes ist das, was man als Leser oder Zuschauer nacherzählen oder rekonstruieren kann. Sie ist also der Stoff bzw. die chronologische Ordnung des Geschehens.
Die **Handlung** (oder das Sujet, der Plot) ist das Gerüst, das jedem einzelnen Ereignis seinen bestimmten, unverwechselbaren Platz im literarischen Text zuweist. Sie ist damit Teil des künstlerisch-kreativen Schaffens.

Haupt- und Nebenhandlungen

Die zeitliche Anordnung der einzelnen Ereignisse und damit die Handlungsführung in epischen und dramatischen Texten unterliegen jeweils eigenen Gesetzmäßigkeiten. Man kann aber prinzipiell zwischen einer **Haupthandlung** und einer oder mehreren **Nebenhandlungen** unterscheiden.
Im Zentrum der Haupthandlung steht die Hauptfigur, die häufig auch als Held bezeichnet und manchmal schon im Titel eines Werkes genannt wird (z. B. „Schneewittchen", „Der Schimmelreiter", „Effi Briest").

Äußere und innere Handlung

Zur **äußeren Handlung** tritt die **innere**, d. h., es werden über die sichtbaren Vorgänge hinaus die geistig-mentalen, psychischen Entwicklungen der Figuren, vor allem der Hauptfigur, dargestellt. Dazu können gerade Nebenhandlungen dienen, die andere Entwicklungsmöglichkeiten zeigen und nebenbei für Spannung sorgen. Hier ein Beispiel:

In Schillers Drama „Kabale und Liebe" geht es eigentlich um die Liebe von Ferdinand und Luise. Die Lady-Milford-Handlung zeigt, dass Ferdinand auch von anderen Frauen fasziniert ist. Und mit der adligen Lady erscheint eine Kontrastfigur zur kleinbürgerlichen Luise.

4 Der Raum in literarischen Texten

Bedeutung der Räume

In literarischen Texten sind Räume ein wichtiges Element. Der **Handlungsraum** gibt den Bedingungsrahmen für das Agieren der Personen vor. In Thomas Manns Novelle „Tonio Kröger" spiegeln die Hansestadt im Norden (Lübeck) und die südliche Künstlerstadt (München) als **Kontrasträume** den Bürger-Künstler-Konflikt der Titelfigur. In seiner Novelle „Der Tod in Venedig" steht dagegen Venedig als **Symbol- und Stimmungsraum** für Krankheit, Verfall und Tod. Von großem Aussagegehalt sind auch die Gedankenräume, also die Orte, an die sich die Figuren in ihren Träumen und Wunschbildern begeben. Diese Zusammenhänge haben insbesondere für Gedichte große Bedeutung, aber auch in Dramen ist die Wahl der Schauplätze natürlich nicht zufällig.

typisches Raummotiv	symbolischer Gehalt / Assoziationsfeld
Feld	Rückzug und Flucht vor der Zivilisation; Freiheitsgefühl
Friedhof	Abschied, Selbsterkenntnis und Phase der Lebensveränderung
Garten	von Menschen gestaltete Natürlichkeit; Verbindung von Natur und Zivilisation
Großstadt	Unterdrückung, Verbrechen, soziale Missstände und Anonymität
Gebirge	Naturgewalt, Unbezwingbarkeit; große Lebensentscheidungen
Haus, Stube	Geborgenheit, aber auch Enge
Meer	Unendlichkeit und Freiheitssehnsucht
Palast/Hof	Prachtentfaltung, schöner Schein, oft korrupte und korrumpierende Macht
Schlachtfeld	Gewalt, Schrecken; Entscheidung über Sieg/Leben und Niederlage/Tod
Wald	Unheimlichkeit, Einsamkeit, Zivilisationsferne; Bewährung, Selbstfindung

5 Die Epik

Epik ist eine Sammelbezeichnung für jede Form von fiktiven Erzählungen in Versen oder Prosa. Epische Texte vergegenwärtigen in freier Nutzung verschiedenster erzähltechnischer Möglichkeiten äußere und innere Geschehnisse um Personen, die sich mehr oder minder präzise zeitlich und räumlich bestimmen lassen.

5.1 Erzählfiguren

Verhältnis von Autor, Erzählfigur und Leser

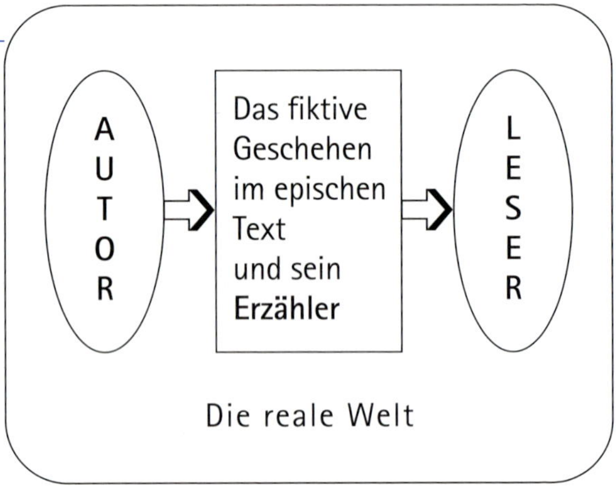

In einem epischen Text wird ein Geschehen erzählt, und zwar von einem Erzähler bzw. einer Erzählerin. Diese **Erzählfigur** ist Bestandteil der erdachten Welt des Textes und deshalb **nicht identisch mit dem Autor**, der – wie der Leser auch – der realen Welt angehört. Die Erzählfigur existiert dagegen nur in der fiktiven Wirklichkeit des Textes.

Die **Erzählfigur/Erzählinstanz** (Erzähler/Erzählerin) ist eine nicht mit dem Autor bzw. der Autorin eines Textes identische, sondern von ihm bzw. ihr erdachte Figur, die das fiktive Geschehen vermittelt.

Die Erzählfigur kann zwischen zwei verschiedenen **Erzählformen** wählen: Sie kann im fiktiven Geschehen entweder in der ersten Person als Ich auftreten oder aber in der dritten Person erzählen.

- **Ich-Erzählform** (Icherzähler): Die Erzählinstanz ist sowohl erzählendes Medium als auch handelnde Person: autobiografische Ich-Erzählfigur (Ich als Hauptperson) oder periphere Ich-Erzählfigur (Ich als Beobachtungsinstanz am Rande des Geschehens).

Der autobiografische Icherzähler

Ich wußte den Namen der Frau nicht. Mit dem Blumenstrauß in der Hand stand ich unschlüssig vor der Tür und den Klingeln. Ich wäre lieber umgekehrt. Aber dann kam ein Mann aus dem Haus, fragte, zu wem ich wolle, und schickte mich zu Frau Schmitz im dritten Stock.

[Bernhard Schlink, „Der Vorleser" (Roman)]

- **Er-Erzählform** (Er-Erzähler): Die Erzählfigur ist Vermittlungsinstanz von Vorgängen um andere Personen.

Der Er-Erzähler

Mitte November – sie waren bis Capri und Sorrent gekommen – lief Innstettens Urlaub ab, und es entsprach seinem Charakter und seinen Gewohnheiten, genau Zeit und Stunde zu halten. Am 14. früh traf er denn auch mit dem Kurierzuge in Berlin ein, wo Vetter Briest ihn und die Cousine begrüßte [...].

[Theodor Fontane, „Effi Briest" (Roman)]

Die Erzählfigur hat die Möglichkeit, zwischen drei verschiedenen Formen von **Erzählverhalten** zu wählen: Sie kann sich **auktorial**, **personal** oder **neutral** verhalten.

- **Auktoriales Erzählverhalten**: Die Erzählfigur bringt sich selbst ins Bewusstsein des Lesers, greift kommentierend, reflektierend, urteilend, vorausdeutend usw. ein.
- **Personales Erzählverhalten**: Die Erzählinstanz blickt mit den Augen einer oder mehrerer Figuren auf die Ereignisse und vermittelt dem Leser so deren Sicht.
- **Neutrales Erzählverhalten**: Die Erzählfigur verhält sich, als wäre sie eine unbeteiligte Beobachtungsinstanz.

Auktoriales Erzählverhalten

Wir wissen, was geschehen wird. Wir haben unsere bescheidenen Erfahrungen darin, wie Geschichten mitunter abzulaufen pflegen, wir haben einige Phantasie, und darum wissen wir, was geschehen wird. Mischa wird den Mund nicht halten können.

[Jurek Becker, „Jakob der Lügner" (Roman)]

Gustav Aschenbach oder von Aschenbach, wie seit seinem fünfzigsten Geburtstag amtlich sein Name lautete, hatte an einem Frühlingsnachmittag des Jahres 19..., das unserem Kontinent monatelang eine so gefahrdrohende Miene zeigte, von seiner Wohnung in der Prinzregentenstraße zu München aus allein einen weiteren Spaziergang unternommen.

[Thomas Mann, „Der Tod in Venedig" (Novelle)]

In M..., ließ die verwitwete Marquise von O..., eine Dame von vortrefflichem Ruf, und Mutter von mehreren wohlerzogenen Kindern, durch die Zeitungen bekannt machen: daß sie, ohne ihr Wissen, in andre Umstände gekommen sei, daß der Vater zu dem Kinde, das sie gebären würde, sich melden solle [...] Die, die einen so sonderbaren, den Spott der Welt reizenden Schritt, beim Drang unabänderlicher Umstände, mit solcher Sicherheit tat, war die Tochter des Herrn von G... [...].

[Heinrich v. Kleist „Die Marquise von O..." (Novelle)]

Gerade das letzte Beispiel macht deutlich, dass man manchmal sehr genau auf die Formulierungen achten muss, um zu erkennen, ob sich die Erzählfigur einmischt, also auktorial verhält. Man muss auf die einzelnen Wörter schauen. So erkennt man z. B., dass *bedeutend, vortrefflich, wohlerzogen* und *sonderbar* Wertungen sind.

Insbesondere in neueren Texten wird häufig auf auktoriales Erzählverhalten verzichtet. Oft wechseln auch eher personales und neutrales Erzählverhalten. Um zusammenfassend zu beschreiben, wie sich eine Erzählfigur verhält, muss man also abschätzen, welches Erzählverhalten insgesamt überwiegt bzw. besonders charakteristisch ist.

Immer bezieht die Erzählfigur in irgendeiner Weise Stellung zum erzählten Geschehen, wobei sie unterschiedliche **Haltungen**, **Erzählperspektiven** und **Standorte** einnehmen kann:

Die **Erzählhaltung** kann gegenüber dem Erzählten sehr verschieden sein: neutral, bejahend, verneinend, pathetisch, ironisch, kritisch, distanziert usw.

Die Erzählfigur kann die Figuren aus verschiedenen **Erzählperspektiven** heraus sehen, nämlich aus der

- **Innensicht**: Die Erzählinstanz kennt Wahrnehmen, Wissen, Gefühle und Gedanken der Figuren.
  Beispiel: *K. blickte durchs Fenster auf die blühenden Bäume. Er erinnerte sich an den letzten fröhlichen Frühling mit M., plötzlich wurde er traurig, er wusste, dass es nie wieder so sein würde.*
- **Außensicht**: Die Erzählinstanz sieht die Figuren nur von außen (Erscheinung, Sprache, Gestik, Mimik).
  Beispiel: *K. schaute mit einem versonnenen, melancholischen Blick aus dem Fenster. Woran dachte er wohl in diesem Augenblick?*

Ebenfalls kann der **Standort** (Point of View), das räumliche Verhältnis, sehr verschieden sein, das die Erzählinstanz zu Figuren und Vorgängen einnimmt: Nähe führt zu einem begrenzten Horizont, die distanzierte, quasi olympische Position führt zu Übersicht und Allwissenheit.

Erzählweisen

Wie erzählt nun die Erzählfigur das fiktive Geschehen? In aller Regel wird sie beide **Erzählweisen** nutzen:

- Der **Erzählbericht**: Die Erzählfigur teilt das Geschehen selbst in Form von Bericht, Kommentar, Beschreibung, Schilderung oder Erörterung mit.
- Die **szenische Darstellung / Figurenrede**: Die Erzählinstanz lässt die Figuren sprechen.

Figurenrede

Es gibt vier verschiedene Arten, um in einem erzählenden Text die Rede einer Figur wiederzugeben:

Die vier Arten der Figurenrede

- **Direkte Rede** (Form: 1. Person, Indikativ): Die Figur spricht selbst unmittelbar (szenische Darstellung / Dialog).
  „Ich heiße Michael Berg."
  „Michael, Michael, Michael." Sie probierte den Namen aus. „Mein Jungchen heißt Michael, ist ein Student ..."
  „Schüler."
  „... ist ein Schüler, ist, was, siebzehn?"
  [Bernhard Schlink, „Der Vorleser" (Roman)]

- **Indirekte Rede** (Form: 3. Person, Konjunktiv): Die Erzählfigur berichtet in ihrer Sprache, was eine Person gesagt hat. Die indirekte Rede ist Teil des Erzählberichts.
  Er hoffe, sagte der Graf, die Depeschen in B... einzuholen, von wo er jetzt einen näheren Weg nach Neapel, als über M... einschlagen würde [...].
  [Heinrich v. Kleist, „Die Marquise von O..." (Novelle)]

- **Innerer Monolog** (Form: 1. Person, Indikativ): Der Versuch, die stummen Gedanken der Figur, ihre Einfälle, Eindrücke usw. authentisch aufzuschreiben: assoziativ, unlogisch, unvollständig, ohne Rücksicht auf grammatische Regeln (Bewusstseinsstrom, „Stream of Consciousness").
  Aber was ist denn das? Ist es denn wirklich geschehen? Hat wirklich einer so zu mir geredet? Hat mir wirklich einer „dummer Bub" gesagt? Und ich hab' ihn nicht auf der Stelle zusammengehauen?
  [Arthur Schnitzler, „Leutnant Gustl" (Erzählung)]

- **Erlebte Rede** (Form: 3. Person, Indikativ): Die Erzählinstanz berichtet direkt aus dem Erleben einer Figur, und zwar im Stil dieser Figur.
  Der Konsul ging [...] umher [...]. Er hatte keine Zeit. Er war bei Gott überhäuft. Sie sollte sich gedulden.
  [Thomas Mann, „Buddenbrooks" (Roman)]

5.2 Die Zeitgestaltung

Wir haben schon festgestellt, dass literarische Texte einzelne Elemente der Realität aufnehmen, obwohl sie eigentlich ein fiktives Geschehen wiedergeben. Die zeitliche Verankerung und Anordnung der erzählten Handlungsepisoden gehört dazu. Grundlegend hierbei ist die Unterscheidung von **erzählter Zeit und Erzählzeit**.

Erzählte Zeit und Erzählzeit

Erzählte Zeit: Der Zeitraum, den das fiktive Geschehen innerhalb der Fiktion einnimmt; den es also dauern würde, wenn es sich tatsächlich ereignen würde, auch Ereigniszeit genannt (Maßeinheit: Jahre, Tage, Stunden etc.).
Erzählzeit: Der Zeitraum, den die Erzählfigur für die Erzählung bzw. der Leser für die Lektüre benötigt (Maßeinheit: Seitenanzahl).

Die Erzählfigur kann nun das Verhältnis von erzählter Zeit und Erzählzeit, also das **Erzähltempo**, bestimmen und sehr abwechslungsreich und kreativ gestalten.

Erzähltempo

- **Zeitraffung**: Die erzählte Zeit wird gekürzt durch:
  - **Aussparung**: Überspringen ganzer Zeitspannen (*Viele Jahre später ...*)
  - **sukzessive** Raffung: Aufreihung von Begebenheiten, die sich in einem bestimmten Zeitraum ereignen (*Dann ... und dann ...*)
  - **iterativ-durative** Raffung: Zusammenfassen eines Zeitraumes durch Angabe einzelner, regelmäßig wiederkehrender Ereignisse (iterativ) (*Immer wieder in dieser Zeit ...*) bzw. allgemeiner, den ganzen Zeitraum andauernder Begebenheiten (durativ) (*Die ganze Zeit hindurch ...*)
  - **eklektische** Raffung: Aufführen von Einzelereignissen, die beispielhaft für das Geschehen in einem längeren Zeitraum sind (*So geschah es einmal ...*).
- **Zeitdehnung**: Die erzählte Zeit wird verlängert (Wiedergabe von Gedanken, Träumen, komplizierten Bewusstseinsvorgängen).
- **Zeitdeckung**: Erzähl- und erzählte Zeit stimmen überein (vgl. szenische Darstellung / Dialog).

Freiheiten in der zeitlichen Gestaltung

Die Erzählfigur kann die Abfolge der einzelnen Handlungsepisoden zeitlich völlig frei gestalten: Sie kann der **Chronologie der Ereignisse** folgen, aber auch – oft zur Verwirrung des Lesers – die Einzelereignisse **umstellen**, durch **Vorausdeutungen** Spannung erzeugen und bestimmte Handlungen betonen oder durch **Rückblenden** dem Leser Verständnishilfen anbieten.

5.3 Verschiedene Formen epischer Texte

Wichtige epische Formen

Anekdote	Darstellung einer Episode aus dem Leben einer bekannten Persönlichkeit mit dem (fiktiven) Anspruch auf Wahrheit (Kleist, Hebel)
Epos	ausführliche Erzählung in Versen, beliebt in Antike und Mittelalter („Ilias", „Parzival")
Erzählung	Darstellung einer meist einsträngigen, in sich geschlossenen Handlung um wenige Personen (Stifter, Hoffmann, Hesse, Böll, Dückers)

Fabel	Lehrerzählung, in der Tiere menschliche Charaktere verkörpern (Luther, Lessing)
Kalender-geschichte	Lehrerzählung, eigentlich für das ungebildete Volk, oft zu Alltagsthemen (Hebel, Brecht, Graf)
Kurz-geschichte	1945 nach dem Muster der amerik. Short Story entstanden; Alltagsausschnitt; mit unmittelbarem Einstieg und offenem Ende (Böll)
Legende	Darstellung von Heiligen mit Vorbildcharakter („St. Martin", „Hl. Georg")
Märchen	Schilderung von Menschen in oft abenteuerlichen Bewährungssituationen, mündlich überliefert (Volksmärchen wie „Rotkäppchen", „Dornröschen"), seit der Romantik auch als Kunstmärchen (Tieck, Hauff, Gebr. Grimm)
Novelle	Prosaerzählung, die auf einen zentralen Konflikt zuläuft und eine „unerhörte Begebenheit" (Goethe) bietet (Goethe, Kleist, Storm)
Parabel	kurze Gleichniserzählung, z. B. im Neuen Testament; moderne Texte zeigen eine unverständliche, verrätselte Welt (Brecht, Kafka)
Roman	narrative Großform, umfangreiche Erzählung einer Handlung mit mehreren Strängen und viel Personal, besonders beliebt seit dem 19. Jh., u. a. unterschieden in: **Abenteuer- und Schelmenroman** (Grimmelshausen, Th. Mann, Grass); **Bildungs-, Entwicklungs-, Erziehungsroman** (Novalis, Goethe, Stifter, Hesse); **Generationenroman** (Freytag, Th. Mann); **Großstadtroman** (Fallada, Döblin); **Gesellschaftsroman** (Fontane, Th. und H. Mann, Böll, C. Wolf); **Historischer Roman** (H. Mann, Feuchtwanger, Heym); **Kriminalroman** (Dürrenmatt, Suter); **Künstlerroman** (Novalis, Schneider), **Utopischer Roman** (C. Amery)
Sage	urspünglich mündlich überlieferte Erzählung eines vergangenen Geschehens um Götter und Helden mit oft tragischem Ende („Odyssee", „Nibelungen", „Dietrich von Bern")

6 Die Dramatik

6.1 Der Aufbau des traditionellen geschlossenen Dramas

Grundlagen

Der griechische Philosoph Aristoteles (384–322 v. Chr.) bezeichnet in seiner Schrift „Über die Dichtkunst“, die erste dramentheoretische Ansätze enthält, **Exposition, Peripetie** und **Katastrophe** als die wichtigsten Stufen der Handlungsentwicklung im Drama.

Der Schriftsteller und Literaturwissenschaftler Gustav Freytag hat in seinem Werk „Die Technik des Dramas“ (1863) die Theorie des klassischen Dramas in stark schematisierter Form zusammengefasst und die Dramenstruktur als „pyramidalen Bau“ beschrieben. Seitdem wird Freytags Schema eines achsensymmetrischen Dreiecks immer wieder zur Veranschaulichung der Struktur des traditionellen Dramas verwendet.

Drei aristotelische Einheiten: Handlung, Ort und Zeit

Wesentlich für die Struktur des klassischen Dramas ist die von Aristoteles geforderte **Einheit der Handlung, des Ortes und der Zeit**. Jedes kleinste Aufbauelement, **Szene bzw. Auftritt** genannt, ist in Hinsicht auf diese drei Einheiten eng mit den Nachbarelementen verknüpft. So ergibt sich ein Sinnzusammenhang, in dem kein Bestandteil fehlen bzw. umgestellt werden darf. Alles erweist sich als Teil des geradlinigen, zeitlich relativ eng begrenzten Handlungsstranges. Die gesamte Szenenfolge ist in fünf Abschnitte unterteilt, die **Akte bzw. Aufzüge**. Diese ergeben einen auf Spannung angelegten Funktionszusammenhang, der folgenden idealtypischen Verlauf hat:

Pyramidaler Aufbau des traditionellen Dramas nach G. Freytag

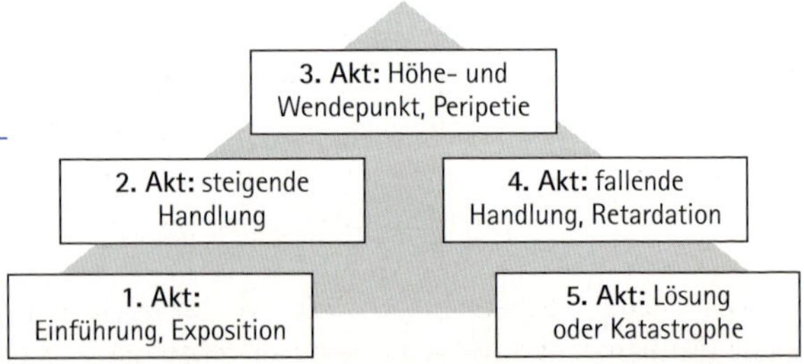

Der traditionelle **Spannungsaufbau** im **Zieldrama** (mit geradliniger Entwicklung auf das Ziel hin; vgl. z. B. „Die Räuber" von Friedrich Schiller):

- Der **erste Akt** enthält die **Exposition**: Der Zuschauer wird in die zeitlichen und örtlichen Verhältnisse sowie in die Grundstimmung des Geschehens eingeführt; er lernt die Vorgeschichte, die wesentlichen Personen und bereits den Keim des Konfliktes kennen.
- Der **zweite Akt** zeigt die **steigende Handlung**: Die Handlungsfäden werden verschlungen, Interessen stoßen aufeinander, Intrigen werden gesponnen. Die Entwicklung des Geschehens beschleunigt sich in eine bestimmte Richtung. Die Spannung steigt.
- Im **dritten Akt** erreicht die Entwicklung des Konfliktes ihren **Höhepunkt**: Der Held steht in der entscheidenden Auseinandersetzung, bis zur **Peripetie**, der Wende zu Sieg oder Niederlage.
- Der **vierte Akt** beinhaltet die zum Ende hin **fallende Handlung**. Die Spannung steigert sich noch einmal, indem die Entwicklung im **retardierenden Moment** verzögert wird: In der Tragödie wird die Hoffnung auf Errettung des Helden geweckt, in der Komödie die Furcht vor Verfehlung des erhofften Glücks.
- Der **fünfte Akt** bringt dann die **Lösung des Konfliktes**: als Wendung zum Guten (in der Komödie), zum Sieg des Helden, oder als **Katastrophe** (in der Tragödie), als Untergang des Helden.

Aufbauprinzip des Enthüllungsdramas

Im Unterschied zum Zieldrama setzt im **Enthüllungsdrama** das Geschehen auf der Bühne bereits mit dem entfalteten Konflikt ein. Ursachen und vorangegangene Ereignisse werden den handelnden Figuren wie auch dem Publikum erst nach und nach enthüllt. Die sich anbahnende Katastrophe erscheint als Folge früherer Verwicklungen, die den Beteiligten nicht oder nicht in ihrer ganzen Tragweite bekannt sind (vgl. „Ödipus" von Sophokles, Kleists „Der zerbrochene Krug", Hebbels „Maria Magdalena").
Im nachfolgenden Schaubild siehst du, wie das klassische Drama „Nathan der Weise" von Lessing aufgebaut ist.

Lessings „Nathan der Weise", Aufbau des Textes

Vorgeschichte
Zyklus der drei guten Taten:

	1. Akt **Exposition (Einführung)**	**2. Akt** **Entwicklung (Steigerung)**
Die Erziehung zu aufgeklärtem Denken durch Nathan	**Erste Herausforderung** Rechas naiver Wunderglaube widerspricht der menschlichen Vernunft.	**Zweite Herausforderung** Die antijüdischen Vorurteile des Tempelherrn werden als unberechtigt und intolerat entlarvt.
Die Erziehung des Tempelherrn	Die gute Tat des Tempelherrn steht im Widerspruch zu seiner judenfeindlichen Gesinnung.	Die Erziehung des Tempelherrn hat vorläufig (!) Erfolg.
Die Enthüllung der Verwandtschaftsverhältnisse	Daja kritisiert Nathans Vateranspruch gegenüber Recha.	Nathan bemerkt die Ähnlichkeit des Tempelherrn mit Wolf von Filnek.

Nathan nimmt Recha auf.	Saladin begnadigt den Tempelherrn.	Der Tempelherr rettet Recha.
3. Akt **Peripetie (Wende)**	**4. Akt** **Retardation (Verzögerung)**	**5. Akt** **Lösung**
Dritte Herausforderung Höhepunkt des Dramas ist die **Ringparabel,** mit der Nathan den Absolutheitsanspruch der Religionen kritisiert und zu humanem Handeln auffordert.	**Rückblick** Nathan schildert den Prozess der Selbsterziehung nach der Ermordung seiner Familie.	**Erfolg** Die Freundschaft mit Saladin und dem Tempelherrn setzt ein Zeichen friedlichen Miteinanders von Juden, Christen und Moslems.
Die Gefühle gegenüber Recha lassen den Tempelherrn unvernünftig denken und handeln.	Rückfall in altes Vorurteilsdenken: Der Tempelherr sucht Rat beim Patriarchen.	Der Tempelherr erkennt sein Fehlverhalten und reiht sich in den Kreis „aufgeklärter“ Menschen ein.
Daja enthüllt Rechas christliche Abstammung.	Das Buch des Klosterbruders beweist: Wolf von Filnek ist Saladins Bruder.	Nathan deckt die Verwandtschaftsverhältnisse auf.

aus: mentor Lektüre Durchblick 301, Nathan der Weise

Dramatische Mischformen

Neben den beiden Formen des Ziel- und des Enthüllungsdramas gibt es auch **Mischformen**, also Stücke, in denen die dramatischen Konflikte einerseits auf zurückliegenden Geschehnissen basieren, sich andererseits aber neue Konflikte während der Bühnenhandlung ergeben (vgl. Lessings „Nathan der Weise", Schillers „Maria Stuart" und Dürrenmatts „Die Physiker").

Der aristotelischen Forderung nach Berücksichtigung der drei Einheiten haben die Dramatiker im Wesentlichen über zweitausend Jahre entsprochen und erst seit dem 19. Jahrhundert begonnen, sich teilweise darüber hinwegzusetzen.

6.2 Der Aufbau des modernen offenen Dramas

Dramen, die keine abgeschlossene Handlung aufweisen, nennt man **offene Dramen.** Diese modernen Stücke bieten eine lockere Anordnung von Einzelszenen oder Bildern **(Episoden).** So macht bereits der Aufbau deutlich, dass die Welt nicht mehr als Ganzheit erfahrbar ist, sondern sich nur noch in Ausschnitten und Bruchstücken darstellen lässt.

Brechts episches Theater

Besonders deutlich wird dies im **epischen Lehrtheater** Bertolt Brechts. Der Zusammenhalt in zahlreichen Stücken Brechts ist nur über die Figuren und Leitmotive gegeben. Ein Stück wie etwa „Leben des Galilei" beginnt ganz unvermittelt, die Handlung, an der viele Personen beteiligt sind, erstreckt sich über mehrere Jahrzehnte und spielt an verschiedenen Orten. Da Brecht mit seinen Stücken eine Veränderung der Gesellschaft anstrebt, haben diese in der Regel ein offenes Ende, damit Zuschauerinnen und Zuschauer selbst nach einer Lösung suchen. Anders als die klassischen Dramatiker setzt Brecht nicht auf das Mitgefühl des Publikums, er will vielmehr eine kritische Haltung provozieren. Deshalb verfremdet er das dramatische Geschehen (**Verfremdungseffekt**), indem er einen kritisch-kommentierenden Erzähler auftreten lässt, Songs und Spruchbänder (*Glotzt nicht so romantisch!*) einsetzt oder auch Distanz durch Lichteffekte und Bühnenbild schafft.

Kritische Distanz des Zuschauers statt Einfühlung

Verfremdungseffekt

6.3 Verschiedene Formen dramatischer Texte

Drei Hauptformen des Dramas

Tragödie (Trauerspiel)	Darstellung eines tragischen Konflikts zwischen Autorität (Götter, Staat, gesellschaftlichen Normen etc.) und Selbstbestimmung, an dem der Held letztlich scheitern muss (Lessing, Schiller)
Komödie (Lustspiel)	Darbietung komischer Inhalte wie menschlicher Schwächen, Verwechslungen im Beziehungsleben; wirkt aufgrund von Sprach- und Situationskomik sowie Übertreibung (Kleist, Hauptmann)
Tragikomödie	Schauspiel, in dem komische Elemente die tragische Gesamtaussage kontrastieren und verdeutlichen (Hauptmann, Dürrenmatt)

Einzelne dramatische Formen

absurdes Theater	Vorführung des menschlichen Daseins in seiner Fragwürdigkeit; die Welt erscheint sinnlos, der Einzelne als bloße Marionette (Hildesheimer, Grass, Handke)
bürgerliches Trauerspiel	Darstellung des Ständekonflikts zwischen Adel und Bürgertum mit tragischem Ausgang (18./19. Jh.) (Lessing, Schiller)
Dokumentartheater	Darbietung realer Ereignisse auf der Basis authentischen Materials wie Gerichtsakten, Protokollen, Interviews (20. Jh.) (Weiss, Kipphardt, Hochhuth)
Geschichtsdrama	realitätsnahe oder freie Bearbeitung von historischen Stoffen (Goethe, Schiller, Büchner)
Ideendrama	Darstellung einer Grundidee, wie z. B. der Humanität, mit dem Anspruch auf Allgemeingültigkeit (Goethe, Schiller)
soziales Drama	kritisches Stück über gesellschaftliche Missstände (Büchner, Hebbel, Hauptmann)
Volksstück	realistische Darstellung von Figuren aus dem Volk mit eingeschränkter Wirklichkeitswahrnehmung (Thoma, Horváth, Fleißer, Kroetz)

7 Die Lyrik

Als **Lyrik** bezeichnet man alle in Vers- und Strophenform verfassten Texte von meist geringerem Umfang. Es gibt eine große Formenvielfalt. Vor allem zeichnen sich Gedichte durch eine abwechslungsreiche und kunstvolle sprachliche Gestaltung aus. Wesentliche Kennzeichen sind die Bildhaftigkeit des Ausdrucks, die Vielzahl möglicher Assoziationen, über Klang und Rhythmus vermittelte Stimmungen und das Aus- und Ansprechen von Empfindungen.

7.1 Lyrisches Subjekt, Themen und Motive

Lyrisches Subjekt

Vergleichbar der Erzählfigur in epischen Texten, gibt es auch in Gedichten ein sprechendes Subjekt, das als **lyrisches Ich** (oder lyrisches Wir) auftritt und nicht identisch mit dem Dichter oder der Dichterin sein muss. Oft bleibt es anonym und wird nur in seinen Reflexionen erkennbar.

Nach der Einstellung des lyrischen Subjekts zu seinem Thema differenziert man zwischen:

Stimmungs-, Erlebnislyrik

- **Stimmungs-** oder **Erlebnislyrik**, in der die subjektive Empfindung im Vordergrund steht (vgl. z. B. „Astern" von Gottfried Benn).

Gedankenlyrik

- **Gedankenlyrik**, in der philosophisch-theoretische Themen, z. B. „Was ist der Mensch?", behandelt werden, jedoch durchaus auch aus persönlicher Perspektive (vgl. z. B. „Das Göttliche" von Goethe).

Dinggedichte

- In **Dinggedichten** werden Objekte in ihrem Erscheinungsbild und ihrer Funktion eher neutral-objektiv beschrieben (vgl. z. B. „Auf eine Lampe" von Eduard Mörike).

Lyrische Themen

Je nach Thema des Gedichtes unterscheidet man zwischen **Liebes-, Natur-, Alltags-** und **politischer Lyrik**.

Lyrische Motive

Gedichte greifen immer eine bestimmte Grundsituation, ein sog. **Motiv** auf, das häufig schon im Titel benannt wird. Es gibt **Situationsmotive** (z. B. Einsamkeit, Abschied, Tod), **Typenmotive** (z. B. der Alte, der Wanderer, der Träumer), **Zeitmotive** (Tages-, Jahreszeiten) und **Raummotive** (Meer, Feld, Stadt etc.).

7.2 Verslehre: Metrum – Rhythmus – Reim

„Gedichte sind genaue Form", sagt der Germanist Peter Wapnewski. Deshalb ist es wichtig, diese Form exakt zu beschreiben. Genauso wichtig ist es dann aber, die einzelnen Formelemente auch auf den Inhalt zu beziehen und so die Einheit von Form und Inhalt deutlich zu machen.
Das zentrale Bauelement des Gedichtes ist der **Vers**.

Als **Metrum** (Versmaß) bezeichnet man den Wechsel von betonten Silben (Hebungen) und unbetonten (Senkungen) im Vers. Die kleinste Einheit ist der **Takt** (Versfuß).
Um das Metrum zu verdeutlichen, schreibt man für jede Silbe ein x und setzt auf die betonten einen Akzent: x́.

Betonung im Deutschen

Im Deutschen liegt der Wortakzent (die Betonung) auf der **Stammsilbe** (*Lié-be, já-gen*). Zwischen den Hebungen liegen höchstens zwei, aber mindestens eine Senkung, ersatzweise kann eine **Zäsur** (Pause) eingefügt sein.

Antike Versfüße

Seit der Antike sind folgende Metren gebräuchlich:

- **Jambus**: x x́ (*wa-rúm*)
- **Trochäus**: x́ x (*stér-ben*)
- **Daktylus**: x́ x x (*Lié-ben-de*)
- **Anapäst**: x x x́ (*un-ent-wégt*).

Man kann so das Metrum eines Gedichtes Vers für Vers bestimmen. Besteht es überwiegend aus Jamben oder Anapästen, spricht man vom steigenden Metrum, besteht es aus Trochäen und Daktylen liegt ein fallendes Versmaß vor.

Verschiedene Versformen

Einige Versformen haben eigene Bezeichnungen. Der **Knittelvers** weist vier Hebungen (bei beliebigem Versfuß) und Endreim auf. Zu den jambischen Metren gehören der **Blankvers** mit fünf Jamben ohne Endreim und der **Alexandriner** mit sechs Jamben und einer Mittelzäsur. Daktylische Versformen sind der **Pentameter** mit fünf Daktylen und einer Zäsur sowie der **Hexameter** mit sechs Daktylen.

Männliche und weibliche Kadenz

Besondere Beachtung verdient das Ende eines Verses, die **Kadenz**. Schließt der Vers mit einer Hebung, hat er eine **stumpfe** (männliche) Kadenz, endet er mit einer Senkung, ist die Kadenz **klingend** (weiblich).

Als Zusammenspiel von Metrum, Pausen, Sprechtempo und Klangfarbe (vor allem der Vokale) ergibt sich der **Rhythmus.** Er kann steigend, fallend, springend, hüpfend, fließend, stockend, gestaut oder drängend sein.

Verhältnis von Satzbau und Vers

Der Sprechfluss ist auch davon abhängig, ob das Versende gleichzeitig eine syntaktische Einheit (Satz oder Satzteil) abschließt (**Zeilenstil**) oder ob die Sätze über die Versgrenzen hinweg in die nächste Zeile laufen (**Zeilensprung/Enjambement**). Dies ist entscheidend für den Vortrag des Gedichtes, bei dem man den Satzbau beachten sollte, nicht nur die Versenden, um nicht ins „Leiern" zu geraten. Dies ist besonders wichtig bei metrisch ungebundenen Versen, den sog. **freien Rhythmen.**

Strophenform

Sehr häufig sind Gedichte so strukturiert, dass mehrere Verse zu **Strophen** zusammengefasst werden. Terzette umfassen drei, Quartette vier Verse. Oft sind die Verse über **Reime** miteinander verbunden.

Beim **reinen Reim** klingen die Wörter vom letzten betonten Vokal an völlig gleich (*Pein – mein; verzeihen – gedeihen*). **Unreine Reime** haben nur einen ungefähren Gleichklang (*steigen – beugen*). **Rührende Reime** sind gleich klingende Wörter mit unterschiedlichen Bedeutungen (*Wirt – wird; heute – Häute*).
Beliebte **Endreime** sind:

- **Paarreim** (aabb)
- **Kreuzreim** (abab)
- **umarmender** oder **umschließender Reim** (abba)
- und **Schweifreim** (aabccb).

Ein Vers, der aus einem Reimschema herausfällt, heißt **Waise.**
Der **Anfangsreim** (Anapher) besteht in der Wiederholung von Wörtern jeweils am Versbeginn, der **Binnenreim** in einem Reimpaar innerhalb eines Verses.

Auch bei Gedichten und ihrer Interpretation spielen die rhetorischen Stilmittel eine große Rolle.

7.3 Verschiedene Formen lyrischer Texte

Wichtige lyrische Formen

Ballade	Erzählgedicht, nutzt epische, dramatische und lyrische Elemente, greift häufig spektakuläre Ereignisse aus der Götterwelt (Mythos) oder Geschichte auf (Goethe, Schiller, Fontane)
Elegie	in Doppelversen (Distichen) verfasstes Gedankengedicht, oft über das Liebesthema, im klagenden, wehmütigen Ton (Rilke)
Epigramm	Sinnspruch aus ein oder zwei Doppelversen (Distichen), meistens mit einer geistreichen Pointe (Lichtenberg, Gernhardt)
Hymne	feierlich-pathetisches Gedicht mit religiösem, philosophischem oder politischem Inhalt, häufig in freien Rhythmen abgefasst, besonders gehobene Sprachgebung (Hölderlin, Novalis)
konkrete Poesie	Gedichte, die Buchstaben und Wörtern einen eigenen ästhetischen Wert zumessen und auf optische und vor allem Klangwirkungen setzen; freie Sinnassoziationen (Morgenstern, Gomringer, Jandl)
Lied	Gedicht mit Strophenform und Reimbindung, in volksnaher Sprache, aufgrund seiner melodischen Gestaltung zum Singen geeignet; zählt in der Form des Kinder-, Liebes-, Trink- und Wanderliedes zum Volksgut; beliebt in der Romantik (Eichendorff)
Ode	meist Gedicht in Strophenform, aber ohne Reimstruktur, häufig in antiken Versmaßen abgefasst (Klopstock, Schiller)
Sonett	gedanklich und formal durchstrukturiertes Gedicht mit 14 Versen (zwei Quartetten und zwei Terzetten); Versmaß ist der Alexandriner (sechs Jamben); unterschiedliche Reimschemata sind möglich; vor allem im Barock beliebt (Opitz, Gryphius, Hofmannswaldau)

Auf einen Blick: Literaturgattungen

Die Gattungen und ihre Unterformen

- **Epik**: Epos, Roman, Sage, Erzählung, Fabel, Kalendergeschichte, Kurzgeschichte, Legende, Märchen, Novelle, Parabel, Comicstrip u. a.
- **Dramatik**: traditionell-aristotelisches Drama, modern-episches Drama; Tragödie, Komödie, Tragikomödie; absurdes Theater, bürgerliches Trauerspiel, Dokumentartheater, Geschichtsdrama, Ideendrama, soziales Drama, Volksstück, Posse, Farce u. a.
- **Lyrik**: Stimmungs-, Erlebnis- und Gedankenlyrik, Liebes-, Natur- und Alltagslyrik; politische Lyrik, Dinggedicht; Ballade, Elegie, Epigramm, Hymne, konkrete Poesie, Lied, Ode, Sonett u. a.

Fragen zur Interpretation von literarischen Texten

- **Wie sind die Figuren dargestellt?**
  - Gibt es Haupt- und Nebenfiguren? Sind die Figuren als Individuen oder als Typen gezeichnet? Werden die Figuren direkt oder indirekt charakterisiert?
  - Welche Figurenkonzeption wurde gewählt: dynamisch oder statisch, komplex oder eindimensional, offen oder geschlossen?
  - Wie lässt sich die Figurenkonstellation beschreiben?
  - speziell zur Epik: Wie lassen sich Erzählform, Erzählverhalten, Erzählhaltung, Perspektive und Standort der Erzählfigur näher bestimmen? Welche Erzählweise und welche Form der Figurenrede werden genutzt?
- **Welche Handlungsführung wurde gewählt?**
  - Gibt es Haupt- und Nebenhandlungen? Gibt es äußere und innere Handlungen?
  - speziell zur Dramatik: Entspricht die Handlungsführung dem geschlossenen Aufbau nach dem „Freytag-Modell"? Oder liegt eine offene Episodenstruktur vor?
- **Wie sehen Raum- und Zeitgestaltung aus?**
  - Welchen Bedeutungsgehalt hat die Wahl von Raum und Zeit?
  - speziell zur Epik: Wie sieht das Verhältnis von erzählter Zeit und Erzählzeit aus? Kommen Zeitraffung, Zeitdehnung oder Zeitdeckung vor?
- **Was fällt zu Form und Sprache auf?**
  - speziell zur Lyrik: Folgen Aufbau, Metrum, Rhythmus und Reimstruktur festen Formen?
  - Welche stilistisch-rhetorischen Mittel werden eingesetzt, um Bildlichkeit, ausdrucksstarke Wortwahl und abwechslungsreichen Satzbau zu erreichen?

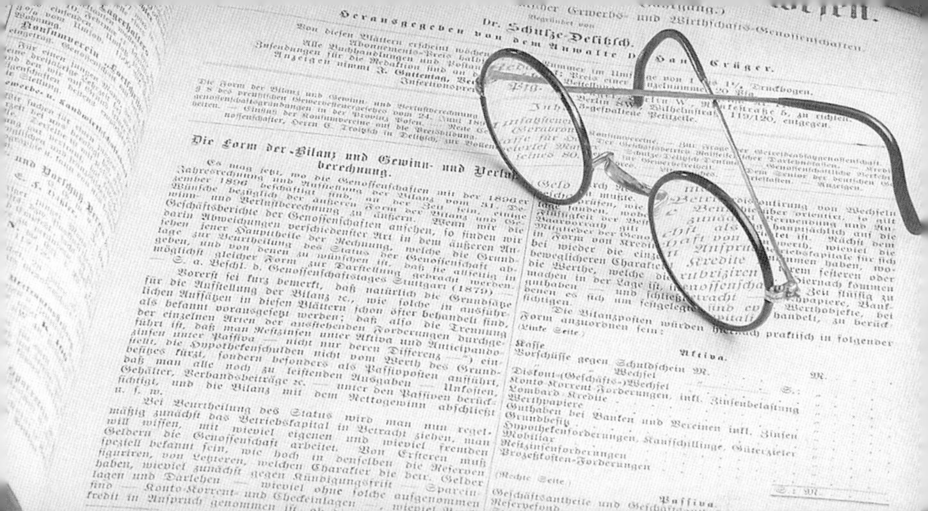

Literaturgeschichte

Deutschsprachige Literatur gibt es seit über 1200 Jahren. Unzählige Schriftsteller haben unzählige Werke verfasst. Welche Autoren muss man heute noch kennen? Reichen die klangvollen Namen Goethe und Schiller? Von welchen Gedichten, Dramen, Erzählungen und Romanen sollte man zumindest gehört haben? Welche lohnt es gar zu lesen? Die unübersichtliche Fülle literarischer Texte verlangt nach Auswahl und Ordnung. Entlang der geschichtlichen Entwicklung des gesellschaftlich-politischen Lebens im deutschsprachigen Raum werden wir Orientierungen erhalten. Wir erfahren, was die Dichter in ihrer Zeit bewegt hat und was ihnen wichtig war. Eine spannende Geschichte, die bis in unser 21. Jahrhundert reicht ...

1 Literaturgeschichte: die Epochen und der Kanon

Als Menschen wissen wir, dass wir in einer zeitlichen Entwicklung stehen. Jeder Einzelne hat eine Geschichte, die wiederum mit der Geschichte der Menschheit verbunden ist. Ein Teil dieser allgemeinen Geschichte ist die Literaturgeschichte.

Gegenstand der **Literaturgeschichte** ist die zeitliche Einordnung wichtiger literarischer Texte und ihrer Verfasser. Es geht um die Weltliteratur oder um die Literatur eines bestimmtes Landes, einer Nation oder Sprachgemeinschaft. Dabei werden so genannte **Epochen** berücksichtigt, also eingrenzbare Zeitabschnitte, die in Hinblick auf typische Erscheinungsformen und verwandte Grundvorstellungen gebildet werden. Das Bestreben der Literaturgeschichte ist es, geistes- und sozialgeschichtliche Zusammenhänge zu entdecken und für die Interpretation einzelner literarischer Werke zu nutzen.

Problem der Epochenbildung

Die Bildung bestimmter Epochen und ihre **Abgrenzung** voneinander richtet sich vor allem nach historischen Ereignissen in den Bereichen Politik, Kultur, Wissenschaft und Wirtschaft, also nach Kriegen und Revolutionen ebenso wie nach Erfindungen, Entdeckungen und philosophischen Ideen. Häufig verlaufen verschiedene Strömungen auch zeitgleich und es kommt zu **Überschneidungen**. Auf jeden Fall sind die zeitlichen Begrenzungen immer nur als **ungefähre** Angaben zu verstehen.

Problem der Kanonbildung

Eng verknüpft mit der Literaturgeschichtsschreibung ist die Frage nach einem allgemein gültigen **Kanon**, d. h. einer dauerhaft verbindlichen Auswahl von literarischen Werken, die als mustergültig gelten. Häufig wird darüber gestritten, ob dieser oder jene literarische Text in diesem Sinne als unverzichtbar anzusehen ist. Oft wird dies dann erst aus einer größeren zeitlichen Distanz heraus deutlich, denn letztlich entscheiden die Jahrzehnte und Jahrhunderte darüber, welches Werk vergessen wird und welches nicht.

2 Die Literatur des Mittelalters

2.1 Althochdeutsche Literatur des Frühmittelalters (etwa 750–1050)

Erste Schriftzeichen

Zwar lassen sich auch schon in vormittelalterlicher Zeit einzelne Schriftzeichen, die sog. **Runen**, nachweisen, die in Holz, Metall oder Stein geritzt wurden. Diese wurden aber nur für Beschwörungsformeln oder kürzere Inschriften verwendet. Eine Aufzeichnung längerer Texte gab es nicht.

Beginn des althochdeutschen Schreibens

Die ersten althochdeutschen Texte finden wir im Frankenreich **Kaiser Karls des Großen** (747–814). Dabei ist die deutsche Literatur zunächst ein mehrsprachiges Gebilde, das sich am Latein der Hochsprache orientiert. Karl der Große richtet Schreibstuben (Skriptorien) ein, in denen Handschriften vervielfältigt und lateinische Texte in germanische Dialekte übersetzt werden. Ziel dabei ist die **Christianisierung** der verschiedenen Stämme, die die Franken erobert haben: Gallier, Alemannen, Bayern und Sachsen. Die Träger der Bildung sind die Klöster, insbesondere die lothringischen und das Kloster Fulda.

Verbreitung des christlichen Glaubens

Erste althochdeutsche Zeugnisse

Als erstes Schriftzeugnis gilt der „Abrogans", die bairische Bearbeitung einer lateinischen Synonymensammlung aus dem 8. Jh. Weitere Texte sind das „Hildebrandslied" (Kloster Fulda, zw. 830 u. 840) das „Muspilli" (um 870), ein Gedicht über Endzeit und Weltgericht, und die „Merseburger Zaubersprüche" (10. Jh.). Auffälliges Kennzeichen dieser Texte ist der germanische Stabreim, also der Gleichklang der Anlaute der betonten Stammsilben, z. B. innerhalb der Langzeilen des „Wessobrunner Gebets" (9. Jh.):

Stabreim

dat gafregin ih mit firahim   firiuuizzo meista
dat ero ni uuas   noh ufhimil
noh paum   noh pereg ni uuas
ni sterro nohheinig   noh sunna ni scein ...
(Das habe ich bei den Menschen als größtes Wunder erfahren, / dass es die Erde nicht gab und nicht den Himmel, / es gab nicht den Baum und auch nicht den Berg, / es schien nicht ein einziger Stern, nicht die Sonne ...)

2.2 Mittelhochdeutsche Literatur des Hochmittelalters (etwa 1050–1350)

Ständische Literatur

Etwa ab 1050 spricht man von der mittelhochdeutschen Literatur, die man in eine Frühphase (1050–1150), in die Phase der staufischen Klassik (1150–1250) und in eine Spätphase (1250–1350) einteilen kann. Neben den Klöstern und Bischofssitzen bilden sich zunehmend auch die Ritterburgen und Fürstenhöfe zu Bildungszentren heraus. Wir haben also eine **geistliche** und eine **weltliche Literatur** zu unterscheiden. Mit dem Aufkommen der Geldwirtschaft und vielen Städtegründungen gewinnt auch der bürgerliche Stand mit seiner eigenen Kultur an Bedeutung.

Frühmittelhochdeutsche Formen

Typische Formen der frühmittelhochdeutschen Literatur sind **Legendendichtungen** wie das „Annolied" (um 1080), **Hartmann von Aue**s (ca. 1165–1215) „Armer Heinrich" und Heinrich von Veldekes (ca. 1150–1200) „Sanct Servatius" sowie die **Mariendichtung** z. B. im „Arnsteiner Mariengebet" (1150). Von Ort zu Ort ziehende Sänger, sog. Spielleute oder Vaganten, unterhalten zur Leier oder Laute die Stadtbevölkerung. Ihre Lieder bilden die Vorstufe zur klassischen höfischen Dichtung mit ihren verschiedenen Formen:

Spielmann- und Vagantendichtung

Die ritterlich-höfische Standesliteratur des Hochmittelalters umfasst die **Kreuzzugsdichtung**, die **Heldendichtung** wie im „Nibelungenlied" (ca. 1200), die **Artusdichtung** um König Artus und seine Ritter der Tafelrunde, z. B. Hartmann von Aues „Erec" und „Iwein", Gottfried von Straßburgs (frühes 13. Jh.) „Tristan und Isolde" und Wolfram von Eschenbachs (ca. 1170–1220) „Parzival", sowie den **Minnesang**, in dem die höfische Frau als Inbegriff des Weiblichen verehrt wird. Typische Minnesänger sind Heinrich von Morungen (12./13. Jh.), Reinmar von Hagenau († v. 1210), Walther von der Vogelweide (ca. 1170–1230) und Neidhart von Reuenthal (1. Hälfte d. 13. Jh.).

Spätmittelhochdeutsche Literatur

In der Spätphase wird vor allem der altgermanische Sagenstoff um **Dietrich von Bern** verarbeitet. Als der letzte Minnesänger gilt Oswald von Wolkenstein (1377–1445).

3 Renaissance, Humanismus und Reformation

Den Übergang vom Mittelalter zur Neuzeit, also die Zeit zwischen 1350 und dem Beginn des 16. Jahrhunderts, bezeichnet man als **Renaissance** (frz. = „Wiedergeburt"). Dabei handelt es sich um die Wiederbelebung philosophischer und künstlerischer Ideale der griechischen und römischen Antike. Weltanschauung und Menschenbild werden vom **Humanismus** geprägt, der die Bedeutung des Individuums und seine freie geistige Entfaltung betont. Verbunden ist dies mit der teilweisen Lösung von kirchlich-religiösen Beschränkungen und einer gewissen politischen Emanzipation. Als wichtiger Humanist gilt Erasmus von Rotterdam (1466/69–1536), der in seinen Schriften Antike und Christentum zu verbinden sucht.

Beginn der Naturwissenschaften

Diese Periode des Um- und Aufbruchs wird auch deutlich in vielen technischen Erfindungen wie der Taschenuhr und dem Fernrohr, in der Entwicklung neuer Wissenschaften wie Astronomie, Physik und Medizin und der Gründung von Universitäten. Zu den wichtigsten und folgenreichsten Ereignissen dieser Epoche gehören neben der Reformation die **Entdeckung Amerikas** durch Christopher Kolumbus im Jahre 1492 sowie die **Erfindung des Buchdrucks** mit gegossenen beweglichen Lettern (Metalltypen) durch den Mainzer Johannes Gutenberg (um die Mitte des 15. Jh.). Auch das Wirtschaftsleben ist von der Auflösung der mittelalterlich-ständischen Ordnung betroffen und das Bürgertum gewinnt an Bedeutung. An die Stelle eines zentralen Herrschers tritt in Deutschland zunehmend die Macht regionaler Fürsten, die auch aus den großen Bauernaufständen von 1524/25 gestärkt hervorgehen.

Reformation, Entdeckung Amerikas, Erfindung des Buchdrucks

Gesellschaftlicher Umbruch

Luthers Verdienst um die deutsche Sprache

Martin Luther (1483–1546) schafft mit seiner **Übersetzung** der Bibel aus dem Griechischen und Hebräischen ins Deutsche die Grundlagen für eine einheitliche deutsche Schriftsprache. Die **Druckpresse** erlaubt die kostengünstige und schnelle Vervielfältigung von Flugblättern und -schriften, die den Erfolg der Reformation beschleunigen.

Die **Reformation** ist die religiöse Bewegung, die mit Luthers Kirchenkritik beginnt. Anstoß erregen vor allem Papsttum und Ablasshandel, bei dem den Gläubigen gegen eine Geldspende die Tilgung der ewigen Sündenstrafen versprochen wird. Am Ende kommt es zur **Spaltung** (Schisma) in die katholische und in die protestantische Kirche. Die Zeit der Reformation endet mit dem **Augsburger Religionsfrieden** (1555), mit dem die Landesherren das Recht auf freie Religionswahl erhalten.

In dieser Zeit der Inquisitionsprozesse und Hexenverbrennungen entsteht der literarische Stoff **„Doktor Faustus"**. Das Volksbuch „Historia von D. Johann Fausten" von 1587 – das sich auf eine historische Person bezieht, die jedoch schon zu Lebzeiten von allerlei Legenden umgeben wurde – handelt von einem Gelehrten, der in seinem Drang nach Erkenntnis die Grenzen der Wissenschaften überschreiten will und dafür einen Pakt mit dem Teufel schließt, dem er letztlich ganz verfällt. Ein Stoff, der dann von vielen späteren Autoren aufgenommen und jeweils sehr unterschiedlich gestaltet worden ist (Goethe, Grabbe, Heine und Thomas Mann).

Kritik durch Satire

Gesellschaftskritisch ist die **Schelmenliteratur**, in deren Zentrum ein sozial benachteiligter, aber oft liebenswerter Gauner (Picaro) steht. Bekannt sind **Sebastian Brant**s (1457–1521) Stände- und Zeitsatire „Das Narrenschiff" und Hermann Botes (ca. 1465–1520) „Till Eulenspiegel".

Dramatische Formen

Im **Humanistendrama** kommt es nicht mehr wie in mittelalterlichen Stücken zur Interaktion zwischen Publikum und Darstellern. An die Stelle der Unterhaltung tritt die Erziehungsfunktion, speziell im gegenreformatorischen **Jesuitendrama.** Aber auch weltliche Stücke gibt es. **Hans Sach**s (1494–1576) verfasst viele **Schwänke und Fastnachtsspiele**, die meist im bäuerlichen Milieu spielen.

Meistersang

Im **Meistersang**, der den Minnesang weiterführt, wird das Dichten zum Handwerk, wie etwa bei Hans Folz (ca. 1440–1513).

4 Der Barock

Dreißigjähriger Krieg

Polare Gedankenwelt und Realität

Vergängliche Welt

Das 17. Jahrhundert wird vom Dreißigjährigen Krieg (1618–1648) geprägt. Im Verlaufe dieses Glaubenskrieges zwischen Katholizismus und Protestantismus schwindet die Bevölkerung des Deutschen Reiches von 16 auf 10 Millionen Menschen. Die Erfahrungen von Tod und Verderben bestimmen auch die Kunst. Der alte Gegensatz von jenseitiger und diesseitiger Welt spitzt sich zu und zeigt sich im ambivalenten Lebensgefühl des Barock: Hinwendung zum Ewigen und zum Trost im Glauben hier und leidenschaftlicher Lebensgenuss dort. Angesichts von Massenelend durch Krieg und Pest einerseits und der Verschwendungssucht an den Fürstenhöfen andererseits ist die Mahnung **„Memento mori!"** („Gedenke des Todes!") neben der Devise **„Carpe diem"** („Nutze den Tag!") im Umlauf.

4.1 Die barocke Lyrik

Der Vanitas-Gedanke, die Entlarvung der Scheinhaftigkeit der vergänglichen Welt, beherrscht viele Gedichte, z. B. „Vergänglichkeit der Schönheit" und „Die Welt" von **Christian Hofmann von Hofmannswaldau** (1617–1679). Letzteres beginnt so: *Was ist die Welt und ihr berühmtes Glänzen? / Was ist die Welt und ihre ganze Pracht? / Ein schnöder Schein in kurzgefassten Grenzen / Ein schneller Blitz bei schwarzgewölkter Nacht.*

Antike Poetik als Vorbild

Religiöse Lyrik

Die Lyrik richtet sich nach antiken Regeln, wie sie vor allem **Martin Opitz** (1597–1639) in seinem „Buch von der deutschen Poeterey" (1624) verteidigt. Gefordert ist nicht Originalität, sondern die Ausgestaltung **feststehender Motive**, wie der verlöschenden Kerze, der abgelaufenen Sanduhr, des Totenkopfs u. a., innerhalb **vorgegebener Formen**, vor allem Sonett und Alexandriner. Wie in der Antike will man unterhalten (delectare), belehren (docere) und bewegen (movere). Viele religiöse Lieder entstehen, etwa der Protestanten Paul Gerhardt (1607–1676) und Paul Fleming (1609–1640) und des Katholiken Friedrich Spee (1591–1635).

Epigramme

In kurzen **Epigrammen** werden Sitten- und Verhaltenslehren scharfsinnig formuliert, oft auch satirisch kritisiert.

> **Friedrich Freiherr von Logau** (1604–1655) verfasst eine Sammlung von 3560 Epigrammen. Am Schluss von „Heutige Weltkunst" heißt es: *Alles Thun vnd alles Tichten / Bloß auff eignen Nutzen richten; / Wer sich dessen will befleissen / Kann Politisch heuer heissen.*

4.2 Der barocke Roman

Epische Formen

Neben dem Schäferroman, der an einem idyllischen Ort („locus amoenus") spielt, und dem heroisch-galanten Roman, der als Fortführung des Ritterromans meist verschlungene Liebesgeschichten von Fürstenfamilien erzählt, setzen sich vor allem der Schelmen- und der Abenteuerroman durch.

> „Der Abentheuerliche Simplicissimus Teutsch" von **Hans Jakob Christoph von Grimmelshausen** (1621/22–1676) bietet die satirische Autobiografie des jungen einfältigen Titelhelden, der im Dreißigjährigen Krieg allerlei Wechselfälle erlebt und sogar mehrere Kontinente bereist. Christian Reuters (ca. 1665–1712) „Schelmuffskys Warhafftige Curiöse und sehr gefährliche Reisebeschreibung zu Wasser und Lande" parodiert auf derb-triviale Weise den Abenteuerroman.

4.3 Das barocke Drama

Tragödien

Die barocken Trauerspiele zeigen, dass Aufstieg und Fall des Menschen nahe beieinander liegen. Die Helden zeichnen sich durch Gewissenstreue und die Bereitschaft zum Opfertod aus, so auch die Titelheldin in **Andreas Gryphius'** (1616–1664) Märtyrerdrama „Catharina von Georgien". Lustspiele

Komödien

wie Gryphius' „Horribilicribrifax" oder „Absurda Comica" offenbaren den Gegensatz von nichtigem Schein und echtem Sein in grotesker Übertreibung.

Jesuitendramen

Als eigene Form gilt das Jesuitendrama, das an Schulen und auf Bühnen in großen Städten in lateinischer Sprache aufgeführt wird und mit Massenszenen, Musik- und Tanzeinlagen der politisch-religiösen Propaganda dient.

5 Die Aufklärung

Europäische Geistesströmung

Der Philosoph **Immanuel Kant** (1724–1804) formuliert in seiner berühmten Schrift „Beantwortung der Frage: Was ist Aufklärung?" (1784) die maßgebliche Definition und die programmatischen Forderungen der europäischen Geistesbewegung, die in der zweiten Hälfte des 17. Jahrhunderts beginnt und im 18. Jahrhundert ihren Höhepunkt erreicht:

> ***Aufklärung ist der Ausgang des Menschen aus seiner selbst verschuldeten Unmündigkeit. Unmündigkeit*** *ist das Unvermögen, sich seines Verstandes ohne Leitung eines anderen zu bedienen.* ***Selbstverschuldet*** *ist diese Unmündigkeit, wenn die Ursache derselben nicht am Mangel des Verstandes, sondern der Entschließung und des Muthes liegt, sich seiner ohne Leitung eines andern zu bedienen. Sapere aude! Habe Muth, dich deines* ***eigenen*** *Verstandes zu bedienen! ist also der Wahlspruch der Aufklärung.*

Selbstbestimmung und Eigenverantwortlichkeit des Individuums

Kant nennt ausdrücklich Bequemlichkeit, Faulheit und Feigheit als Ursachen dafür, dass viele Menschen zeitlebens unmündig bleiben und anderen die Gelegenheit geben, über sie und ihr Leben zu bestimmen. Die Aufklärung setzt auf Verstand und Vernunft, die eine grundsätzlich **kritische Haltung** gegenüber der Welt und ihren Autoritäten, wie z. B. der Kirche, bedeuten. Es geht um die **Emanzipation des Individuums**, dem die Vermittlung von Gefühl und Denken, Sinnlichkeit und Sittlichkeit gelingen soll. Erziehung und Bildung erhalten hier ihre Aufgabe.

5.1 Literaturkonzepte

Bedeutung von Sprache und Literatur

Nach **Gottfried Wilhelm Leibniz** (1646–1716) ist die Sprache der „Spiegel des Verstandes" und die Literatur kann die Leser auffordern, die Welt selbstbestimmt zu gestalten. Auch **Gotthold Ephraim Lessing** (1729–1781), dem *die Suche nach Wahrheit wichtiger als ihr Besitz* ist, betont die didaktische Funktion der Literatur und sieht den Menschen seine volle Würde im geistigen Fortschritt erlangen (vgl. „Die Erziehung des Menschengeschlechts" von 1780).

Didaktische Funktion der Literatur

Auch **Johann Christoph Gottsched** (1700–1766) hebt die belehrende Funktion der Dichtung hervor. Sie müsse nicht nur erfreuen, sondern auch nützen, indem sie die Leser zu einem guten Geschmack erziehe und eine **sittlich-moralische Gesinnung** vermittele. Dies erreiche sie u. a. dadurch, dass sie die Natur und die Wirklichkeit nachahme (Mimesis), statt Wunderbares und Irrationales zu zeigen.

5.2 Lessings Dramen

Neue dramentheoretische Ansätze

Lessing orientiert sich – anders als Gottsched – in seiner Dramentheorie an den Stücken **Shakespeares** und verlangt eine Handlung, die es dem Zuschauer ermöglicht, sich mit den Figuren **mitfühlend** zu identifizieren und so aus dem dramatischen Konflikt zu lernen. Lessing hebt die Ständeklausel auf, sodass auch Bürger, nicht mehr nur Adlige, die Handlung tragen, etwa in den bürgerlichen Trauerspielen „Miß Sara Sampson" (1755) und „Emilia Galotti" (1772).

Die berühmte **Ringparabel** aus Lessings „Nathan der Weise" (1779) wirbt für den Toleranz-Gedanken zwischen Juden, Christen und Muslimen. Jeder Gläubige müsse versuchen, durch sein Verhalten die Menschenfreundlichkeit und Güte seines Gottes zu beweisen.

5.3 Fabeln

Die **Fabel** bietet eine Tiergeschichte mit einer lehrhaften Absicht. Sie ist meist zweigeteilt: Der eigentlichen Geschichte mit Situationsbeschreibung, Wortwechsel, Aktion, Reaktion und Ergebnis folgt die Moral, in der die durch die Tiere veranschaulichten Eigenschaften und Verhaltensweisen im Sinne einer bürgerlichen Nutzanwendung gedeutet werden.

Wichtige Fabeldichter

Schon in der Reformationszeit wurde die Fabel u. a. von Martin Luther als **belehrendes Instrument** eingesetzt. Während Lessing Fabeln als kurze epigrammatische Prosatexte verfasst, wählen Friedrich von Hagedorn (1708–1754) und **Christian Fürchtegott Gellert** (1715–1769) häufig die Form des ironisch-kritischen Lehrgedichts.

5.4 Romane

Erziehungsromane

Vorbild ist der **Erziehungsroman** „Émile ou de l'éducation" (Émile oder Über die Erziehung) des Franzosen **Jean-Jacques Rousseau** (1712–1778), der die Fülle der Einflüsse – natürliche, kulturelle, religiöse und gesellschaftliche – zu zeigen versucht, die das menschliche Leben bestimmen. Rousseau tritt für eine den jeweiligen Entwicklungsstufen des jungen Menschen angepasste Erziehung ein, die auf ein vernunftgeleitetes Handeln vorbereiten soll. Der Schweizer Pädagoge und Begründer des deutschen Volksschulwesens **Johann Heinrich Pestalozzi** (1746–1827) entwickelt in seinem vierbändigen Roman „Lienhard und Gertrud" sein Konzept einer Volksbildung.

Bildungsroman heißt ein Roman, in dem die innere Entwicklung des Helden gestaltet wird. Beispiele hierfür sind **Christoph Martin Wielands** (1733–1813) „Geschichte des Agathon" sowie **Karl Philipp Moritz'** (1756–1793) „Anton Reiser". Mit deutlichem psychologischen Interesse lässt Moritz einen auktorialen Erzähler, der immer wieder kommentierend und bewertend eingreift, die Geschichte eines Hutmacherlehrlings erzählen, wobei autobiografische Bezüge klar erkennbar sind. Auch der erste deutsche **Frauenroman** ist ein Bildungsroman. Von **Sophie La Roche** (1731–1807) stammt die „Geschichte des Fräuleins von Sternheim" (1771), die sie als Briefwechsel, also in der Form des damals beliebten **Briefromans**, erzählt.

Schelmenromane

Robinsonaden

Schelmenromane gibt es auch in dieser Epoche, z. B. „Grandison der Zweite" und „Physiognomische Reisen" von **Johann Karl August Musäus** (1735–1787), und **Robinsonaden** – benannt nach Daniel Defoes Abenteuerroman „Robinson Crusoes Leben" (dt. Übersetzung 1720) – wie etwa den über zweitausend Seiten umfassenden Roman „Die Insel Felsenburg" von **Johann Gottfried Schnabel** (1692 – ca. 1750), der gleichzeitig Gesellschaftsutopie ist und von einer Gemeinschaft erzählt, die ohne Privateigentum und Geld auskommt und sich Affen für die niederen Arbeiten hält.

6 Der Sturm und Drang

Der **Sturm und Drang** (benannt nach dem gleichnamigen Drama aus dem Jahre 1776 von Friedrich Maximilian v. Klinger) reicht in seinen Anfängen bis in die Mitte der 60er-Jahre des 18. Jahrhunderts zurück. Die philosophischen Grundlagen entwickelt – angeregt durch Jean Jacques Rousseau – **Johann Gottfried Herder** (1744–1803). Den Autoren geht es, in Fortentwicklung der Aufklärung, um die freie Entfaltung des Menschen, wobei vor allem die Bedeutung des Gefühls betont wird.

6.1 Der Sturm und Drang als Protestbewegung

Gesellschaftskritik

Die in der Regel jungen Stürmer und Dränger verstehen sich als kritische Protestbewegung und richten sich vor allem gegen:

- alle **Autoritäten** sowie starren politischen und sozialen Konventionen,
- den **Absolutismus** und die Rolle des höfischen Adels,
- **die enge (klein)bürgerliche Welt** mit ihren religiösen und moralischen Zwängen,
- die reine **Vernunftgläubigkeit** der Aufklärung.

Neue Wertvorstellungen

Demgegenüber setzen sie neue Werte:

- Sie verteidigen **Herz, Gefühl, Empfindung und Trieb** als Maßstab des menschlichen Verhaltens und Handelns.
- Sie treten für die **Selbstbestimmung** des Einzelnen und seine Befreiung von gesellschaftlichen Fesseln ein.
- Sie fordern die **ganzheitliche Entfaltung** des Menschen, seines Körpers wie seines Geistes.
- Sie preisen die **Liebe** als Ausdruck wahren Menschseins.
- Sie fordern eine Gesellschaft in **Gleichheit und Freiheit.**
- Sie verherrlichen **das künstlerische Genie** mit seiner geheimnisvollen Schöpferkraft ebenso wie **starke und kraftvolle Persönlichkeiten** überhaupt (z. B. den „großen Kerl" und das „Machtweib", die sich als Naturmenschen immer selbst zu helfen wissen).
- Sie feiern die **Natur** als ursprünglich, harmonisch, unverfälscht und göttlich.

6.2 Wichtige Vertreter des Sturm und Drang

Lyrik des Göttinger Hain

Göttinger Hainbund nennt sich – nach Friedrich Gottlieb Klopstocks Ode „Der Hügel und der Hain" – der Zusammenschluss von **Ludwig Hölty** (1748–1776), **Johann Heinrich Voß** (1751–1826), **Johann Martin Miller** (1750–1814) und den Brüdern Christian (1748–1821) und **Friedrich Leopold Graf zu Stolberg-Stolberg** (1750–1819). Sie stehen wie auch **Gottfried August Bürger** (1747–1794) und **Matthias Claudius** (1740–1815) sowie der junge **Johann Wolfgang Goethe** (1749–1832) mit seinen „Sesenheimer Liedern" für eine erlebnisreiche **Natur-** und **Liebeslyrik** in ungebundenen Rhythmen, mit einer expressiven und superlativischen Wortwahl und parataktischen, oft elliptischen Sätzen.

Das Dramenjahr 1776

Vor allem **Dramen** wie Goethes „Götz von Berlichingen" prägen diese Epoche. 1776 erscheinen neben **Friedrich Maximilian v. Klingers** (1752–1831) „Sturm und Drang" wichtige Werke wie „Die Soldaten" von **Jakob Michael Reinhold Lenz** (1751–1792) und „Die Kindermörderin" von **Heinrich Leopold Wagner** (1747–1779). Sie thematisieren das Individuum und seine Einengung durch eine feindliche Umwelt und entsprechen nicht mehr der formalen Forderung nach Einheit von Ort, Zeit und Handlung.

Der junge Schiller als Stürmer und Dränger

Mit den ersten Dramen **Friedrich Schillers** (1759–1805) findet der Sturm und Drang in den frühen 80er-Jahren seinen Höhepunkt („Die Räuber", „Die Verschwörung des Fiesco zu Genua" und die ersten Akte des „Don Carlos").

In Schillers bürgerlichem Trauerspiel **„Kabale und Liebe"** liebt Ferdinand von Walter, der Sohn des Präsidenten, die Musikertochter Luise Miller. Die Intrigen des Hofes, die adlige Selbstüberschätzung Ferdinands und die kleinbürgerliche Verwurzelung Luises führen in die Katastrophe: Ferdinand vergiftet sich und Luise.

Goethes „Werther" – der Erfolgsroman der Epoche

Lange Romane passen nicht so recht zum Sturm und Drang. Eine Sonderstellung nimmt Goethes Briefroman „Die Leiden des jungen Werthers" (1774) ein, dessen Titelfigur sich aus unglücklicher Liebe am Ende selbst tötet. Dieser Roman löste unter seinen Lesern geradezu eine Selbstmordwelle aus.

7 Die Weimarer Klassik

Französische Revolution und ihre Auswirkungen

Die **Französische Revolution** von 1789 und die sich aus ihr ergebende Krise des europäischen Feudalsystems kennzeichnen das ausgehende 18. Jahrhundert. Die Auswüchse der Revolution lassen den Ruf nach einer Alternative zu einem gewaltsamen Umsturz laut werden. So erhebt sich bald die Forderung nach einem gemeinsamen politischen Entwicklungsprozess von Adel und Bürgertum.

7.1 Theoretische Leitlinien

Vollkommenheit und Humanität als Ideale

In der Kunst entspricht diesem realpolitischen Reformkurs ein **ästhetischer Idealismus**, d. h. die Vorstellung von einem möglichst vollkommenen, schönen und wahren Miteinander der Menschen. Goethe und Schiller entwerfen gemeinsam in Weimar ein Programm der Bildung zur Humanität durch Kunst und Dichtung. Sie formulieren damit die Grundlage für die Literatur der sog. Weimarer Klassik. Es geht um die ästhetische Erziehung der Gesellschaft als Bedingung für ihre friedliche Umwandlung.

Erziehung durch Kunst

Dabei kommt der Kunst die Aufgabe zu, der Realität mit ihren Zwängen einen menschlichen Idealzustand entgegenzusetzen. In der Begegnung mit dem Wahren, Schönen und Guten soll für den Menschen ein eigener Erfahrungsraum erlebbar werden. In diesem Sinne ist die Kunst autonom, also unabhängig und zweckfrei. Gleichzeitig hat sie ein politisches Ziel, das Schiller in seiner Schrift „Über die ästhetische Erziehung des Menschen" im Bild des „ästhetischen Staates" beschreibt, in dem der Einzelne freiwillig tut, was die Moral verlangt: Pflicht und Neigung fallen zusammen.

Orientierung an der Antike

Das Vorbild findet sich im Humanitätsgedanken der Antike und in der Idee vom charakterlich schönen Menschen. Vor allem das Griechenlandbild **Johann Joachim Winckelmanns** (1717–1768) beeinflusst die Klassik.

Zusammenspiel von Form und Gehalt

Das Kunstwerk muss eine organische, in sich selbst ruhende Ganzheit darstellen sowie – anders als im Sturm und Drang – eine in Maß, Ordnung, Symmetrie und Proportion harmonische Einheit von äußerer Form und innerem Wesen.

7.2 Die klassischen Werke Goethes und Schillers

Goethe und Schiller sind **die** Klassiker, ihre Freundschaft dauert von 1794 bis zu Schillers Tod 1805. In den Jahren 1797/98 entstehen wichtige **Balladen** wie Schillers „Der Ring des Polykrates", „Der Taucher", „Die Kraniche des Ibykus", „Die Bürgschaft" und Goethes „Der Schatzgräber", „Die Braut von Korinth", „Der Zauberlehrling". Sie thematisieren anhand einer dramatischen Handlung den Konflikt von Freiheit und Notwendigkeit, von Vernunft und Natur, mit dem Ziel der Harmonisierung im Sinne einer Verwirklichung des Göttlichen im Menschlichen. Große Bedeutung gewinnt das **Schauspiel**. Schillers historische Dramen „Wallenstein", „Maria Stuart", „Die Jungfrau von Orleans", „Wilhelm Tell" und Goethes „Iphigenie auf Tauris", „Egmont" und seine große „Faust"-Dichtung wollen den Zuschauer in das Bühnengeschehen hineinziehen und durch das Mitleiden mit dem Helden zur Katharsis führen: Für Goethe ist dies die alle Leidenschaften ausgleichende „aussöhnende Abrundung".

Bedeutende Balladen

Historische Dramen

In **„Iphigenie auf Tauris"** (1787) gelingt es der Titelfigur Iphigenie, König Thoas, Orest, ihren Bruder, und Pylades töten zu lassen und zwar allein dadurch, dass sie sich dem König offenbart. Dies ist der Sieg von Wahrheit und Humanität über Hinterlist, Fremdenhass und Fremdbestimmung.

7.3 Hölderlin, Kleist und Jean Paul

Die drei Dichter nehmen eine Sonderstellung ein. **Friedrich Hölderlin** (1770–1843) übernimmt in seinen Oden antike Versmaße und schreibt mit dem „Hyperion" einen Erziehungsroman in Briefform, in dem er seine Berufung zum prophetischen Dichtertum thematisiert. Große Beachtung findet Hölderlin jedoch erst im 20. Jahrhundert.

Friedrich Hölderlin

Für **Heinrich v. Kleist** (1777–1811) ist die Erkenntnis der Wahrheit unmöglich. Viele seiner Werke enden in menschlichen Katastrophen, die auf eine teilnahmslose Umwelt treffen. Kleists Selbstmord erscheint fast zwangsläufig.

Heinrich v. Kleist

Das Schaffen **Jean Pauls** (1763–1825) nimmt formal und inhaltlich bereits die Romantik vorweg.

Jean Paul

8 Die Romantik

Deutschland ist das Zentrum der **Romantik**, einer europäischen Epoche in der Geistes- und Kunstgeschichte vom Ende des 18. bis in die 30er-Jahre des 19. Jahrhunderts. Sie ist eine Gegenbewegung zur Klassik. Die Bezeichnung geht auf den Begriff „Roman" zurück, worunter man eine fantastische, erfundene Geschichte verstand.

Europa nach der Französischen Revolution

Die Zeit ist geprägt von der Französischen Revolution und ihren Nachwirkungen. Den napoleonischen Eroberungskriegen bis 1812 folgen die Befreiungskriege (1813–1815), an die sich die Restaurationspolitik Metternichs anschließt.

8.1 Theoretische Ansätze und Literaturverständnis

Gegenwelten zur nüchternen Wirklichkeit

In der Romantik rückt die Welt der Fantasie, der Träume und des Unterbewusstseins des Menschen in den Vordergrund und man sehnt sich nach unbeschränkter Freiheit und der Überwindung alltäglicher Grenzen. Die mit den Sinnen und dem Verstand aufgenommene Wirklichkeit ist nur Schein, die wahre Wirklichkeit ist allein der Vision, dem **ahnenden Gefühl** zugänglich. Der Blick richtet sich nach innen. **Novalis** (1772–1801) drückt das so aus: *nach innen geht der geheimnisvolle Weg. In uns, oder nirgends ist die Ewigkeit mit ihren Welten.*

Dichtungsverständnis

Die Romantiker fordern die Verschmelzung von Leben und Kunst. Das ist das Programm der **Poetisierung aller Lebensbereiche. Friedrich v. Schlegel** (1772–1829) spricht von einer **„progressiven Universalpoesie"**, in der das Subjekt versucht, sich selbst zu ergründen, indem es alle Lebensbereiche miteinander verbindet: Malerei, Musik, Naturwissenschaften, Medizin, Philosophie, Religion, Geschichte, Staatstheorie. Schlegel prägte auch den Begriff „romantische Ironie"; sie bezeichnet ihm zufolge: *Das Gefühl von dem unauflöslichen Widerstreit des Unbedingten und des Bedingten, der Unmöglichkeit und der Notwendigkeit einer vollständigen Mittheilung.*

Die **Kritik an der Klassik** zeigt sich darin, dass Kunstwerke nicht mehr nach Maß und Regel gestaltet werden müssen. Eine Regelpoetik wird abgelehnt. Das einzelne Kunstwerk gilt prinzipiell als unvollendet-unvollkommen, erst der Leser bzw. Rezipient wird zu seinem Vollender.

Verzicht auf Gestaltungsvorschriften

Der Literaturbegriff wird umfassender. Auch die **Volkspoesie** zählt man ausdrücklich zur Weltliteratur. So stellen die Brüder **Jakob** (1785–1863) und **Wilhelm Grimm** (1786–1859) „Kinder- und Hausmärchen" (1812/15/22) zusammen. **Clemens Brentano** (1778–1842) und **Achim v. Arnim** (1781–1831) geben die erste große Sammlung von Volksliedern, „Des Knaben Wunderhorn" (1805/08), heraus. Auch erscheinen die „Schönsten Sagen des klassischen Altertums" (1838–1840) von **Gustav Schwab** (1792–1850).

Orientierung an volkstümlichen Dichtungen

8.2 Die Phasen der Romantik und ihre Vertreter

Man unterscheidet zeitlich und regional drei verschiedene Phasen der Romantik in Deutschland: Die **Frühromantik** (ca. 1794–1805) hat ihren Schwerpunkt in Jena mit Autoren wie **Novalis, Ludwig Tieck** (1773–1853), Clemens Brentano, den Brüdern August Wilhelm (1767–1845) und Friedrich v. Schlegel, der als Begründer der wissenschaftlichen Literaturgeschichte gilt. Dagegen hat die **Hochromantik** (ca. 1806–1815) ihr Zentrum vor allem in Heidelberg, aber auch Dresden und Berlin sind von Bedeutung. Vertreter sind, neben Brentano, v. Arnim und Tieck, **Bettina v. Arnim** (1785–1859), **E. T. A. Hoffmann** (1776–1822) und **Joseph Freiherr v. Eichendorff** (1788–1857). Die **Spätromantik** (ca. 1815–1830) gibt es in der Form der Berliner Romantik mit Eichendorff und Hoffmann sowie in der der Schwäbischen Romantik mit dem Balladendichter **Ludwig Uhland** (1787–1862) und dem Märchendichter **Wilhelm Hauff** (1802–1827).

8.3 Themen- und Stoffkreise – einzelne Werke

Thematisch und stofflich begegnen uns in der romantischen Dichtung häufig Volkstypen, also Menschen wie Müller, Fischer oder Studenten, die in alltäglichen Lebenssituationen, beim Wandern, Waschen oder Spinnen, vorgestellt werden.

Darstellung typischer Alltagswelten

Lyrische Texte

Viele Gedichte sind dem **Volkslied** mit seiner einfachen Form verpflichtet. In Clemens Brentanos „Der Spinnerin Nachtlied" beweint ein Mädchen seinen Geliebten und steigert dabei seinen Schmerz über das verlorene Glück zu unstillbarer Sehnsucht.

Novalis verfasst „Hymnen an die Nacht" (1800) und „Geistliche Lieder" (1801), die von der **romantischen Naturverehrung** zeugen. Die Harmonie von Mensch und Natur durchzieht auch das Werk von Joseph von Eichendorff, wie etwa im Gedicht „Mondnacht" (1835).

Symbol der blauen Blume

Novalis schafft in seinem Entwicklungsroman „Heinrich von Ofterdingen" (1802) mit dem Motiv der **„blauen Blume"** das wohl bekannteste romantische Symbol: Es steht für die Sehnsucht der Romantik nach dem unmittelbaren Erlebnis der All-Einheit und Unendlichkeit. Die Titelfigur ist ein mittelalterlicher Held, der sich zum Dichter berufen fühlt, womit dieser Roman also auch gleichzeitig Ausdruck für die **Mittelalterbegeisterung** der Romantiker ist.

Weitere wichtige Prosawerke sind **Novellen** wie Joseph von Eichendorffs „Aus dem Leben eines Taugenichts" (1826) und **Adalbert v. Chamissos** (1781–1838) „Peter Schlemihls wundersame Geschichte" (1814), in der der Titelheld zwar seinen Schatten an den Teufel verkauft, sich aber seine Seele bewahren und ein glückliches Leben auf Reisen führen kann. Große Bedeutung kommt dem Traum in Ludwig Tiecks **Märchen** (um 1800) zu. In dem Kunstmärchen „Der Goldne Topf" (1814) von E. T. A. Hoffmann werden die Erlebnisse des Studenten Anselmus geschildert, der die Welt mit den Augen eines Dichters betrachtet und verwandelt. Diese Erlebnisse steigern sich derart, dass letztlich Wirklichkeit und Traum für ihn wie den Leser nicht mehr zu trennen sind. Überhaupt beherrscht das Unheimliche, manchmal auch Kriminelle das Werk Hoffmanns, wie in den **Erzählungen** „Die Elixiere des Teufels" (1815/16), „Der Sandmann" (1816) und „Das Fräulein von Scuderi" (1819).

9 Das Biedermeier

Zum **Biedermeier** (benannt nach der Figur Gottlieb Biedermeier, dem fiktiven Verfasser parodistischer Gedichte) zählt die nach 1830 bis zur deutschen Revolution von 1848 entstehende Literatur, die von einer konservativ-beschaulichen Grundhaltung geprägt ist.

Rückzug ins Private

Die Wertschätzung der Familie und der privaten Idylle beschreibt das **biedermeierliche Lebensgefühl**, das sich ganz unpolitisch zum klassischen Humanitätsideal bekennt.

Lyriker

Breiten Raum nehmen lyrische Texte ein. **Eduard Mörikes** (1804–1875) Gedichte wie „Er ist's", in dem der Frühling freudig begrüßt wird, oder die Zeilen „Auf eine Lampe", die genaue Beschreibung eines als schön empfundenen Gegenstandes, können als exemplarisch gelten. **Annette Droste-Hülshoff** (1797–1848), eine der bedeutendsten deutschen Dichterinnen, verfasst zahlreiche Naturgedichte, Gedichte mit christlichem Gedankengut und Balladen.

In der Kriminalnovelle **„Die Judenbuche"** (1842) erzählt v. Droste-Hülshoff von Friedrich Mergel, der unter Mordverdacht gerät, mit seinem Freund Johannes Niemand flieht, sich am Ende aber an jener Buche erhängt, neben der einst der Jude Aaron ermordet entdeckt wurde.

Dramen, Novellen und Romane

In vielen Gespenster-, Schauer- und abstrusen Abenteuergeschichten, durchaus mit einer indirekten erzieherischen Funktion, bestärken die Autoren die schlichte, christlich-moralische Welt des Biedermanns. Dies gilt auch für die Novellensammlung „Bunte Steine" (1853) **Adalbert Stifters** (1805–1868). Weitere Vertreter des österreichischen Biedermeier sind die Dramatiker Ferdinand Raimund (1790–1836), der mit „Der Alpenkönig und der Menschenfeind" (1828) ein Zeugnis des Weltschmerzes und des Pessimismus schreibt, **Johann Nestroy** (1801–1862) und **Franz Grillparzer** (1791–1872). Epische Texte schrieb der Schweizer **Jeremias Gotthelf** (1797–1854).

10 Vormärz und Junges Deutschland

Erwachen demokratischer Vorstellungen

Neben der unpolitischen Dichtung des Biedermeier gibt es in der ersten Hälfte des 19. Jahrhunderts auch einen Kreis von Schriftstellern, die das Ständeprinzip des Feudalismus kritisieren und sich für demokratische Ideen, vor allem für Gedanken- und Meinungsfreiheit, einsetzen. Ihr besonderes Anliegen ist ein einheitlicher deutscher Nationalstaat.

Vormärz ist eine eher unklare Sammelbezeichnung für die Literatur, die die deutsche bürgerliche Revolution im März 1848 vorbereitet. Das **Junge Deutschland** ist eine Gruppe von Autoren mit bürgerlich-liberalen Ideen.

Politisierung der Literatur

Literatur wird zum politischen Kampfmittel. **Ludwig Börne** (1786–1837), **Karl Gutzkow** (1811–1878), **Heinrich Laube** (1806–1884), **Theodor Mundt** (1808–1861) und **Ludolf Wienbarg** (1802–1872) schließen sich zusammen, nachdem ihre Schriften durch einen Beschluss des deutschen Bundestages vom 10. Dezember 1835 verboten wurden, u. a. weil sie die christliche Religion angreifen und die Sittlichkeit zerstören würden. Zu diesen Autoren des Jungen Deutschland werden dann auch **Heinrich Heine** (1797–1856), **Georg Herwegh** (1817–1875), **Ferdinand Freiligrath** (1810–1876) und **Georg Büchner** (1813–1837) gezählt.

10.1 Politische Lyrik

In der sog. **Protestlyrik** werden engagiert soziale Miseren kritisiert, das politische System wird aber nicht radikal infrage gestellt. Dagegen rufen die Verfasser von **Agitationslyrik** zur aktiven, womöglich auch gewaltsamen Veränderung der Herrschaftsverhältnisse auf.

Für großes Aufsehen sorgt Freiligraths Gedichtband „Ça ira!" (1846). In dem Gedicht „Wie man's macht" heißt es: *Umstürzt der Thron, die Krone fällt, in seinen Angeln ächzt das Reich! / Aus Brand und Blut erhebt das Volk sieghaft sein lang zertreten Haupt.*

10.2 Georg Büchner

Gesellschaftliche Veränderung durch Gewalt

Längst nicht alle Jungdeutschen treten für Gewalt ein. Georg Büchner aber hält eine gewaltlose Umgestaltung des Staates für utopisch. In der von ihm herausgegebenen Flugschrift „Der Hessische Landbote" (1834) findet sich der Aufruf: *Friede den Hütten! Krieg den Palästen!* – der Slogan der Französischen Revolution, die Büchner auch in seinem Drama „Dantons Tod" (1835) thematisiert.

Mit **„Woyzeck"** (1836/37) verfasst Büchner das erste deutsche soziale Drama, dessen Handlung auf einem historischen Fall beruht. Die Titelfigur ist eine gesellschaftliche Randfigur: ein ausgebeuteter Soldat, der sich für medizinische Versuche verkauft, um seine Geliebte Marie zu unterstützen, die ihn aber mit einem Tambourmajor betrügt. Woyzeck ersticht Marie und ertrinkt.

10.3 Heinrich Heine

Heinrich Heine – von der Romantik zum Vormärz

Heines Frühwerke wie „Gedichte" (1822), „Lyrisches Intermezzo" (1823) und „Das Buch der Lieder" (1827) gehören zur Romantik. Aber Heine ist auch ein politisch engagierter Autor des Vormärz, der im Gegensatz zu vielen seiner Mitstreiter auch von der politischen Dichtung künstlerische Qualität verlangt. Er betont die Eigenständigkeit der Kunst, der Dichter sei nach ästhetischen, nicht nach politischen Maßstäben zu messen. Bedeutend ist Heines politische Verssatire „Deutschland. Ein Wintermärchen" (1844).

10.4 Epische Werke

Historischer Roman

Politische Gedichte und Dramen des Vormärz sind noch heute bekannt, nicht aber die fast tausend historischen Romane, die zwischen 1815 und 1849 erscheinen. Typischer allerdings für das Junge Deutschland sind Zeitromane wie **Ernst Willkomms** (1810–1886) „Weiße Sklaven oder die Leiden des Volkes" (1845), ein Werk über das harte Schicksal sozial Benachteiligter. Auch Romane zur gesellschaftlichen Situation der Frau werden verfasst: „Gräfin Faustine" (1841) von **Ida Gräfin v. Hahn-Hahn** (1805–1880) und „Jenny" (1843) von **Fanny Lewald** (1811–1889).

Zeitroman

Frauenroman

11 Der Realismus

Resignation und Rückzug ins Private

Das **Scheitern der Revolution von 1848** erschüttert das bürgerliche Selbstverständnis, die großen politischen Ziele verlieren an Bedeutung. Man zieht sich in seine private Welt zurück und besinnt sich auf **traditionelle Werte** wie Familie, Ordnung, Harmonie und Religion. Ernüchterung macht sich breit, die auch das literarische Schaffen prägt.

Wiedergabe der Realität mit dichterischen Mitteln

Die Autoren wollen keine Gegenwelt zur Realität, keine zukunftsorientierte Perspektive entwickeln. Aber es geht ihnen auch nicht, wie **Theodor Fontane** (1819–1898) schreibt, um *das nackte Wiedergeben alltäglichen Lebens, am wenigsten seines Elends und seiner Schattenseiten*, sondern um dessen literarische Gestaltung und seine **Poetisierung**, um die Verbindung der erzählerischen Elemente wie Motiv, Figur, Ort und Zeit zu einer harmonischen Einheit.

Gesellschaftliche Regeln bestimmen das Leben

Dazu bietet sich der **Roman** mit der Möglichkeit zur Milieuschilderung, zur Landschaftsbeschreibung und zur Wiedergabe längerer Unterhaltungen besonders an. Die handelnden Figuren und ihre Konflikte erscheinen abhängig von den sie bestimmenden gesellschaftlichen Normen. Die Grundhaltung ist pessimistisch: Das Leben ist, wie es ist, das Schicksal ist unabänderlich, eine freie Verantwortung des Einzelnen gibt es nicht. Das Individuum wird von der Gesellschaft tyrannisiert und kann daran nichts ändern.

Theodor Fontanes Gesellschaftsroman **„Effi Briest"** (1895) erzählt die Geschichte der Titelfigur, die als junges Mädchen mit dem wesentlich ältern Baron Geert von Innstetten verheiratet wird. Effi setzt auf seine Karriere, langweilt sich aber in der Provinz und hat eine kurze Affäre mit dem charmanten Major Crampas, die nach über sechs Jahren entdeckt wird. Im Duell tötet Innstetten Crampas. Effi ist als Geschiedene isoliert von ihrer Tochter und von ihren Eltern, die sie erst, als sie ernsthaft erkrankt, wieder aufnehmen. Die Frage nach der Schuld beantwortet Effis Vater nach ihrem Tod mit dem resignativen Satz: *Das ist ein zu weites Feld.*

Auch in seinen anderen Romanen widmet sich Fontane der Familie, die Keimzelle der Gesellschaft mit all ihren Konflikten. **Wilhelm Raabe** (1831–1910) beschreibt in „Die Chronik der Sperlingsgasse" (1857) die idyllische Provinz. Der Bildungsroman „Der Hungerpastor" (1864) erzählt die unterschiedlichen Schicksale eines Schuster- und eines Trödler-Sohnes. In seinem Kaufmannsroman „Soll und Haben" (1855) zeichnet **Gustav Freytag** (1816–1895) den Aufstieg des tüchtigen Lehrlings Anton Wohlfart zum angesehenen Kaufmann und Teilhaber eines Handelshauses nach.

Gesellschafts- und Bildungsromane

Großer Beliebtheit erfreut sich die **Novelle. Theodor Storm** (1817–1888) schreibt Werke wie „Pole Poppenspäler" (1874) und „Der Schimmelreiter" (1888), die Geschichte des geheimnisvollen Deichgrafen Hauke Haien. Der Schweizer **Gottfried Keller** (1819–1890) greift in den „Züricher Novellen" (1878) historische Themen auf. Sein psychologisches Interesse zeigt sich in dem autobiografischen Roman „Der grüne Heinrich" (1855). Autobiografisch geprägt sind auch die niederdeutschen Romane „Ut mine Festungstid" (1862) und „Ut mine Stromtid" (1864) des Mecklenburgers **Fritz Reuter** (1810–1874). **Dramen** erscheinen in dieser Zeit kaum. Eine Ausnahme stellt das Werk **Friedrich Hebbels** (1813–1863) dar.

Novellen

Autobiografische Romane

Hebbel als wichtiger Dramatiker

Hebbels bürgerliches Trauerspiel **„Maria Magdalena"** (1844) handelt von Klara, die unehelich schwanger wird, von ihrem Geliebten, dem karrierebewussten Leonhard, aber verlassen wird. Klara wendet sich wieder ihrer Jugendliebe Friedrich zu, der schließlich Leonhard zum Duell fordert; da hat Klara sich jedoch schon in den Brunnen gestürzt. Tischlermeister Anton, Klaras Vater, sagt am Ende: *Ich verstehe die Welt nicht mehr.*

Als **lyrische Texte** sind **Conrad Ferdinand Meyers** (1825–1898) Erlebnis- und Dinggedichte, Storms Landschafts- und Liebesgedichte wie auch Fontanes Balladen zu nennen.

Gedichte

Bis heute beliebt sind die humorvoll-satirischen Verserzählungen von **Wilhelm Busch** (1832–1908), z. B. die Bildergeschichte über die Streiche von „Max und Moritz" (1865).

Satiren

12 Der Naturalismus

Der **Naturalismus** ist eine Strömung in der Literatur etwa zwischen 1870 und 1900, die bewusst auch Elend und Hässlichkeit im Alltag der Menschen darstellt.

Industrialisierung und Verelendung

Es ist die Zeit der Industrialisierung. Nach der Einigung des Deutschen Reiches 1871 nimmt das Bevölkerungswachstum zu. In den Großstädten greift die Verelendung um sich. Die sog. soziale Frage rückt in den Vordergrund.

12.1 Theoretische Grundlagen

Gesellschaftskritik

Anders als die Vertreter des Realismus greifen die Naturalisten die Schattenseiten der modernen Zivilisation auf, um das Lesepublikum zu provozieren. Fabrik, Kneipe, Mietskaserne und Hinterhof mit ihrer Trostlosigkeit, mit Armut, Krankheit und Tod, werden zu Schauplätzen ihrer Werke.

Determinismus des Menschen

Dabei gehen die Naturalisten von einem Menschenbild aus, das naturwissenschaftlich-positivistisch geprägt ist und auf Ideen der Franzosen **Auguste Comte** (1798–1857) und **Hippolyte Taine** (1828–1893) gründet: Der Mensch ist ein Stück Natur, das nach den Regeln von Ursache und Wirkung, also nach dem Kausalitätsprinzip, bestimmt wird von Herkunft und Erbanlage („race"), sozialem Umfeld („milieu") und aktuellen Zeitumständen („moment"). Für Freiheit, Verantwortung und Moral ist damit kein Platz mehr, aber dennoch ist die Verbesserung der sozialen Lage und der Lebensbedingungen ein Anliegen der Naturalisten und ihres Schreibens. Sie

Literatur als Fallstudie

wollen die Gesellschaft kritisieren und die sozialen Missstände umfassend offen legen. Als Vorbild gilt der französische Schriftsteller **Émile Zola** (1840–1902), der durch das Sammeln von Fakten und Dokumenten die tatsächliche Lebenssituation der Menschen erforscht und seine Erkenntnisse literarisch umsetzt. Der Autor Wilhelm Bölsche (1861–

Der Dichter als Experimentator

1939) nennt den Dichter einen Experimentator, der – ganz im naturwissenschaftlichen Sinne – die Gesetze, denen die Leidenschaften und Reaktionen auf äußere Gegebenheiten sowie das Denken der Menschen folgen, genau beachten muss.

Ein dazu passendes Programm entwickeln **Johannes Schlaf** (1862–1941) und **Arno Holz** (1863–1929) mit dem **Sekundenstil**, der akribisch genauen Darstellung des Zeitverlaufs einer Handlung – Erzählzeit ist gleich erzählte Zeit – und aller Eigenarten einer Figur. Insbesondere die detailgetreue Nachbildung des Sprachverhaltens, von Dialekten, Redensarten, Satzfetzen und Stammeln, wird wichtig.

Protokollartiger „Sekundenstil"

12.2 Gerhart Hauptmann

Als Hauptvertreter des Naturalismus gilt **Gerhart Hauptmann** (1862–1946), Nobelpreisträger von 1912, mit seinen sozialen Milieudramen wie der in Berliner Mundart geschriebenen Diebeskomödie „Der Biberpelz" (1893).

Hauptmanns Werk

Das Drama **„Die Weber"** (1892) greift den schlesischen Weberaufstand von 1844 auf. Hungernde Heimarbeiter und Weber stürmen das Haus des Fabrikanten. Das herbeigerufene Militär tötet ausgerechnet den alten Weber Hilse, der den Aufstand abgelehnt hat. Nicht mehr der einzelne Held trägt die Handlung, sondern die Gemeinschaft der Weber steht im Mittelpunkt. Auffällig sind die ausführlichen Regieanweisungen für die exakte Wiedergabe der erdrückenden Rahmenbedingungen.
Die Novelle **„Bahnwärter Thiel"** (1888) erzählt als psychologische Studie die Geschichte eines pflichtbewussten Mannes, der darunter leidet, dass seine zweite Frau Lene ihr Kind, das sie mit in die Ehe bringt, Thiels Sohn Tobias vorzieht. Als Tobias durch Lenes Unachtsamkeit von einem Schnellzug überfahren wird, tötet Thiel sie und ihr Kind und verfällt dem Wahnsinn.

12.3 Naturalistische Lyrik

Zur exakten Darstellung moderner Lebensumstände eignet sich das Erzählgedicht. In Arno Holz' Gedichtzyklus „Phantasus" (1898/99) wird z. B. die Flucht eines armen Dichters aus dem Alltag in seine Traumwelt geschildert: *Und wenn vom holden Wahnsinn trunken / er zitternd Vers an Vers gereiht, / dann schien auf ewig ihm versunken / die Welt und ihre Nüchternheit.*

Milieuschilderung im Erzählgedicht

13 Die Literatur der Jahrhundertwende

Deutsches Reich und Wilhelminismus

Nach der Gründung des Deutschen Kaiserreichs 1871 setzt eine kurze Phase der Liberalisierung ein, die unter Kaiser Wilhelm und seinem Reichskanzler Otto v. Bismarck nach und nach ihr Ende findet, wofür vor allem das „Sozialistengesetz" (1878) und die Schutzzollpolitik (1879) stehen. Es folgt eine Phase des Wettrüstens. Deutschland wird Kolonialmacht und es entstehen zwei Blöcke in Europa: der Dreibund mit Deutschland, Italien und Österreich und die Entente von Frankreich, England und Russland.

Literarische Zentren: Wien, Berlin und Prag

Auf kulturellem Gebiet bilden sich drei wichtige Zentren heraus: Es entstehen die Wiener Moderne u. a. mit **Hugo v. Hofmannsthal** (1874–1929) und **Arthur Schnitzler** (1862–1931) und die Berliner Moderne; in Prag gibt es einen Kreis von Schriftstellern um **Rainer Maria Rilke** (1875–1926), **Franz Werfel** (1890–1945), **Franz Kafka** (1883–1924) und **Max Brod** (1884–1968).

Als **Literatur der Jahrhundertwende** um 1900 oder **Fin de Siècle** bezeichnet man literarische Strömungen, die sich auf ganz unterschiedliche Weisen gegen den Naturalismus richten:

- Die **Dekadenz-Literatur** liebt das künstlich Verfeinerte, zeigt einen Hang zum Morbiden und bevorzugt die Lyrik.
- Der **Jugendstil** weist romantische Anklänge auf, mit Wortornamenten, die das Eigentliche aussparen.
- Der **Symbolismus** (von Frankreich ausgehend) richtet sich gegen den Geist von Materialismus und Rationalismus. Nicht das Sichtbare, sondern das Innere ist bedeutungsvoll. Kunst ist Gegennatur und reine Wortkunst. Die Vertreter scharen sich um **Stefan George** (1868–1933).
- Der **Impressionismus** verfolgt die Wiedergabe von Stimmungen, mit Darstellungsmitteln wie erlebter Rede, innerem Monolog und Bewusstseinsstrom. Lautmalerei und Synästhesie werden in der Lyrik eingesetzt.

Prägend für diese Zeit ist die **kulturpessimistische** Philosophie **Friedrich Nietzsches** (1844–1900), der dem bürgerlichen Mittelmaß und seinen christlichen Moralvorstellungen den „Übermenschen" gegenüberstellt. „Der Untergang des Abendlandes" ist der viel sagende Titel von **Oswald Spenglers** (1880–1936) Kulturgeschichte der Menschheit (1918– 1922).

Nietzsches Kulturpessimismus

Insgesamt erscheint diese Literaturepoche sehr unübersichtlich und eine eindeutige Zuordnung der Autoren zu jeweils einer Richtung ist, zumal sie sich in der ersten Hälfte des 20. Jahrhunderts sehr unterschiedlich entwickeln, nicht möglich. An einzelnen Werken aber sind zu nennen:

Hugo von Hofmannsthal

Hugo von Hofmannsthals **„Brief des Lord Chandos"** (1902) gilt als markantes Beispiel für symbolistische Prosa. Der fiktive Brief formuliert die Krise des Denkens, die sich in der Unfähigkeit zum sprachlichen Ausdruck zeigt, und thematisiert damit die zwischenmenschliche Kommunikation aus einer modernen sprachskeptischen Sicht.

Rainer Maria Rilke

Rainer Maria Rilke ist vor allem für seine Gedichte in Bänden wie **„Das Buch der Bilder"** (1902/06), **„Das Stunden-Buch"** (1905) und **„Duineser Elegien"** (1923) bekannt. 1910 erscheint Rilkes einziger Roman **„Die Aufzeichnungen des Malte Laurids Brigge"**, der keine durchgehende Handlung hat und Episoden sowie Gedanken aus dem Leben eines fiktiven dänischen Dichters erzählt.

Arthur Schnitzler

Für Dramatik wie Prosa ist der Österreicher Arthur Schnitzler wichtig. In der Szenenfolge **„Der Reigen"** (1900) wird die sexuelle Beziehung von Mann und Frau als rein mechanisches Geschehen in ständig wechselnden Konstellationen quer durch alle sozialen Schichten geschildert. In den Erzählungen **„Lieutenant Gustl"** (1900) und – vor allem – **„Fräulein Else"** (1924) kann der Leser aufgrund der Verwendung des inneren Monologs unmittelbar am Gedankenstrom der Titelfiguren teilnehmen.

Robert Musil

Robert Musil (1880–1942) schreibt mit **„Die Verwirrungen des Zöglings Törleß"** (1906) eine viel beachtete Schüler- und Internatsgeschichte. Musils Großwerk **„Der Mann ohne Eigenschaften"** (1930–52) erzählt vom Untergang der kaiserlich-königlichen Monarchie Österreich-Ungarn.

14 Der Expressionismus

Expressionismus (von lat. „expressius" = deutlich) bezeichnet eine vielfältig ausgeprägte Literaturströmung zwischen 1910 und 1925, die von der Idee einer neuen Humanität überzeugt ist, auf ungewohnte literarische Mittel und Formen setzt und auch vor Pathos nicht zurückschreckt.

Schilderung der Innenwelt

Weltuntergangsstimmung

Schildern die Naturalisten die hässliche Außenwelt des gesellschaftlichen Lebens, so geht es den Expressionisten um den Ausdruck der Innenwelt. Während Erstere zur Veränderung der äußeren Lebensbedingungen aufrufen, sind die Expressionisten vom Gefühl des Weltuntergangs und der Weltkatastrophe erfüllt.

Bezeichnenderweise trägt die 1920 von Kurt Pinthus herausgegebene Sammlung expressionistischer Gedichte den Titel **„Menschheitsdämmerung"**. Das erste Gedicht ist **„Weltende"** von **Jakob van Hoddis** (1887–1942). Es beginnt: *Dem Bürger fliegt vom spitzen Kopf der Hut, / In allen Lüften hallt es wie Geschrei. / Dachdecker stürzen ab und gehn entzwei / Und an den Küsten – liest man – steigt die Flut. ...*

Ich-Verlust

Expressiver Sprachstil

Nach Ansicht der Expressionisten kann sich der einzelne Mensch nicht mehr als Subjekt des Handelns erfahren. Nicht mehr er beherrscht die Dinge und die Welt, sondern er wird von ihnen beherrscht. Das **Ich** verliert seine Orientierung und letztlich sich selbst: Es **zerfällt**. Das drückt sich in einem **expressiven Sprachstil** aus: in Worthäufungen, Wortneuschöpfungen, Satzabbrüchen, überbordenden Metaphern, vor allem in Gedichten, deren Sinn sich häufig nur durch den Titel erschließen lässt. Traditionelle Formen werden aufgebrochen, um Visionen, Träume, mystische und ekstatische Erfahrungen schildern zu können.

August Stramm (1874–1915) reiht in einem seiner Gedichte Wörter scheinbar sinnlos aneinander: *Schrecken Sträuben / Wehren Ringen / Ächzen Schluchzen / Stürzen / Du! / Grellen Gehren / Winden Klammern / Hitzen Schwächen / Ich und Du! ...* Erst der Titel **„Trieb"** bringt diese Wörter in eine eindeutigere Beziehung zueinander.

Großstadt, Morbidität, Vergänglichkeit

Eine Wegbereiterin des Expressionismus ist **Else Lasker-Schüler** (1869–1945) mit ihrer stark emotionalen Lyrik. Stoff- und Themenkreise der Expressionisten sind: **das schnelle Großstadtleben**, z. B. in den Gedichten „Berlin" und „Der Gott der Stadt" von **Georg Heym** (1887–1912), **das Morbide**, etwa im Werk des Arztes **Gottfried Benn** (1886–1956), z. B. im Gedicht „Mann und Frau gehn durch die Krebsbaracke", oder **die Vergänglichkeit des Menschen**, der Vanitas-Gedanke des Barock also, und **der Tod** selbst, z. B. in Benns „Schöne Jugend" oder **Georg Trakls** (1887–1914) „Ruh und Schweigen".

Erster Weltkrieg

Viele Autoren empfinden den Ausbruch des Ersten Weltkrieges (1914–18) als Erlösung. Georg Heym feiert den **Krieg** bereits in seinem gleichnamigen Gedicht von 1911. Die Realität wirkt allerdings bald desillusionierend. Georg Trakl schildert schon 1914 die Schrecken des Krieges in „Grodek": *alle Straßen münden in schwarze Verwesung.* Die Autoren, die nicht im Krieg fallen, gelangen oft zu einer pazifistischen Einstellung oder vertreten anarchistische oder sozialistische Forderungen. **Johannes R. Becher** (1891–1958) formuliert im Gedicht „Spartakus" (1916) ein politisches Programm: *Der Mensch ist gleich – der Mensch sei frei – der Mensch wird gut!*

Bedeutende Dramen

Auch in der **Dramatik** findet der Krieg seinen Niederschlag: **Georg Kaisers** (1878–1945) „Gas" (1918) und „Gas. Zweiter Teil" (1920) thematisieren den Giftgaskrieg. Weitere wichtige Dramen: „Die Wandlung" (1919) von **Ernst Toller** (1893–1939), „Baal" (1923) und „Im Dickicht der Städte" (1923) vom jungen **Bertolt Brecht** (1898–1956) und **Carl Sternheims** (1878–1942) Tetralogie um die Doppelmoral des wilhelminischen Bürgers Theobald Maske sowie seine Komödie „Bürger Schippel" (1913).

15 Die Literatur zur Zeit der Weimarer Republik

In der Vielfältigkeit der literarischen Strömungen zur Zeit der Weimarer Republik zeigt sich doch eine Grundtendenz zu realitätsbezogenem, emotionslos-nüchternem Schreiben, das auf präzise und authentische Darstellung zielt und mit dem Namen **Neue Sachlichkeit** belegt wird.

Die Autoren bedienen sich aller Gattungsformen und schaffen Werke von teilweise hoher literarischer Qualität zu ganz verschiedenen Themen.

Heinrich Manns Kritik am Wilhelminismus

In seinem Roman „Der Untertan" (1916) entlarvt **Heinrich Mann** (1871–1950) die **Doppelmoral des wilhelminischen Bürgers** am Beispiel des Papierfabrikanten Diederich Heßling, dessen deutsch-nationale Gesinnung und vom Untertanengeist geprägte Monarchietreue der Erzähler der Lächerlichkeit preisgibt.

Thomas Manns Konflikt von Kunst und Bürgertum

Thomas Mann (1875–1955) erzählt in „Buddenbrooks. Verfall einer Familie" (1901), einem Roman mit autobiografischen Bezügen, für den er 1929 den Nobelpreis erhält, vom Niedergang einer hanseatischen Kaufmannsfamilie in vier Generationen. Thomas Manns Grundmotiv ist der **Gegensatz von Leben und Kunst**, den er auch in der Novelle „Tonio Kröger" (1903) behandelt, in der die Titelfigur unter ihrer Doppelexistenz als Künstler und Bürger leidet: als Schriftsteller, der vom Leben ausgeschlossen ist, sich gleichzeitig aber danach sehnt, an ihm teilzunehmen.

Alfred Döblins Blick auf das Großstadtleben

Alfred Döblin (1878–1957) wendet sich im ersten deutschen Großstadtroman den **sozialen Problemen** zu:

In **„Berlin Alexanderplatz"** (1929) will der ehemalige Häftling Franz Biberkopf anständig werden, aber er scheitert und wird systematisch zugrunde gerichtet: Er verliert einen Arm, seine Freundin Mieze wird vergewaltigt und getötet, Franz landet in der Irrenanstalt. Die laute, bunte Großstadtwelt wird durch die unterschiedlichsten Textsorten und in harten Montageschnitten wiedergegeben.

Romane von Hans Fallada und Erich Kästner

Weitere **Zeitromane**, in denen ein kritisches Bild der Gegenwart gezeichnet wird, sind **Hans Fallada**s (1893–1947) „Kleiner Mann – was nun?" (1932) und **Erich Kästner**s (1899–1974) „Fabian. Die Geschichte eines Moralisten" (1931). Kästner ist auch erfolgreich als Journalist, Kabarett-Autor, Lyriker und Verfasser von Kinderbüchern wie „Emil und die Detektive" (1929).

Hermann Hesses Werk

Eher **philosophische Themen** greifen die Gedichte, Erzählungen und Romane **Hermann Hesses** (1877–1962) auf, der 1946 den Nobelpreis erhält. „Der Steppenwolf" (1927) handelt von Harry Haller, einem Aussteiger, der in Musik, Sexualität, Drogen und fernöstliche Gedankenwelten flieht.

Franz Kafkas rätselhaft-bedrohliche Welt

Die Erfahrung der **Bodenlosigkeit der menschlichen Existenz** gestaltet **Franz Kafka** (1883–1924), in dessen nüchtern erzählten, oft parabelhaften Texten hinter der Fassade der Realität eine undurchschaubare Welt absurd-faszinierender Verhältnisse lauert, denen der Einzelne ohnmächtig gegenübersteht.

In Kafkas **„Der Prozess"** (1925) wird der Bankprokurist Josef K. verhaftet und einem Verfahren unterworfen, das, ohne konkrete Beschuldigung, mit seiner Hinrichtung endet. Er will schließlich seine Lebensschuld darin sehen, sich stets für unschuldig gehalten zu haben.

Erich Maria Remarques Antikriegsroman

„Im Westen nichts Neues" (1929) lautet der Titel von **Erich Maria Remarques** (1898–1970) **Antikriegsroman**, in dem der Icherzähler Paul Bäumer schonungslos die Gas- und Granatenangriffe an der Westfront schildert.

Bertolt Brechts episches Theater

Bertolt Brecht (1898–1956) ist als Lyriker und Dramatiker von Bedeutung. Er sieht in seinem **epischen Theater** den Ort der politischen Aufklärung (vgl. das Kapitel Literaturgattungen, „6 Die Dramatik").

Brechts **„Der gute Mensch von Sezuan"** (1926/41) handelt von der Prostituierten Shen Te, die zu einem kleinen Vermögen gelangt, aber durch ihre Mitmenschen, die ihre Gutmütigkeit schamlos ausnutzen, gezwungen ist, sich als ihren skrupellosen Vetter Shui Ta auszugeben.

16 Die Literatur zur Zeit des Nationalsozialismus

16.1 Exil und innere Emigration

Als **Exilliteratur** bezeichnet man die Werke der Autoren, die ihr Heimatland aus politischen oder religiösen Gründen verlassen müssen bzw. freiwillig verlassen. Die Texte thematisieren die Umstände der Flucht – in diesem Fall aus dem nationalsozialistischen Deutschland – und die Situation des Exils.

Wichtige Exilautoren und ihre Werke

Thomas Mann, der sich in seinen „Betrachtungen eines Unpolitischen" (1918) noch zu einer antidemokratisch-konservativen Haltung bekennt, wandelt sich bald zum überzeugten Demokraten und warnt in vielen Reden und Essays vor dem Nationalsozialismus. Sein Werk – wie das vieler Autoren – fällt der Bücherverbrennung vom 10. Mai 1933 durch die Nazis zum Opfer. 1933 kehrt er von einer Schweizreise nicht mehr nach Deutschland zurück und emigriert – wie sein Bruder Heinrich – in die USA, wo u. a. die „Joseph"-Romane (1926–42) und „Doktor Faustus" (1947) entstehen. Bertolt Brecht geht zuerst nach Skandinavien (1933–39), schließlich ebenfalls nach Amerika (1941–47). Er verfasst zahlreiche Gedichte und Stücke wie „Mutter Courage und ihre Kinder" (1939), „Leben des Galilei" (1938/39) und „Der aufhaltsame Aufstieg des Arturo Ui" (1941). Mit dem Nationalsozialismus, seinem Aufstieg und der Situation im Exil setzen sich auch auseinander: **Lion Feuchtwangers** (1884–1958) Roman-Trilogie „Wartesaal" (1930–40), **Oskar Maria Grafs** (1894–1967) „Anton Sittinger" (1937) und **Anna Seghers'** (1900–1983) „Das siebte Kreuz" (1942).
Die Belastungen der Emigrationssituation tragen auch dazu bei, dass einige Schriftsteller sich das Leben nehmen, u. a. der Satiriker **Kurt Tucholsky** (1890–1935), der Dramatiker **Ernst Toller** (1893–1939) und **Stefan Zweig** (1881–1942), der den nationalsozialistischen Terror eindrucksvoll in seiner „Schachnovelle" (1942) schildert.

Zur **inneren Emigration** zählen die Schriftsteller, die ab 1933 zwar in politischer Opposition zum Nationalsozialismus stehen, Deutschland aber nicht verlassen und mit literarischen Mitteln Widerstand zu leisten versuchen.

Schriftsteller, die in Deutschland bleiben

Hans Fallada zieht sich nach Mecklenburg zurück und schreibt Kinderbücher und Romane wie „Wer einmal aus dem Blechnapf frisst" (1934) und „Der eiserne Gustav" (1938). Mit einem Schreibverbot werden Erich Kästner und auch die Dramatikerin **Marieluise Fleißer** (1901–1974) belegt. Der Erzähler **Wolfgang Koeppen** (1906–1996) geht zunächst 1934 ins holländische Exil, kehrt aber 1938 nach Berlin zurück.
Gottfried Benn und **Ernst Jünger** (1895–1998) zählen zu den Autoren, die sich über die sog. Reichsschrifttumskammer von den Nazis „gleichschalten" lassen.

16.2 Nationalsozialistische Literatur

Die sog. **Blut- und Boden-Dichtung** ist eine von den Nationalsozialisten geförderte literarische Richtung, die Abstammung und Sesshaftigkeit des Menschen thematisiert und rassistisch orientiert ist.

Nationalsozialistische Unterstützungsliteratur und ihre Formen

Nach der Machtübernahme 1933 wird in Deutschland eine nationalsozialistische Kunstproduktion gefordert. Veröffentlicht werden Autoren nicht jüdischer Herkunft, die die NS-Ideologie verbreiten helfen. Nach 1945 verschwinden die meisten Verfasser dieser politischen Zustimmungsliteratur und ihre Werke rasch aus dem Gedächtnis der Leser.
Besonders beliebt sind: der **historische Roman**, der die angebliche „Überlegenheit der arischen Rasse" nachweisen will, der **idyllische Bauernroman**, der das Leben einer idealisierten Volksgemeinschaft vor Augen führt, und der **Frauenroman**, in dem die traditionelle Rolle der Hausfrau und Mutter verherrlicht wird. **Kriegsromane** propagieren das Ideal des sich opfernden Heldensoldaten wie z. B. Ernst Jüngers Roman „Auf den Marmorklippen" von 1939.

17 Die Literatur der Nachkriegszeit (1945–1949)

17.1 Die schwierige Lebenswirklichkeit

Äußere und innere Not

Am 8. Mai 1945 kapituliert Deutschland bedingungslos. Die erste Nachkriegszeit ist gekennzeichnet von der materiellen, aber auch von einer geistigen Not: Die Städte sind zerstört, Ströme von Vertriebenen aus den Ostgebieten suchen eine neue Heimat, es fehlt an Nahrungsmitteln und Wohnungen, viele Tote sind zu beklagen, das Schicksal der Kriegsgefangenen ist ungewiss. All das führt zu einer lähmenden Orientierungslosigkeit in der Bevölkerung. Verstärkt wird diese Stimmung durch das belastende Gefühl, Mitschuld zu tragen an den Verbrechen des NS-Regimes, von dem man sich nicht aus eigener Kraft befreite, sondern das nur durch die große Anstrengung der Alliierten beseitigt wurde. Diese beginnen mit den Nürnberger Prozessen gegen führende Nazis und der sog. Entnazifizierung weiter Bevölkerungskreise eine rasche Abrechnung mit dem Nationalsozialismus. Eine tief greifende Auseinandersetzung mit der jüngsten Vergangenheit aber findet unter den meisten Deutschen zunächst nicht statt, was mit dazu beiträgt, dass manche Exil-Schriftsteller wie Thomas Mann oder **Nelly Sachs** (1891–1970) nicht nach Deutschland zurückkehren.

Kollektivschuld-Frage

17.2 Die literarischen Themen

Als **Nachkriegsliteratur** bezeichnet man die unmittelbar nach dem Zweiten Weltkrieg entstehenden literarischen Werke. In der **Trümmerliteratur** verarbeiten die Autoren ihre Erfahrungen mit dem Nationalsozialismus, dem Krieg und dessen Folgen: Zerstörung, Tod, Schuld, Gefangenschaft, Heimkehr. Die **Kahlschlagliteratur** verlangt eine radikale Reinigung der Sprache von der Nazi-Ideologie und fordert einen exakt-nüchternen Schreibstil.

Die äußeren Bedingungen für den Literaturbetrieb sind sehr ungünstig. Der Papiermangel erschwert die Produktion literarischer Texte. So prägen vor allem Kabarett und Theater, aber auch einige Zeitungen und Literaturzeitschriften wie „Der Ruf" das kulturelle Leben, und zwar mit klarem politischen Anspruch. In dieser Phase der Neuorientierung sind für jüngere Autoren vor allem Ernest Hemingways Short Storys maßgeblich. Die Kurzgeschichte kommt ihren Intentionen entgegen, da sie sachliche Augenblicksschilderungen verlangt und gleichzeitig eine konzentrierte Perspektive ermöglicht. In den Texten von **Heinrich Böll** (1917–1985), **Wolfdietrich Schnurre** (1920–1989) und **Wolfgang Borchert** (1921–1947) begegnen wir Figuren, die an der Wirklichkeit psychisch zerbrechen. Die Welt erscheint sinnlos, ja absurd, wobei auch der Einfluss französischer Existenzialisten wie Jean Paul Sartre und Albert Camus deutlich wird.

Orientierung an der amerikanischen und französischen Literatur

Mit expressiver Symbolik inszeniert Wolfgang Borchert die Nachkriegssituation in seinem Stationendrama **„Draußen vor der Tür"** (1947): Der Kriegsheimkehrer Beckmann findet seine Lebensgrundlagen zerstört vor und stößt auf eine abweisende, feindliche Umwelt.
Spannungsreich gestaltet der Schweizer **Carl Zuckmayer** (1896–1977) in seinem Drama „Des Teufels General" (1946) die Schuldproblematik am Beispiel des im Dienste der Nazis stehenden Fliegergenerals Harras.

Natürlich stellen sich auch andere Schriftsteller, die wie **Alfred Andersch** (1914–1980), **Günter Eich** (1907–1972), Erich Kästner und Wolfgang Koeppen schon vor 1933 bekannt waren, in ihrem Schreiben den aktuellen Themen von Kriegs- und Nachkriegszeit.

Im September 1947 lädt **Hans Werner Richter** (1908–1993) andere Schriftsteller zu einem Treffen ein: Es entsteht die **Gruppe 47**. Auf den zunächst zweimal und von 1956 bis 1967 nur noch einmal im Jahr stattfindenden Tagungen lesen Autoren wie **Ingeborg Bachmann** (1926–1973), **Günter Grass** (*1927) und **Siegfried Lenz** (*1926) aus unveröffentlichten Manuskripten, um sich anschließend der Kritik der anderen zu stellen, unter ihnen auch **Marcel Reich-Ranicki** (*1920).

18 Die Literatur der BRD, Österreichs und der Schweiz (1949–1990)

Teilung in BRD und DDR

Mit der Verkündigung des Grundgesetzes der BRD am 23. Mai 1949 und der Gründung der DDR am 7. Oktober 1949 ist die **Teilung der deutschen Nation** besiegelt, die gleichzeitig die großpolitische Lage widerspiegelt, nämlich die Aufteilung der Welt zwischen den beiden Großmächten USA und Sowjetunion mit ihren jeweiligen Verbündeten. Es ist die Zeit des **Kalten Krieges**.

Kalter Krieg

Zur deutschsprachigen Literatur des Westens zählen auch die Werke österreichischer und Schweizer Autoren.

18.1 Die Literatur der 50er-Jahre

Wiederaufbau und „Wirtschaftswunder"

Politische Stellungnahme der Literatur

Gesellschaftskritik als Aufgabe

In der BRD beginnt der Wiederaufbau. Unter Bundeskanzler Konrad Adenauer (CDU) und seinem Wirtschaftsminister Ludwig Erhard wird erfolgreich die soziale Marktwirtschaft eingeführt. Es ist die Zeit des „Wirtschaftswunders". Viele Schriftsteller sehen sich zur Gesellschaftskritik verpflichtet und nehmen zu politischen Themen wie der Wiederbewaffnung, der allgemeinen Wehrpflicht (1956), der atomaren Aufrüstung Stellung, aber auch zum Koreakrieg (1950–1953), und warnen in Appellen, Manifesten und öffentlichen Erklärungen vor einem neuen Krieg. Der Philosoph und Soziologe **Theodor W. Adorno** (1903–1969) entwickelt die Theorie vom Doppelcharakter der Kunst: Sie ist einerseits Ausdruck der gesellschaftlichen Realität, andererseits aber autonom, also unabhängig von den realen Forderungen von Politik, Religion und Unterhaltungsindustrie. Sie hat die Aufgabe, den allgemein vertrauten Formen des Denkens und Wahrnehmens Widerstand zu leisten.

In der **konkreten** oder **visuellen Poesie** reißen Autoren wie **Eugen Gomringer** (*1925), **Helmut Heißenbüttel** (1921–1996), **Ernst Jandl** (1925–2000) und **Franz Mon** (*1926) Buchstaben, Silben und Wörter aus ihren gewohnten sprachlichen Strukturen heraus und fügen sie zu neuen optischen oder lautlichen Gebilden zusammen.

Zwei weitere Tendenzen fallen in der Lyrik auf: Einerseits entsteht eine neue Naturlyrik, in der die Natur oft als Fluchtraum vor der Gesellschaft erscheint. Andererseits gibt es sprachlich dichte Texte, die bewusst rätselhaft und unverständlich sind, sog. **hermetische Gedichte**. Lyrikerinnen und Lyriker wie Ingeborg Bachmann, **Paul Celan** (1920–1970) und Günter Eich sind hier zu nennen.

Naturlyrik

Sprachverrätselung

Während in der Lyrik das Prinzip der Sprachverknappung vorherrscht, entwickelt sich eine **breit angelegte Prosa**, in der die Darstellung einer Welt im Kleinen, voll sozialer und lokaler Enge, mit geschichtlichen Dimensionen und Erinnerungsräumen verknüpft und bereichert wird, z. B. in den Werken von Siegfried Lenz und **Arno Schmidt** (1914–1979).

Ausführliche Prosa

Es erscheinen große **Romane**, die einen kritischen Blick auf die Nachkriegsgesellschaft werfen, die noch deutlich von der übermächtigen NS-Vergangenheit geprägt ist: Heinrich Bölls „Billard um halbzehn" (1959) und „Ansichten eines Clowns" (1963), Günter Grass' „Die Blechtrommel" (1959), **Uwe Johnsons** (1934–1984) „Mutmaßungen über Jakob" (1959) und **Martin Walsers** (*1927) „Halbzeit" (1960).

Den Autoren ist das auktoriale Erzählen fragwürdig geworden, deshalb erzählen sie nun aus der Perspektive der einzelnen Figuren. Das Interesse am Denken und Fühlen des Individuums steht schon in den Romanen des Schweizers **Max Frisch** (1911–1991) im Mittelpunkt. In „Stiller" (1954) und „Homo faber" (1957) geht es um Menschen, die sich in einer schweren Identitätskrise befinden.

Krise des Erzählens

Die Dramatik orientiert sich an Brechts Konzept der Verfremdung. Aber anders als Brecht scheinen Max Frisch und vor allem **Friedrich Dürrenmatt** (1921–1990) in seinen Tragikomödien „Der Besuch der alten Dame" (1956) und „Die Physiker" (1962) die Welt nicht mehr für veränderbar zu halten. Die Wirklichkeit erscheint nicht einmal mehr auf der Bühne darstellbar, deshalb greift man zur absurd-grotesken Übertreibung, wie auch **Wolfgang Hildesheimer** (1916–1991) in seinen Theaterstücken.

Tragikomisches und absurdes Theater

18.2 Die Literatur der 60er-Jahre

Erste Wirtschaftskrise

Studentenunruhen

Die westdeutsche Wirtschaft gerät in eine erste Rezession, die Arbeitslosigkeit wächst und die politisch konservativen Kräfte verlieren an Macht. 1966 bilden CDU/CSU und SPD eine große Koalition. Es kommt zu Studentenunruhen, die im Juni 1967 und im April 1968 ihre Höhepunkte erreichen. Willy Brandt (SPD) wird 1969 der erste Kanzler einer sozialliberalen Koalition.

Politisierung der Literatur

Prinzip des Dokumentarischen und Authentischen in allen literarischen Gattungen

Viele Schriftsteller wollen *aufschreiben und veröffentlichen, was für Schweinereien (am Arbeitsplatz und in der Gesellschaft) passieren* – so **Max von der Grün** (*1926). Man öffnet sich der **Arbeitswelt. Erika Runge** (*1939) greift in ihren „Bottroper Protokollen" (1968) auf Gespräche mit Arbeitern zurück, die von Grubenschließungen betroffen sind. Auch **Günter Wallraff** (*1942) nutzt **dokumentarisches Material** für seine Veröffentlichungen. **Dieter Wellershoff** (*1925) und **Rolf Dieter Brinkmann** (1940–1975) verarbeiten in ihrer Prosa bewusst Realität in Form von subjektiven **Augenblicksbeobachtungen**. Ähnliches lässt sich auch in der sog. **Alltagslyrik** von **Jürgen Theobaldy** (*1944) und **Peter Rühmkorf** (*1929) erkennen. Wichtig ist das Prinzip des Dokumentarischen auch für das Theater dieser Zeit, das sich großen zeitgeschichtlichen Themen widmet.

Rolf Hochhuth (*1931) thematisiert in „Der Stellvertreter" (1963) die Untätigkeit der katholischen Kirche angesichts der Judenverfolgung. **Heinar Kipphardt** (1922–1982) behandelt in „In der Sache J. Robert Oppenheimer" (1964) die Problematik der Atom- und Wasserstoffbombe und verwendet als authentisches Material eine Befragung des Physikers von 1954. **Peter Weiss** (1916–1982) beleuchtet in „Die Ermittlung" (1965) die Frankfurter Auschwitz-Prozesse von 1963 bis 1965.

Daneben gibt es viele realistische Volksstücke, z. B. von **Franz Xaver Kroetz** (*1946). Der Österreicher **Peter Handke** (*1942) will in „Publikumsbeschimpfung" (1966), einem Theaterstück ohne Handlung, die Zuschauer provozieren und wachrütteln.

18.3 Die Literatur der 70er- und 80er-Jahre

Terrorismus

Die blutigen Terrorattentate der Roten-Armee-Fraktion (RAF) auf Politiker, Industrielle und Staatsanwälte prägen, neben der Entführung der Lufthansa-Maschine „Landshut" (1977), die 70er-Jahre. Im Herbst 1982 löst Helmut Kohl (CDU) mit einer christlich-liberalen Koalition Bundeskanzler Helmut Schmidt (SPD) ab. Die wirtschaftlichen Probleme nehmen zu, vor allem die Arbeitslosigkeit steigt.

Wirtschaftliche Probleme

Nach einer Phase der Politisierung der Literatur kommt es nun zu einer Gegenbewegung.

Mit der sog. **Tendenzwende** um 1972/73 richtet sich der Blick der Schriftsteller auf den Mikrokosmos des Individuums und seiner Innenwelt. Die oft autobiografisch geprägten Werke der **neuen Subjektivität** (auch: neue Innerlichkeit / neue Sensibilität) zeigen ein klares Misstrauen gegen vorgegebene Modelle des Zusammenlebens und konzentrieren sich auf subjektive Erfahrungen. Ein Romantitel wie „Im Garten der Gefühle" (1975) von **Hans J. Fröhlich** (1932–1986) steht dafür beispielhaft.

(Auto)biografisches Schreiben

Das Interesse an **eigenen oder fremden Lebensgeschichten** offenbart sich z. B. in den Werken von **Walter Kempowski** (*1929) und in vielen Künstlerbiografien. Breiten Raum nimmt auch die Auseinandersetzung mit der NS-Vergangenheit ein. Dafür stehen die **Väterromane** „Nachgetragene Liebe" (1980) von **Peter Härtling** (*1933) und „Suchbild. Über meinen Vater" (1980) von **Christoph Meckel** (*1935). Aber auch deutliche **Gesellschaftskritik** gibt es, etwa in den Werken **Peter Schneiders** (*1940), **Friedrich Christian Delius'** (*1943) und natürlich Heinrich Bölls, der 1972 den Literatur-Nobelpreis erhält. Mit der Distanzierung vom Fortschrittsglauben greifen viele Autoren auf Märchen und Mythen zurück und entwerfen **Endzeitvisionen** wie Günter Grass in „Die Rättin" (1986) und **Christoph Ransmayr** (*1954) in „Die letzte Welt" (1988). **Botho Strauß** (*1944) beleuchtet in zahlreichen Theaterstücken die komplizierte psychische Situation der auf vielfältige Weise geschädigten Zivilisationsmenschen anhand alter mythologischer Inhalte.

Gesellschaftskritik

Aufnahme alter Stoffe aus Mythos und Märchen

19 Die Literatur der DDR (1949–1990)

Aufbau einer sozialistischen Gesellschaft

Mauerbau, Überwachungsstaat und friedliche Revolution von 1989

In der DDR plant die Staatsführung den Aufbau einer sozialistischen Gesellschaft, kann jedoch Kritik von innen bald nur noch gewaltsam bekämpfen, etwa mit der Niederschlagung des Aufstandes vom 17. Juni 1953 und dem Bau der Berliner Mauer ab August 1961. Die DDR wird zu einem Überwachungsstaat, in dem der ökonomische Erfolg, verglichen mit dem Westen, ausbleibt. Im Zuge der demokratischen Umgestaltung des Ostblocks erreichen die DDR-Bürger 1989 in einer friedlichen Revolution den Rücktritt ihrer Regierung und die Anbindung an den Westen.

Verarbeitung historischer Stoffe

Schriftsteller als Revolutionäre

Sozialistischer Realismus

Arbeitswelt als literarischer Stoff

Die Verarbeitung historischer Stoffe beherrscht die Literatur in den 50er-Jahren. Dabei reklamieren viele Autoren die revolutionären und aufklärerischen Strömungen innerhalb der deutschen Geschichte – von den Bauernkriegen über die Reformation und die Befreiungskriege von 1813–15 zur Revolution von 1848 – im Wesentlichen als wegbereitend für ihre sozialistische Gesellschaft. Im Unterschied zu den Schriftstellern im Westen betrachten sie sich als Revolutionäre, die – getragen von der Idee einer sozial gerechten Welt – im Rahmen des **sozialistischen Realismus** nach sowjetischem Vorbild Kunst für die Massen produzieren. Die Kritik vieler Werktätiger an der abgehobenen Verklärung der Arbeit durch die Autoren führt zur Beschreitung des **„Bitterfelder Weges"** mit dem Ziel einer Annäherung von Arbeitern und Künstlern: Die Arbeitswelt wird zum literarischen Gegenstand, Fabrikarbeiter setzen sich an die Schreibmaschine und Autoren gehen in die Fabriken.

Nach dem Roman „Ankunft im Alltag" (1961) von **Brigitte Reimann** (1933–1973) bezeichnet man ab Mitte der 60er-Jahre die sog. **„Ankunftsliteratur"**, in der deutlich werden soll, dass der sozialistische Staat für die Bürger der DDR Wirklichkeit geworden ist, dass sie also in ihm angekommen sind. Gleichzeitig zeichnet sich immer mehr ab, dass es mittlerweile zwei deutsche Nationalliteraturen gibt, eine westdeutsche und eine ostdeutsche.

In **Christa Wolfs** (*1929) Roman „Der geteilte Himmel" (1963) will die Heldin Rita, auch nachdem sich ihr Lebensgefährte in den Westen abgesetzt hat, weiterhin am Aufbau einer neuen sozialistischen Gesellschaft mitwirken. In „Nachdenken über Christa T." (1968) hängt die Erzählerin ihren Gedanken an eine verstorbene Freundin nach – die der Autorin in vielem gleicht – wobei private Wahrnehmung und Identitätsprobleme mit der gesellschaftlichen Realität verknüpft sind.

Nationalsozialismus und Krieg als Thema

Die Durchdringung von **Autobiografischem und allgemeiner Geschichte**, insbesondere anhand von Kriegserlebnissen, prägt auch die Lyrik von **Inge Müller** (1925–1966). Eine Aufbereitung der NS- und Kriegszeit findet sich im Jugendroman „Damals war es Friedrich" (1961) von **Hans Peter Richter** (1925–1993) und in **Jurek Beckers** (1937–1997) Roman „Jakob der Lügner" (1968), der im jüdischen Getto von Lodz im Jahre 1944 spielt.

„Die neuen Leiden des jungen W."

Mit dem Werk „Die neuen Leiden des jungen W." (1972), das an Goethes Briefroman anknüpft und aktuelle Jugendsprache aufnimmt, ignoriert **Ulrich Plenzdorf** (*1934) weitgehend offizielle Vorgaben für Literatur, die er durch neue Formen und Inhalte belebt. Die mit der Ablösung Walter Ulbrichts im Jahre 1971 ersehnte Liberalisierung im Kulturbetrieb der DDR bleibt jedoch aus. Die **Zensur** ist auch unter Erich Honecker weiterhin wirksam. Die Ausbürgerung **Wolf Biermanns** (*1936) aus der DDR 1976 löst eine Protestbewegung aus, die nach zahlreichen Druckverboten und Haftstrafen zu einer Ausreisewelle führt: Jurek Becker, **Günter Kunert** (*1929), **Reiner Kunze** (*1933), **Sarah Kirsch** (*1935) u. a. verlassen die DDR.

Biermann-Ausbürgerung und die Folgen

Heiner Müllers Dramen

Der wichtigste **Dramatiker** der DDR nach Brecht ist **Heiner Müller** (1929–1995), der sich auch als Erzähler, Lyriker und Übersetzer betätigt und trotz seiner kommunistischen Überzeugung mit seinem Werk immer wieder in Konflikt mit der Staatspartei gerät. Seine wichtigsten Stücke: „Die Umsiedlerin oder das Leben auf dem Lande" (1961), „Philoktet" (1965), „Der Auftrag" (1979), „Germania Tod in Berlin" (1977) und „Die Hamletmaschine" (1977).

20 Die Literatur seit der Wende 1990

Fall der Mauer und Wiedervereinigung

Der Fall der Berliner Mauer am 9.11.1989 und die deutsche Wiedervereinigung am 3.10.1990 markieren die Annäherung von Ost und West. Nach einem vorübergehenden Aufschwung stagniert die wirtschaftliche Entwicklung. Die Arbeitslosigkeit steigt langsam, aber kontinuierlich.

Zeit der Wende als literarisches Thema

Günter Grass läutet 1990 mit „Ein Schnäppchen namens DDR" die literarische **Verarbeitung der Wende-Zeit** ein, die über **Erich Loests** (*1926) „Nikolaikirche" (1995) bis zu Christoph Heins „Willenbrock" (2000) reicht. Auffällig ist bei vielen Wende-Romanen ein humoristisch-satirischer Grundton, so z. B. in „Helden wie wir" (1996) von **Thomas Brussig** (*1965). **Ingo Schulze** (*1962) erzählt in „Simple Storys" (1998) ganz unspektakuläre **Alltagsepisoden**, die auch für ein neues Literaturverständnis stehen.

Als **Popliteratur** bezeichnet man Werke vor allem junger Autoren, in denen Musik, Mode und andere Erscheinungsformen der Jugendkultur im Vordergrund stehen, Gesellschaftskritik dabei aber entweder ausblenden oder auf sehr unterschiedliche Weisen üben. Zu ihren Vertretern gehören **Florian Illies** (*1971), **Christian Kracht** (*1966), **Andreas Mand** (*1959) und **Benjamin v. Stuckrad-Barre** (*1975).

Die Beschäftigung mit der **NS-Vergangenheit** findet weiterhin statt, z. B. in der Novelle „Im Krebsgang" (2002) von Günter Grass (der 1998 den Literatur-Nobelpreis erhält), in **Bernhard Schlinks** (*1944) Roman „Der Vorleser" (1995) oder in **Tanja Dückers** (*1968) Roman „Himmelskörper" (2003).

Psychologische Dramen

Die Bühnenautoren zeigen vor allem **psychologisches Interesse**. Dem Schweizer **Urs Widmer** (*1938) gelingt mit „Top Dogs" (1997) ein viel beachtetes Drama um Topmanager und die zunehmende Brutalisierung des Wirtschaftslebens.

Auf einen Blick: Literaturgeschichte

Literatur des Mittelalters (8.–14. Jh.)

- Althochdeutsche Literatur (etwa 750–1050): religiöse Texte
- Mittelhochdeutsche Literatur (etwa 1050–1350): Legenden, Vagantendichtung, ritterlich-höfische Dichtung, wie der Minnesang

Renaissance, Humanismus und Reformation (15.–16. Jh.)

- Buchdruck und Luthers Bibelübersetzung
- Schelmenliteratur, Humanistendrama, Schwänke, Fastnachtsspiele

Barock (17. Jh.)

- „Carpe diem" (Nutze den Tag!) – „Memento mori" (Gedenke des Todes!)
- Lyrik; Schäfer-, Schelmen-, Abenteuerromane; Tragödien, Komödien
- weltliche Lyrik von Gryphius u. a.

Aufklärung (18. Jh.)

- Selbstbestimmung und Eigenverantwortlichkeit des Individuums
- Fabeln, Erziehungs-, Bildungs- und Schelmenromane, Lehrgedichte
- Lessings Dramen

Sturm und Drang (etwa 1775–1785)

- Kritik am Feudalismus; Verteidigung von Individualität und Selbstbestimmung
- Göttinger Hain; erste Dramen Goethes und Schillers, Goethes „Werther"

Weimarer Klassik (etwa 1785–1805)

- Erziehung durch Kunst; Orientierung an der klassischen Antike
- Goethes und Schillers Balladen und Dramen, Goethes „Faust"

Romantik (etwa 1800–1830)

- Betonung des ahnenden Gefühls; Poetisierung des Lebens
- Märchen- und Volksdichtung, Balladen, Novellen
- Lyrik von v. Arnim, Brentano, Eichendorff, Novalis u. a.

Biedermeier (etwa 1830–1848)

- Rückzug ins Privatleben; konservative Abgrenzung vom Vormärz
- Lyrik von v. Droste-Hülshoff, Mörike u. a.

Vormärz und Junges Deutschland (etwa 1835–1848)

- Politisierung der Literatur: Kampf für Freiheit, Gerechtigkeit und Demokratie
- Protest- und Agitationslyrik, Romane, Novellen
- Dramen von Büchner, Lyrik von Heine u. a.

Realismus (etwa 1848–1890)

- Wiedergabe realen Lebens mit dichterischen Mitteln
- Gesellschafts-, Kriminal- und Bildungsromane, soziale Dramen
- Erzählende Literatur von Fontane, Raabe, Storm u. a.

Naturalismus (etwa 1870–1900)

- Darstellung des Alltags, des Elends und des durch Vererbung und Milieu geprägten Menschen
- Dramen von Hauptmann, Lyrik von Arno Holz u. a.

Literatur der Jahrhundertwende (etwa 1890–1918)

- große Vielfalt literarischer Strömungen (Jugendstil, Symbolismus, Impressionismus); philosophischer Kulturpessimismus
- Werke von Hofmannsthal, Musil, Rilke, Schnitzler u. a.

Expressionismus (etwa 1910–1925)

- Schilderung der Innenwelt des Individuums; „Weltuntergangsstimmung"
- Lyrik mit expressiver Sprache, gesellschaftskritische Dramen
- Lyrik von Becher, Benn, Toller u. a.

Literatur zur Zeit der Weimarer Republik (1918–1933)

- Kritik am Bürgertum; Betonung der sozialen Frage
- Neue Sachlichkeit, Brechts episches Theater
- Werke von Brecht, Hesse, Kafka, Thomas und Heinrich Mann u. a.

Literatur zur Zeit des Nationalsozialismus (1933–1945)

- Literatur des Exils und der inneren Emigration
- nationalsozialistische Zustimmungsliteratur
- Exilliteratur von Brecht, Döblin, Feuchtwanger, Graf, Lasker-Schüler. Thomas und Heinrich Mann, Seghers, Zweig u. a.

Literatur der Nachkriegszeit (etwa 1945–1949)

- Auseinandersetzung mit Krieg und Verbrechen
- Literatur von Borchert, Celan u. a.

Literatur der BRD, Österreichs und der Schweiz (etwa 1949–1990)

- kritische Begleitung der Phasen von Wiederaufbau, erster Wirtschaftskrise, Studentenunruhen, Terrorismus und wachsender Arbeitslosigkeit
- vielfache Erneuerung des literarischen Lebens; „Gruppe 47"
- Werke von Bachmann, Böll, Dürrenmatt, Frisch, Grass, Johnson, Lenz u. a.

Literatur der DDR (etwa 1949–1990)

- Unterstützung und Kritik des Lebens in einer sozialistischen Gesellschaft
- Thematisieren der Arbeitswelt in der Literatur
- Werke von Braun, de Bruyn, Heym, Kirsch, Kunze, Morgner, Seghers, Wolf u. a.

Literatur seit der Wende (ab 1990)

- Spiegelung der Wiedervereinigung und des neuen Deutschlands
- die NS-Vergangenheit als weiter andauerndes literarisches Thema
- Popliteratur

Register

Die Seite mit dem Hauptverweis ist **fett** gesetzt; sind alle Verweise gleichwertig, erfolgt keine Hervorhebung.

A
Abenteuerroman 246
Abhandlung 123, **124**
Ablautung 10
Ableitung 11, 84
Absätze 153
Abstraktum 19
Adjektiv **21**, 23, 25, 34, 36 f., 39
adjektivisches Attribut 37
Adverb **24**
Adverbiale 25, 30, **35**, 36 f., 39, 43
Adverbialsatz 42 f.
Adversativsatz **43**
Agitationslyrik 258
Akkusativ **20**, 26, 32, **33**, 36 ff., 42
Akt 156, 208, 228 f.
Aktiv 13, **17**, 31 f.
Akzentwandel 87
Allegorie 101
Alliteration **103**, 142
Alltagslyrik 276
Alltagssprache 83
althochdeutsch 86, 90, 93 f., 241
Analyse 191, 207
Anapäst 235
Anapher 102
Andersch, Alfred 273
Anführungszeichen 70 f.
Anglizismus 141
Ankunftsliteratur 278
Anredepronomen 22
Antithese 103
Apostroph 20, 75
Apostrophe **104**, 141
Appellfunktion **81 f.**, 108, 111
Apposition **37**, 74
Argument 196 ff., 201 f.
Argumentation **197**
Aristoteles 214, 228
Arnim, Achim v. 255
Arnim, Bettina v. 255
Artikel **18**, 20 f., 23, 26
Assonanz 103
asymmetrische Kommunikation 79
Asyndeton **102**, 142
Attribut 30, **37**
Aufklärung **247**, 250
Aufruf 124
Auftritt 208, 228
Aufzählung 73
Aufzug 208, 228
auktorial 221, 223
auktoriales Erzählen 222, 249, 275
Ausdrucksfunktion **81 f.**, 108
Außensicht 223
ausführlicher Lebenslauf 180
Auslassung 75
Auslautverhärtung 56
Ausrufesatz, Ausrufezeichen **40**, 70
Aussagesatz **40**, 70 f.
Autor 128

B
Bachmann, Ingeborg 273, 275
Barock 237, **245**
Becher, Johannes R. 267
Becker, Jurek 279
Bedeutungswandel 93
Befehlssatz 32, **40**, 44, 70 f.
Benn, Gottfried 234, 267, 271
Bericht 118, 124, **174 f.**, 176
Beschreibung 166
Bestimmungswort 11
Bewerbung **178**, 180, 182
Bewerbungsschreiben 178 f.
Bibliografie 151
Bibliothek 128, 150 f., 195
Biedermeier **257 f.**
Biermann, Wolf 279
Bild 100 f.
Bildbeschreibung 168
Bildungsroman 249
Bindestrich 52, 63 ff.
Bitterfelder Weg 278
blaue Blume 256
Blut- und Boden-Dichtung 271
Börne, Ludwig 258
Böll, Heinrich 273, 275, 277
Bölsche, Wilhelm 262
Borchert, Wolfgang 273
Brecht, Bertold 232, 267, 269 f., 275, 279
Brentano, Clemens v. 255 f.
Brief **170**
Briefroman 249, 251
Brinkmann, Rolf Dieter 276
Brussig, Thomas 280
Brod, Max 264
Buch (-handel, -markt) 128
Büchner, Georg 233, 258 f.
Bühler, Karl 81
Bürger, Gottfried August 251
Busch, Wilhelm 261

C
Celan, Paul 275
Chamisso, Adalbert v. 256
Charakteristik 166, 205 f.
Charakterisierung 216
Chiasmus 102
Christian Hofmann von Hofmannswaldau 237, 245
Claudius, Matthias 251
Computer, PC 133 f.

D
Daktylus 235
Darstellungsfunktion **81 f.**, 108
Dativ **20**, 21, 26, **33**, 42
Dehnung, Dehnungs-h 53 ff. 66
Dekadenz-Literatur 264
Deklination, deklinieren 20 ff.
Delius, Friedrich Christian 277
Demonstrativpronomen 22 f.
deutsch 87 f.

Dialekt 83, 86, **94**
dialektische Erörterung 200, 202
Dietrich von Bern 242
Diphthong **10**, 50, 55, 90
direkte Charakterisierung 216
direkte Rede 45, **70 f.**, 76, 224
direktes Zitat 155 f., 173
Diskussion 105, **114 f.**
Döblin, Alfred 268
Doppelpunkt 70
Doppelvokal 53
Dramatik 214 f., 228
dramatischer Text **208**
drei Einheiten 232
Droste-Hülshoff, Annette v. 257
Drucker(ei) 128 f.
Dückers, Tanja 280
Dürrenmatt, Friedrich 233, 275

E
E-Mail 171
Eich, Günther 273, 275
Eichendorff, Joseph Freiherr v. 237, 255 f.
Eigenname 18 ff., 75
Einheit der Handlung 228, 251
Einheit der Zeit 228, 251
Einheit des Ortes 228, 251
Einleitung 153, 164, 175, 177, 185, 188, 192, 201
Einschub 72, 75
einseitige Kommunikation 79
Ellipse 31, **102**, 141
Empfänger **78 ff.**, 81
Endung 10, 13
Enjambement 236
Enthüllungsdrama 229
Epik 214 f., 220
Epipher 102
epischer Text **208**
episches Lehrtheater 232
Epochen 240
Erasmus von Rotterdam 243
Erbwort 91
Er-Erzähler 221
Erzählverhalten 221
Erlebniserzählung **163 ff.**, 177
erlebte Rede 225
Erörterung 153, 192, **196**, 198 f., 201 ff.
Erzählbericht 224
Erzählfigur 220 f., 223, 225 f.
Erzählhaltung 223
Erzählperspektive 223
Erzählplan 164
Erzählsituation 208
erzählte Zeit 208, 225 f.
Erzählweise 208, 224
Erzählzeit 208, 225 f.
Erziehungsroman 249
Essay 105, **123**
Euphemismus 101
Exilliteratur 270
Exposition 208, 228 ff.
Expressionismus **266**
exzerpieren 150
Exzerpt 148

F
Fabel **248**
Fachbegriff 160, 175, 193, 197
Fallada, Hans 269, 271
fallende Handlung 208, 228 f.
Fantasieerzählung **165**
Femininum 19 f.
Fernsehen **132**, 134 ff.
Festrede 98, 108
Feuchtwanger, Lion 270
Feuilleton **121**, 123, 128 f.
Figuren 216
Figuren (Wort- und Satzfiguren) 101 ff
Figurendarstellung 209
Figurenkonstellation 209, 217
Figurenkonzeption 209, 217
Figurenrede 208, 224
Film 132
Fiktion 82
fiktionaler Text 186
Finalsatz **43**
finite Verbform 13, 31, 40
Fleißer, Marieluise 233, 271
flektierbar, Flexion 24, 25, 28, 87
Fleming, Paul 245
Fontane, Theodor 237, 260 f.
Fragesatz, Fragezeichen 32, **40**, 44, 70 f., 80
Fragewort s. Indefinitpronomen
Frauenroman 249
Freiligrath, Ferdinand 258
Fremdwort 50, 53, **91**,160
Freytag, Gustav 261
Friedrich von Hagedorn 248
Frisch, Max 275
Fröhlich, Hans J. 277
frühneuhochdeutsch 90
Fugenelement 10
Futur I, Futur II 13, **14**, 16

G
Gebrauchsanleitung 124
Gebrauchstext 82
gebundener Lebenslauf 180
Gedankenstrich 72, **75**
Gedicht 156
Gegenstandsbeschreibung **168**
Gellert, Christian Fürchtegott 248
Genitiv **20**, 26, 32, **33 f.**, **37**, 38, 42, 75, 90
Genus 13 f., **17 f.**, 18, **19 f.**
geografische Bezeichnungen s. Ortsangabe
George, Stefan 264
Gerhardt, Paul 245
Gerichtsrede 98, 108
germanisch **85 ff.**, 91
Gernhardt, Robert 237
Geschäftsbrief 171
Geschichte 218
Gleichsetzungsakkusativ 30, **36**
Gleichsetzungsnominativ s. Prädikatsnomen
Gliedsatz 42
Gliederung 148, **153**, 169, 173
Goethe, Johann Wolfgang 233 f., 237, 244, 251 ff., 279
Gomringer, Eugen 237, 274
Gossensprache 83
Gottfried von Straßburg 242
Gotthelf, Jeremias 257
Gottsched, Johann Christoph 248
Grabbe 244
Graf, Oskar Maria 270
grammatikalisches Geschlecht 19
grammatisches Morphem 10
Grass, Günter 233 273, 275, 277, 280
Grillparzer, Franz 257

Grimm, Jakob 255
Grimm, Wilhelm 255
Grimmelshausen, Hans Jakob Christoph v. 246
Grün, Max von der 276
Grundwort **11**, 61 f.
Gruppe 47 273
Gryphius, Andreas 237, 246
Gutenberg, Johannes 243
Gutzkow, Karl 258

H
Hainbund, Göttinger 251
Handke, Peter 233, 276
Handlung **218**
Härtling, Peter 277
Hartmann von Aue 242
Hauff, Wilhelm 255
Hauptfigur 216 ff.
Hauptmann, Gerhart 233, 263
Hauptteil 153, 164, 175, 185, 188, 192, 201
Hauptsatz **40**, 41, 72
Hearing 111
Hebbel, Friedrich 233, 261
Heine, Heinrich 244, 258 f.
Hein, Christoph 280
Heißenbüttel, Helmut 274
Herausgeber 129, 131
Herder, Johann Gottfried 250
hermetisches Gedicht 275
Herwegh, Georg 258
Hesse, Hermann 269
Heym, Georg 267
Hildesheimer, Wolfgang 233, 275
Hilfsverb **12**, 14
historisches Präsens 15
Hochhuth, Rolf 233, 276
Hoddis, Jakob van 266
hochdeutsch **88 f.**
Hochsprache 12, 15, 83
Hoffmann, E. T. A. 255 f.
höfische Dichtung 242
Höflichkeitsanrede 17, 22
Hofmannsthal, Hugo v. 264 f.
Höhepunkt 164, 208, 228
Hölderlin, Friedrich 237, 253
Holz, Arno 263
Horváth, Ödön v. 233
Humanismus 243
Humanität 252
Hyperbel 101

I
Ich-Erzählform 221
Icherzähler 164, 177, 221
Idealismus 252
Ideolekt 83
Illies, Florian 280
Imperativ 13, **16 f.**
Imperfekt 13, **14 f.**
Impressionismus 264
Indefinitpronomen 22 f., 24, 44
Indikativ 13, **16**, 44 f.
indirekter Fragesatz 22
indirekte Charakterisierung 216
indirekte Rede **44 f.**, 90, 173, 175, 186, 224
indirektes Zitat 155
indirektes Zitieren 156 f.
indoeuropäisch, indogermanisch **84 ff.**, 91
Infinitiv, infinite Verbform **13 f.**, 31 f., 36, 40 f., 45, 63
Infinitivgruppe, -satz s. satzwertiger Infinitiv
Inhaltsangabe 186 f., 189
Inhaltsverzeichnis 159
Innenansicht 223
innere Emigration **271**
innerer Aufbau 192
innerer Monolog 225
Inserat 130
Intention 192, 195, 207
Interjektion **27**, 74
Internet 132, **133**, 134 ff., 151, 158, 195, 210
Interpretation 153, 189, 191, 194 f., 207, 210, 236, 240
Interrogativpronomen 22 f.
Interview 82, 105, **112 f.**, 120
intransitives Verb 12
Inversion **102**, 140

J
Jambus 235
Jandl, Ernst 237, 274
Johnson, Uwe 275
Journalist 129, 131
Jugendstil 264
Junges Deutschland **258 f.**
Jünger, Ernst 271

K
Kadenz 235
Kafka, Franz 264, 269
Kahlschlagliteratur 272
Kaiser, Georg 267
Kanon 240
Kant, Immanuel 247
Kardinalzahl 24
Karl der Große 241
Kästner, Erich 269, 271, 273
Kasus 18, **19 f.**
Katastrophe 228 f.
Kausaladverb 24 f.
Kausaladverbiale 35
Kausalsatz **43**
Keller, Gottfried 261
Kempowski, Walter 277
Kipphardt, Heinar 233, 276
Kirsch, Sarah 279
Klassik 254 f.
Kleist, Heinrich v. 233, 253
Klinger, Friedrich Maximilian v. 250 f.
Klopstock, Friedrich Gottlieb 237, 251
Kode, kodieren 78 ff.
Koeppen, Wolfgang 271, 273
Kreativität **161**
Komma 21, 70 f., **72 ff.**
Kommentar 82, 105, **120 f.**, 122, 130
Kommunikation **78 ff.**, 81
Komparation 21
Komparativ 21
Kompositum 11
Konditionaladverb 25
Konjugation, konjugieren 13
Konjunktion **27**, 40, 43, 44, 72, 187, 204
Konjunktiv 13, **16 f.**, 44f., 90
Konsekutivsatz **43**
Konsonant **10**, 50, **51**, 56, 66
Konversationslexion 147
Konzessivadverb 25
Konzessivsatz **43**
Kracht, Christian 280
Kritik 121, 128
Kroetz, Franz Xaver 233, 276

Kunert, Günter 279
Kunze, Reiner 279

L
Lasker-Schüler, Else 267
Laube, Heinrich 258
Lautgesetz 86 ff.
Lautsprache 83
Lautverschiebung 86 ff.
Lead-Stil 118
Lebenslauf **180**, 183
Lehnwort 91 f.
Leibniz, Gottfried Wilhelm 247
Leitartikel 121
Leitmotiv **209**, 232
Lenz, Jakob Michael Reinhold 251
Lenz, Siegfried 273, 275
Lesen **146 f.**
Lessing, Gotthold Ephraim 229 ff., 233, 247 f.
Lexik 192
Lexikonartikel 124
Lichtenberg 237
lineare Erörterung **199 f.**, 202
literarische Gattungen 207 f.
literarischer Text 82, **207**, 214
Literatur der Jahrhundertwende **264**
Literaturgeschichte 240
Literaturverzeichnis 156, 158 f.
Loest, Erich 280
Logau, Friedrich Freiherr v. 246
Lokaladverb 24 f.
Lokaladverbiale 35
Lokalsatz **43**
Lösung (Drama) 231
Luther, Martin 243 f., 248
Lyrik 214 f., 234, **245**
lyrischer Text **208**
lyrisches Ich 234

M
Mand, Andreas 280
Manipulation 118 ff., 122
Mann, Heinrich 268, 270
Mann, Thomas 219, 244, 270, 272
Manuskript 128
Maskulinum 19 f.
Meckel, Christoph 277
Medien 112, 114, 134 ff.
Meistersang 244
Mengenangabe 19, 23
Metapher 100 f., 177
Metonymie 101
Metrum 208, 235 f.
Meyer, Conrad Ferdinand 261
Mindmap (-ping) **152 f.**, 198
Minnesang 242, 244
mittelhochdeutsch 86, 90, 93 f.
mittelhochdeutsche Literatur 242
Modaladverb 24 f.
Modaladverbiale 35, 39
Modalsatz **43**
Modalverb 12, 45
Modus 13, **16 f.**, 18
Mon, Franz 274
Monophthongisierung **90**, 94
Morgenstern, Christian 237
Mörike, Eduard 234, 257
Moritz, Karl Philipp 249
Morphem 10
Morungen, Heinrich von 242
Motiv 234
Müller, Heiner 285
Müller, Inge 279
Mundart s. Dialekt
Mundt, Theodor 258
Musil, Robert 265

N
Nacherzählung 184, 189
Nachkriegsliteratur 272
Nachricht 118
Nachrichtenagentur 118, **131**
Nachsilbe s. Suffix
Nationalsozialismus **270**, 279
nationalsozialistische Literatur 271
Nationalsprache 83
Naturalismus **262**, 264
Nebenfiguren 216
Nebensatz 30, **40 ff.**, 45, 72, 76
Neidhart von Reuenthal 242
Neologismus 141
Nestroy, Johann 257
neutrales Erzählverhalten 222
Neutrum 19 f.
nicht fiktionale Texte 187, 214
nicht literarische Texte 214
niederdeutsch 88 f.
Nietzsche, Friedrich 265
Novalis 237, 254 ff.
Nomen s. Substantiv
Nominalstil 160, 193
Nominativ **20**, 36
nonverbale Kommunikation / Zeichen 79 f., 108
Numerale 24
Numerus **13 f.**, 18, **19 f.**

O
oberdeutsch 88 f.
Objekt 20, 30, **33 f.**
Objektsatz 42
Opitz, Martin 237, 245
Ordinalzahl 24
Organonmodell 81
Ortsangabe 18, 20, 24, 45, 65
Oswald von Wolkenstein 242

P
Parallelismus 102
Paronomasie **102**, 122, 140
pars pro toto 101
Partikel 27
Partizip **13 f.**, 41
Partizipgruppe, -satz s. satzwertiges Partizip
Partizipialattribut **37**, 39
Passiv 13, **17**, 31 f.
Paul, Jean 253
PC 133
Perfekt 13, **14 f.**, 45
Peripetie 228 f., 231
Person **13 f.**, 18
personales Erzählverhalten 221 f.
Personalpronomen 17, **22**, 45
Personenbeschreibung **166 f.**, 205
Pestalozzi, Johann Heinrich 249
Plenzdorf, Ulrich 279
plattdeutsch 88 f., 94
Pleonasmus 102
Plural 13 f., 18 f.
Plusquamperfekt 13, **14 f.**, 45
Podiumsdiskussion 114
Poesie 274
Political Correctness 94
politische Rede 98, 108
Polysyndeton 102
Popliteratur 280

Positiv 21
Possessivpronomen 22 f.
Prädikat 12, 30, **31**, 33, 36, 38 f., 40
Prädikativ s. Prädikatsnomen
Prädikatsnomen 30, **36**, 38 f.
Präfix **10**, 11, 31, 66 f.
Präposition 20, **26**, 33
Präpositionalobjekt 32, **33 f.**, 39, 42
präpositionales Attribut 37
Präsens 13, **14 f.**, 16
Präteritum s. Imperfekt
Predigt 99, 108
privater Brief 170
Pro und Kontra 203
Protestlyrik 258
Pronomen 21, **22 f.**, 32, 36, 40
Protokoll 124, **172 f.**
Publikation 157
Punkt 70 f.

Q
Quellenangabe **156 ff.**

R
Raabe, Wilhelm 261
Raimund, Ferdinand 257
Ransmayr, Christoph 277
Rätseltechnik 139
Raumgestaltung **219**
Realismus **260**, 262
Rechtschreibung 49 ff.
Redakteur, Redaktion 122, 129, 131
Rede (s. auch Rhetorik) 79, 82, 98 ff., **108 f.**
Redebegleitsatz **70 f.**, 76
Redenanalyse 105, 109
Redewendung 34, 39
Referat 82, **110 f.**
reflexives Verb 12
Reflexivpronomen 22 f.
Reformation 243 f.
Reim 142, 236
Reimann, Brigitte 278
Reinmar von Hagedorn 248
Rektion des Verbs 20
Relativpronomen **22 f.**, 42
Relativsatz 22, **42**
Reimstruktur 208
Remarque, Erich Maria 269
Renaissance 243
retardierendes Moment, Retardation 229, 231
Reuter, Fritz 261
Rezension **121**, 128, 189
Rhetorik (s. auch Rede) **98 ff.**, 120, 192
rhetorisches (Stil-)Mittel **100** ff, 122, 125, 236
rhetorische Strategie 103 f.
rhetorischer Text 136
Rhythmisierung 142
Rhythmus 208, 234, 236
Richter, Hans Peter 279
Richter, Hans Werner 273
Rilke, Rainer Maria 237, 264 f.
Roche, Sophie La 249
Rollenbiografie 206
romanisch 85
Romantik **253 ff.**
Rousseau, Jean-Jacques 249 f.
Rückmeldung 79, 108
Rühmkorf, Peter 276
Runge, Erika 276

S
Sachs, Hans 244
Sachs, Nelly 272
Sachtext, Sachtextanalyse 82, 125, **190 ff.**, 207
Sanskrit 85
Satzarten **40 f.**
Satzbau 160, 192 f., 207, 209
Satzgefüge 31, 41 f.
Satzglied s. Satzteil
Satzreihe 41
Satzschlusszeichen 70
Satzteil 25, **30 ff.**
satzwertiger Infinitiv 32, **41 f.**, 73, 76
satzwertiges Partizip **41 f.**, 73, 76
Schärfung 51 f.
Schelmenliteratur 244
Schelmenroman 246, 249
Schilderung 176 f.
Schiller, Friedrich 218, 229, 232 f., 237, 251 ff.
Schlaf, Johannes 263
Schlegel, August Wilhelm v. 255
Schlegel, Friedrich v. 254 f.
Schlink, Bernhard 280
Schluss 153, 164, 175, 177, 188 f., 192, 202, 208
Schmidt, Arno 275
Schnabel, Johann Gottfried 249
Schneider, Peter 277
Schnitzler, Arthur 264 f.
Schnurre, Wolfdietrich 273
schriftliche Kommunikation / Sachtexte 79, 82, 117 ff., 136
Schriftsprache 83
Schulze, Ingo 280
Schwab, Gustav 255
schwaches Verb 15, 90
Science-Fiction 165
Seghers, Anna 270
Semikolon s. Strichpunkt
Sender **78 ff.**, 81
Setzer(ei) 128 f.
Silbe, Sprechsilbe, Silbentrennung 10, 54, **66** f.
Singular 13 f., 18 f.
s-Laut 57
slawisch 85
Slogan 137, **139 f.**, 143
sozialistischer Realismus 278
Soziolekt 83
Spee, Friedrich 245
Speichermedien 133
Sprachen 83 ff.
Sprachgesellschaft 91
Sprachreform 91
Sprachstil **160**
Stammmorphem 10
Stammvokal 11, 15
Standort 224
starkes Verb 15
steigende Handlung, Steigerung 208, 228 ff.
Stellungnahme 200 ff.
Sternheim, Carl 267
Stifter, Adalbert 257
Stil 194, 209
Stilart 98
stilistische Figuren 192
Stoffsammlung 201
Storm, Theodor 261
Storytechnik 138
Stramm, August 267
Straßenname 65
Strauß, Botho 277

Stream of Consciousness 225
Strichpunkt 75
Strophe 236
Stuckrad-Barre, Benjamin v. 280
Sturm und Drang **250 f.**
Subjekt 17, 20, 30, **32**, 33, 36, 38 f.
Subjektivität 277
Subjektsatz 42
Subjunktion 27
Substantiv 18, **19 f.**, 21 f., 24, 32, 36, 38
Substantivierung 32, **58**
Suchmaschine 133 f.
Suffix **10**, 66 f.
Superlativ **21**, 56, 59
Symbolismus 264
Symposium 115
Synästhesie 100
Synekdoche 101
Synonymie 102
Syntax 192
Synonymwörterbuch 161
Szene 156, 208, 228
szenische Darstellung 224, 226

T
tabellarischer Lebenslauf 181
Tageszeiten 65
Tautologie 102
Temporaladverb 24 f.
Temporaladverbiale 35
Temporalsatz **43**
Tempus 13, **14 ff.**, 18
Tendenzwende 277
Textanalyse 195 f.
textexterne Interpretation 210
Text (-funktion, -sorte) 81 f.
Textgestaltung 159
textimmanent 210
Theater 215
Theobaldy, Jürgen 276
These 196, 201 f.
Thoma, Ludwig 233
Tieck, Ludwig 255 f.
Toller, Ernst 267
Trakis, Georg 267
transitives Verb 12
Trikolon 142
Trochäus 235
Trope 100 f.
Trümmerliteratur 272
Tucholsky, Kurt 270

U
Uhland, Ludwig 255
Umgangssprache 12, 15, 26, 83
Umlautung 10
Understatement-Technik 139
Urheberrechtsgesetz 155

V
Vaganten 242
Väterroman 277
Verb **12 ff.**, 20, 24, 31 ff., 37, 39, 44 f., 58
verbale Kommunikation / Zeichen 79 f., 108
Verfremdungstechnik 138
Vergleich 100
Verlängerungsprobe 56, 68
Verneinung 35
Vers 235
Verschiebeprobe 30, 37
Versuchsprotokoll 173
Vervielfältigungszahl 24
Vokal, - schwund, -verdopplung 10, **50**, 55, 66, 90
Vollverb 12
Vorgangsbeschreibung **169**
Vorgangspassiv 17
Vormärz **258 f.**
Vorsilbe s. Präfix
Vortrag 79

W
Wagner, Heinrich Leopold 251
Walraff, Günter 276
Walser, Martin 275
Walther von der Vogelweide 242
wechselseitige Kommunikation 79
Weimarer Klassik **252**
Weiss, Peter 233, 276
Wellershoff, Dieter 276
Wendepunkt 208
Werbung 130, 136 ff.
Werfel, Franz 264
Wieland, Christoph Martin 249
Wienbarg, Ludlof 258
Wolfram von Eschenbach 242
Wolf, Christa 279
Wortart 25
Wortbildung, Wortbildungsmorphem 10, **11**
Wörterbuch **147**
Wortfamilie **50** , 52, 54
Wortspiel s. Paronomasie
Wortstamm 10, 50
Worttrennung 67
Wortwahl 192, 193, 207, 209
Wortzusammensetzung 11, 52

Z
Zahladjektiv 23, 24
Zeichensetzung **69 ff.**, 78
Zeichensystem 78
Zeilensprung 236
Zeitangabe 45, 65
Zeitdeckung 208, 226
Zeitdehnung 208, 226
Zeitraffung 208, 226
Zeitung **129 ff.**, 135
Zieldrama 229
Zitat 71, **155**, 158, 187, 201
zitieren 196
Zuckmayer, Carl 273
zusammentreffen dreier gleicher Laute 52
Zustandspassiv 17
Zweig, Stefan 270